Margaret Atwood

Née en 1939 à Ottawa, au Canada, Margaret Atwood grandit dans le nord de l'Ontario, au Québec et à Toronto. Diplômée des universités de Toronto et de Harvard, elle enseigne la littérature au Canada. Son premier roman, *La Femme comestible*, est publié en 1969 (Pavillons Poche, 2008). L'auteur, au regard visionnaire, y aborde déjà ses thèmes de prédilection, dont l'aliénation de la femme et la société de surconsommation.

Auteur d'une quarantaine de livres – fiction, poésie, essais critiques ou livres pour enfants –, elle connaît le succès international en 1985 avec *La Servante écarlate* qui est récompensé par le prix Arthur C. Clarke. À ce classique s'ajoutent d'autres romans incontournables dont *Captive* (Pavillons, 1998), *Le Tueur aveugle* (Pavillons, 2002), qui remporte le prestigieux Booker Prize, et la trilogie « MaddAddam » avec *Le Dernier Homme* (Pavillons, 2005), *Le Temps du déluge* (Pavillons, 2012), et *MaddAddam* (Pavillons, 2014).

Aujourd'hui traduite dans plus de quarante langues, l'œuvre incarnée et engagée de Margaret Atwood, lauréate de dix doctorats *honoris causa* et chevalier des Arts et des Lettres en fait l'une des plus grandes romancières de notre temps.

La Servante écarlate

Margaret Atwood
La Servante écarlate

Traduit de l'anglais (Canada)
par Sylviane Rué

PAVILLONS POCHE
Robert Laffont

Titre original : THE HANDMAID'S TALE

Première publication : *The Guardian*, janvier 2012.

ISBN 978-2-221-18908-5
(édition originale : ISBN 0-224-02348-9 Jonathan Cape Ltd., Londres)

Pour Mary Webster et Perry Miller

Note de l'éditeur

Trente ans après la première publication de *La Servante écarlate*, voici une édition spéciale augmentée d'une postface de Margaret Atwood où elle nous livre avec son brio habituel les secrets de l'écriture de son chef-d'œuvre d'anticipation.

Pourquoi lire ce livre ? Deux raisons essentielles.

Parce que c'est l'un des grands romans du XXe siècle, et parce que Defred est un magnifique personnage féminin, au regard incisif teinté d'ironie. Courageuse, intelligente, débrouillarde. À l'image de sa créatrice, en somme.

Deux raisons parmi tant d'autres.

Rachel, voyant qu'elle-même ne donnait pas d'enfants à Jacob, devint jalouse de sa sœur et elle dit à Jacob : « Fais-moi avoir aussi des fils, ou je meurs. »

Jacob s'emporta contre Rachel, et dit : « Est-ce que je tiens la place de Dieu, qui t'a refusé la maternité ? »

Elle reprit : « Voici ma servante Bilha. Va vers elle et qu'elle enfante sur mes genoux : par elle j'aurai moi aussi des fils. »

Genèse, 30 : 1-3.

Quant à moi, m'étant inutilement fatigué pendant plusieurs années en donnant des avis frivoles, vains et visionnaires, et désespérant à la fin d'y pouvoir réussir, heureusement j'ai conçu ce projet…

Jonathan SWIFT,
Une modeste proposition.

Il n'y a pas dans le désert de panneau qui dise : Tu ne mangeras point de pierres.

Proverbe soufi.

I. Nuit

1.

Nous dormions dans ce qui fut autrefois le gymnase. Le sol était en bois verni, avec des lignes et des cercles tracés à la peinture, pour les jeux qui s'y jouaient naguère ; les cerceaux des paniers de basket-ball étaient encore en place, mais les filets avaient disparu. Un balcon courait autour de la pièce, pour recevoir le public, et je croyais sentir, ténue comme une image persistante, une odeur âcre de sueur transpercée par les effluves sucrés de chewing-gum et de parfum que dégageaient les jeunes spectatrices, que les photographies me montraient en jupes de feutrine, plus tard en minijupes, ensuite en pantalons, puis parées d'une unique boucle d'oreille, les cheveux en épi, striés de vert. On avait dû y organiser des bals ; leur musique y traînait encore, palimpseste de sons non entendus, un style succédant à l'autre, courant souterrain de batterie, plainte désespérée, guirlandes de fleurs en papier mousseline, diables en carton, boule de miroirs pivotante, poudrant les danseurs d'une neige de lumière.

Cette salle sentait les vieilles étreintes, et la solitude, et une attente de quelque chose sans forme ni nom. Je me rappelle cette nostalgie de quelque chose qui était toujours sur le point d'arriver et qui n'était jamais comme ces mains alors posées sur nous, au creux des reins, ou comme ce qui se passait sur le siège arrière, dans le parking, ou dans le salon de télévision, le son coupé, avec seules les images à clignoter sur la chair émue. Nous soupirions après le futur. Comment l'avions-nous acquis, ce don de l'insatiabilité ? Il était dans l'air ; et il y demeurait, comme une pensée à retardement, tandis que nous essayions de dormir dans les lits de camp qui avaient été disposés en rangées, espacées pour que nous ne puissions pas nous parler. Nous avions des draps de molleton, comme ceux des enfants, et des couvertures de l'armée, des vieilles, encore marquées U.S. Nous pliions soigneusement nos vêtements et les déposions sur les tabourets placés au pied des lits. La lumière était en veilleuse, mais pas éteinte. Tante Sarah et Tante Élisabeth patrouillaient ; un aiguillon électrique à bétail était suspendu par une lanière à leur ceinture de cuir.

Pas de pistolet, pourtant, même à elles on n'aurait pas confié une arme. Les revolvers étaient réservés aux gardes, triés spécialement parmi les Anges. Les gardes n'étaient pas autorisés à entrer dans le bâtiment, sauf sur appel, et nous n'étions pas autorisées à en sortir sauf pour nos promenades, deux fois par jour, à faire deux par deux le tour du terrain de football, qui était maintenant entouré d'une clôture en maillons de chaîne, surmontée de fil de fer barbelé. Les Anges se tenaient à l'extérieur, le dos vers nous. Ils étaient pour nous des objets de peur, mais d'autre chose aussi. Si seulement ils voulaient bien regarder. Si seulement nous pouvions leur parler. Quelque chose pourrait être échangé, pensions-nous, quelque arrangement conclu, quelque marché, nous avions encore nos corps. Tel était notre fantasme.

Nous apprîmes à murmurer presque sans bruit. Dans la demi-obscurité nous pouvions étendre le bras, quand les Tantes ne regardaient pas, et nous toucher la main à travers l'espace. Nous apprîmes à lire sur les lèvres, la tête à plat sur le lit, tournée sur le côté, à nous entre-observer la bouche. C'est ainsi que nous avons échangé nos prénoms, d'un lit à l'autre.

Alma. Janine. Dolorès. Moira. June.

II. Commissions

2.

Une chaise, une table, une lampe. Au-dessus, sur le plafond blanc, un ornement en relief en forme de couronne, et en son centre un espace vide, replâtré, comme l'endroit d'un visage d'où un œil a été extrait. Il a dû y avoir un lustre, un jour. Ils ont retiré tout ce à quoi on pourrait attacher une corde.

Une fenêtre, deux rideaux blancs. Sous la fenêtre, une banquette avec un petit coussin. Quand la fenêtre est en partie ouverte (elle ne s'ouvre qu'en partie), l'air peut entrer et faire bouger les rideaux. Je peux m'asseoir sur la chaise, ou sur la banquette, les mains jointes, et contempler cela. Des rayons de soleil entrent aussi par la fenêtre et tombent sur le sol qui est fait de bois, en lattes étroites, d'un beau poli. Je sens l'odeur de la cire. Il y a un tapis par terre, ovale, fait de chiffons tressés. C'est le genre de style qui leur plaît : art folklorique, archaïque, fait par des femmes, pendant leurs loisirs, à partir de choses qui ne sont plus utilisables. Un retour aux valeurs traditionnelles. Qui ne gaspille pas ne connaîtra pas le besoin. On ne me gaspille pas. Pourquoi suis-je dans le besoin ?

Au mur au-dessus de la chaise, un tableau, encadré mais sans verre : une reproduction de fleurs, des iris bleus, à l'aquarelle. Les fleurs sont encore autorisées. Avons-nous toutes la même reproduction, la même chaise, les mêmes rideaux blancs, je me le demande ? Matériel militaire réglementaire ?

Dites-vous que c'est comme si vous étiez dans l'armée, disait Tante Lydia.

Un lit. À une place, matelas semi-dur recouvert d'une courtepointe floquée blanche. Il ne se passe rien dans le lit sauf dormir. Ou ne pas dormir. J'essaie de ne pas trop penser. Comme d'autres choses maintenant, la pensée doit être rationnée. Il y a beaucoup de choses auxquelles il n'est pas supportable de penser. Penser peut nuire à nos chances, et j'ai l'intention de durer. Je sais pourquoi il n'y a pas de verre sur l'aquarelle aux iris bleus, pourquoi la fenêtre ne s'ouvre qu'en partie, et pourquoi la vitre est en verre incassable. Ce n'est pas une fuite qu'ils craignent. Nous n'irions pas loin. Ce sont ces autres évasions, celles que l'on peut ouvrir en soi-même, si l'on dispose d'un objet tranchant.

Voyons. Hormis ces détails, ce pourrait être une chambre d'hôte d'université, destinée aux visiteurs les moins distingués ; ou une chambre dans une pension de famille d'autrefois pour dames aux moyens restreints. C'est ce que nous sommes maintenant : nos moyens ont été restreints ; pour celles de nous qui ont encore des moyens. Mais une chaise, du soleil, des fleurs : tout cela n'est pas à dédaigner. Je suis vivante, je vis, je respire, j'étends la main, ouverte, dans le soleil. Ce lieu où je suis n'est pas une prison, mais un privilège, comme disait Tante Lydia qui adorait les solutions extrêmes.

La cloche qui mesure le temps sonne. Le temps est mesuré ici par des sonneries, comme jadis dans les couvents. Et comme dans un couvent, il y a peu de miroirs.

Je me lève de la chaise, j'avance les pieds au soleil, dans leurs souliers rouges, à talons plats pour ménager la colonne vertébrale, et pas pour aller danser. Les gants rouges sont posés sur le lit. Je les ramasse, les enfile à mes mains, un doigt après l'autre. Tout, sauf les ailes qui m'encadrent le visage, est rouge : la couleur du sang, qui nous définit. La jupe descend jusqu'aux chevilles ; elle est ample, reprise dans un empiècement plat qui couvre les seins, les manches sont larges. Les ailes blanches aussi sont réglementaires ; elles nous empêchent de voir, mais aussi d'être vues. Je n'ai jamais été à mon avantage en rouge, ce n'est pas ma couleur. Je ramasse le panier à commissions, le passe à mon bras.

La porte de la chambre (pas de ma chambre, je refuse de dire *ma chambre)* n'est pas verrouillée. En fait, elle ne ferme pas bien. Je sors dans le couloir ciré, qui est recouvert au milieu d'une bande de tapis, vieux rose. Comme un sentier à travers la forêt, comme un tapis pour des personnages royaux, il me montre la route.

Le tapis tourne et descend l'escalier principal et je le suis, une main sur la rampe, qui jadis fut un arbre, tournée en un autre siècle, frottée à en avoir acquis un lustre chaud. De fin d'époque victorienne, cette maison, une maison familiale, construite pour une famille nombreuse riche. Il y a une vieille horloge dans le vestibule, à égrener les heures, puis la porte qui donne dans le grand salon maternel avec ses tons chair et ses allusions. Un salon où je ne m'assieds jamais, j'y reste debout ou je m'agenouille. Au bout du vestibule, au-dessus de la porte d'entrée, il y a une imposte de verre coloré : des fleurs, rouges et bleues.

Il reste un miroir, au mur du vestibule. Si je tourne la tête pour que les ailes blanches qui m'encadrent le visage dirigent mon regard vers lui, je le vois quand je descends l'escalier, rond, convexe, en trumeau, pareil à un œil de poisson, et moi dedans, ombre déformée, parodie de quelque chose, personnage de conte de fées en cape rouge, descendant vers un moment d'insouciance qui est identique au danger. Une Sœur, trempée dans le sang.

Au pied de l'escalier il y a un porte-parapluies-et-chapeaux, de ceux faits de bois courbé, avec de longs barreaux arrondis qui s'incurvent doucement vers le haut en forme de frondes de fougères sur le point de s'ouvrir. Il contient plusieurs parapluies : un noir, pour le Commandant, un bleu, pour l'Épouse du Commandant, et celui qui m'est affecté, et qui est rouge. Je laisse le parapluie rouge à sa place, parce que j'ai vu par la fenêtre que le soleil brille. Je me demande si l'Épouse du Commandant est dans le salon. Elle ne reste pas tout le temps assise. Quelquefois je l'entends marcher de long en large, un pas lourd, puis un pas léger, et le martèlement discret de sa canne sur le tapis vieux rose.

Je parcours le vestibule, passe devant la porte du salon et celle qui mène à la salle à manger, j'ouvre la porte à l'extrémité du couloir et pénètre dans la cuisine. Ici, l'odeur n'est plus celle de la cire à meubles. Rita est là, debout à la table de cuisine, qui a un plateau d'émail écaillé. Elle porte sa robe habituelle de Martha, d'un vert terne, comme une blouse de chirurgien du temps d'avant. Cette robe ressemble beaucoup à la mienne par sa coupe, longue et dissimulante, mais elle est recouverte d'un tablier à bavette et ne comporte ni les ailes ni le voile. Elle revêt le voile pour sortir, mais personne ne se soucie beaucoup que le visage d'une Martha soit vu. Elle a les manches roulées au coude, découvrant ses bras bruns. Elle est en train de faire du pain, de façonner les miches pour le dernier pétrissage rapide, suivi de la mise en forme. Rita me voit et fait un signe de tête, en guise de salut, ou simplement pour marquer ma présence, je ne saurais le dire, essuie ses mains farinées à son tablier et fourrage dans le buffet de cuisine à la recherche du carnet de tickets. Sourcils froncés, elle détache trois tickets et me les tend. Son visage pourrait être bienveillant si seulement elle souriait. Mais le froncement de sourcils ne s'adresse pas à moi : c'est la robe rouge qu'elle désapprouve, avec ce qu'elle représente. Elle pense que je risque d'être contagieuse, comme une maladie ou n'importe quelle forme de malchance.

Parfois j'écoute à l'extérieur de portes fermées, chose que je n'avais jamais faite avant. Je n'écoute pas longtemps, parce que je ne veux pas être prise sur le fait. Pourtant, une fois, j'ai entendu Rita dire à Cora qu'elle n'accepterait pas de s'avilir ainsi.

Personne te le demande, répondit Cora, de toute façon, qu'est-ce que tu ferais, si ça t'arrivait ?

Aller aux Colonies, dit Rita. Elles ont le choix.

Avec les Antifemmes, et crever de faim, et Dieu sait quoi encore ? dit Cora. À d'autres !

Elles étaient à écosser des pois ; même à travers la porte presque close, j'entendais le léger tintement des pois durs tombant dans le bol de métal. J'entendis Rita, grogner ou soupirer, en guise de protestation ou d'assentiment.

Quand même, elles font ça pour nous ; en tout cas, c'est ce qu'on dit, reprit Cora. Si j'm'étais pas fait ligaturer les trompes, ç'aurait pu être moi, si j'avais, disons dix ans de moins. C'est pas si terrible que ça. C'est pas ce qu'on appellerait du travail pénible.

Plutôt elle que moi, fit Rita, et j'ouvris la porte. Leurs visages étaient comme sont les visages de femmes qui ont parlé de vous derrière votre dos, et croient que vous les avez entendues : gênés, mais un peu insolents. Comme si c'était leur droit. Ce jour-là, Cora fut plus aimable avec moi que d'habitude, Rita plus revêche.

Aujourd'hui, malgré le visage fermé de Rita et ses lèvres serrées, j'aurais aimé rester ici dans la cuisine. Cora aurait pu entrer, venant d'un autre endroit de la maison, avec sa bouteille d'essence de citron et son chiffon à poussière, et Rita aurait fait du café (dans les maisons des Commandants, il y a encore du vrai café) et nous nous serions assises à la table de cuisine de Rita, qui ne lui appartient pas plus que ne m'appartient ma table, et nous aurions causé, de douleurs et de courbatures, de maladies, nos pieds, notre dos, toute la série de mauvais tours que nos corps, tels des enfants indisciplinés, peuvent nous jouer. Nous aurions hoché la tête pour ponctuer les dires les unes des autres, et montrer que oui, nous connaissons bien tout cela. Nous aurions échangé des remèdes, et tenté de nous surpasser mutuellement dans la litanie de nos misères physiques ; doucement, nous nous serions plaintes, à voix basse, sur un ton mineur et mélancolique comme des pigeons sur les rebords des gouttières. *Je vois exactement ce que tu veux dire*, aurions-nous murmuré.

Ou, expression curieuse que l'on entend encore parfois, dans la bouche de personnes âgées : *J'entends bien d'où tu viens*, comme si la voix elle-même était une voyageuse, arrivant d'un endroit lointain. Ce qui serait le cas. Ce qui est le cas.

Comme je méprisais ces conversations. Maintenant, je soupire après elles. Au moins, nous parlions. Un échange, du moins.

Ou nous aurions cancané. Les Marthas savent des choses, elles parlent entre elles, font circuler les nouvelles officieuses d'une maison à l'autre. Comme moi, elles écoutent aux portes, sans doute, et voient des choses, même les yeux ailleurs. Je les ai entendues faire, parfois, j'ai saisi des bouffées de leurs conversations privées. *Mort-né, qu'il était.* Ou : *L'a piquée avec une aiguille à tricoter, en plein dans le ventre. La jalousie, sûrement, qui la rongeait.* Ou, féroces : *C'est du récurant pour les W.-C., qu'elle a utilisé. Ça a marché à merveille, pourtant on croirait qu'il l'aurait senti. Il devait être fin saoul ; mais elle s'est fait pincer quand même.*

Ou j'aurais aidé Rita à faire le pain, plongeant les mains dans cette chaleur résistante et douce qui ressemble tant à de la chair. J'ai faim de toucher quelque chose d'autre que du tissu ou du bois. J'ai faim de commettre l'acte de toucher.

Mais même si je le demandais, même à supposer que je viole l'étiquette à ce point, Rita ne me le permettrait pas. Elle aurait trop peur. Les Marthas ne sont pas censées fraterniser avec nous. *Fraterniser* signifie *se comporter comme un frère.* C'est Luke qui me l'a dit. Il disait qu'il n'existe pas de mot correspondant pour signifier *se comporter comme une sœur.* Il faudrait dire *sororiser*, d'après lui. Ça vient du latin. Il aimait savoir ce genre de détails, les origines des mots, les usages curieux. Je le taquinais à propos de sa pédanterie.

Je prends les tickets dans la main tendue de Rita. Ils portent des images, qui représentent les choses contre quoi on peut les échanger : une douzaine d'œufs, un morceau de fromage, un objet brun qui est censé représenter un steak. Je les range dans la poche à glissière de ma manche, là où je garde mon laissez-passer.

« Dites-leur bien frais, les œufs, fait-elle. Pas comme la dernière fois. Et dites-leur un poulet, pas une poule. Dites-leur pour qui c'est, et ils ne vous colleront pas n'importe quoi. »

Je réponds : « Très bien. » Je ne souris pas. Pourquoi l'attirer dans une amitié ?

3.

Je sors par la porte de derrière, et me trouve dans le jardin, qui est vaste et bien entretenu : une pelouse au milieu, un saule, pleurant des chatons, tout autour, des plates-bandes de fleurs où les jonquilles maintenant se fanent, et où les tulipes ouvrent leurs calices et répandent de la couleur. Les tulipes sont rouges, d'un cramoisi plus foncé vers la tige, comme si on les avait coupées là et qu'elles commençaient à se cicatriser.

Le jardin est le domaine de l'Épouse du Commandant. En regardant par ma fenêtre aux vitres incassables, je l'y ai souvent vue, les genoux sur un coussin, un voile bleu pâle jeté sur son chapeau de jardinier à larges bords, un panier à ses côtés, garni de sécateurs et de bouts de ficelle pour attacher les fleurs en place. Un Gardien affecté au service du Commandant assure le gros bêchage. L'Épouse du Commandant dirige les opérations en pointant avec sa canne.

Beaucoup d'Épouses ont des jardins, cela leur donne quelque chose à organiser, entretenir et soigner.

J'ai eu un jardin, autrefois. Je me rappelle l'odeur de la terre retournée, les formes rebondies des bulbes tenus dans les mains, plénitude, le bruissement sec des graines filant entre les doigts. Le temps pouvait passer plus vite ainsi. Parfois l'Épouse du Commandant fait apporter un fauteuil et reste juste assise, dans son jardin. De loin, cela ressemble à la paix.

Elle n'est pas là maintenant, et je commence à me demander où elle est. Je n'aime pas tomber sur l'Épouse du Commandant à l'improviste. Peut-être coud-elle, dans le salon, le pied gauche sur un tabouret, à cause de son arthrite. Ou bien elle tricote, pour les Anges qui sont au front. J'ai peine à croire que les Anges aient besoin de ces écharpes ; de toute façon, celles que fabrique l'Épouse du Commandant sont trop surchargées. Elle dédaigne le motif croix-et-étoile qu'utilisent beaucoup les autres Épouses, ce n'est pas excitant. Des sapins défilent le long des bouts de ses écharpes, ou des aigles, ou des personnages humanoïdes guindés, un garçon, une fille, un garçon, une fille. Ce ne sont pas des écharpes pour des hommes adultes mais pour des enfants.

Parfois je pense que ces écharpes ne sont pas du tout expédiées aux Anges, mais détricotées et reconstituées en écheveaux qui seront retricotés à leur tour. Peut-être est-ce juste une activité destinée à occuper les Épouses, à leur donner le sentiment d'être utiles. Mais j'envie son tricot à l'Épouse du Commandant. C'est bon d'avoir des objectifs modestes qui peuvent facilement être atteints.

Pourquoi m'envie-t-elle ?

Elle ne m'adresse pas la parole ; sauf si elle ne peut l'éviter. Je suis pour elle un reproche et une nécessité.

Nous étions face à face pour la première fois il y a cinq semaines, lorsque j'ai rejoint ma présente affectation. Le Gardien de mon poste précédent m'a amenée jusqu'à la porte principale. Le premier jour, nous sommes autorisées à passer par la porte principale, mais ensuite nous devons utiliser celle de derrière. Les choses ne sont pas encore fixées, c'est trop tôt, personne n'est au clair quant à notre statut exact. Par la suite, ce sera soit toujours la porte principale, soit toujours la porte de service.

Tante Lydia disait qu'elle faisait campagne pour la porte principale. C'est une situation honorifique que la vôtre, disait-elle.

Le Gardien a tiré la sonnette pour moi, mais avant que ne s'écoule le temps nécessaire pour que quelqu'un l'entende et vienne rapidement répondre, la porte s'est ouverte de l'intérieur. Elle devait être à guetter derrière. Je m'attendais à voir une Martha, mais c'était elle, dans sa longue robe bleu pâle, sans méprise possible.

Alors vous êtes la nouvelle, a-t-elle dit. Elle ne s'est pas écartée pour me laisser entrer, elle est restée plantée là, dans l'encadrement de la porte, à me bloquer le passage. Elle voulait me faire sentir que je ne pouvais pas pénétrer dans la maison sans qu'elle ne m'y invite. On se bouscule, de nos jours, pour garder pareilles prises de pied.

J'ai répondu : Oui.

Laissez cela sur la terrasse. Ceci, au Gardien qui portait ma valise. La valise était en vinyle rouge, et guère volumineuse. Il y avait un autre sac, contenant la cape d'hiver et des robes plus chaudes, mais il devait arriver plus tard.

Le Gardien a déposé la valise, et l'a saluée. Puis j'ai entendu ses pas derrière moi s'éloigner sur le chemin, et le déclic de la grille principale, et j'ai eu l'impression qu'un bras protecteur se retirait. Le seuil d'une nouvelle maison est un lieu solitaire.

Elle a attendu que la voiture démarre et parte. Je ne regardais pas son visage mais la portion de sa personne que je pouvais voir en gardant la tête baissée : la taille bleue, épaissie, sa main gauche sur le pommeau d'ivoire de sa canne, les gros diamants à l'annulaire qui avait dû un jour être joli et était encore joliment soigné, l'ongle au bout du doigt noueux élégamment limé en une pointe arrondie. C'était comme un sourire ironique, à ce doigt, comme quelque chose qui se moquait d'elle.

Elle a dit : Vous feriez aussi bien d'entrer. Elle m'a tourné le dos et a claudiqué le long du vestibule. Fermez la porte derrière vous.

J'ai traîné la valise rouge à l'intérieur, comme elle le souhaitait sans doute, puis j'ai fermé la porte. Tante Lydia disait qu'il valait mieux ne pas parler à moins qu'elles ne vous posent une question directe. Essayez de voir les choses de leur point de vue, disait-elle, les mains jointes et étroitement serrées, avec son sourire nerveux, implorant. Ce n'est pas facile pour elles.

Venez par ici, a dit l'Épouse du Commandant. Quand je suis entrée dans le salon elle était déjà dans son fauteuil, le pied gauche sur le tabouret avec son coussin au petit point, des roses dans un panier. Son tricot était par terre à côté du fauteuil, les aiguilles fichées dedans.

Je suis restée debout devant elle, mains jointes. Elle a dit : « Alors. » Elle tenait une cigarette, l'a placée entre ses lèvres, et l'y a tenue serrée tandis qu'elle l'allumait. Elle avait les lèvres minces, ainsi, avec autour les petites rides verticales que l'on voyait jadis sur les publicités vantant des cosmétiques pour les lèvres. Le briquet était couleur d'ivoire. Les cigarettes provenaient probablement du marché noir, ai-je pensé, et cela m'a donné de l'espoir. Même aujourd'hui qu'il n'y a plus de vrai argent, il y a encore un marché noir. Il y a toujours un marché noir, il y a toujours quelque chose qui peut s'échanger. C'était donc une femme capable de forcer les règles. Mais que possédais-je, moi, à échanger ?

Je regardais la cigarette avec envie. Pour moi, de même que l'alcool et le café, les cigarettes sont interdites.

Elle a dit : Alors le vieux machin-chose n'a pas fait l'affaire.

Non, Madame.

Elle a émis ce qui pouvait passer pour un rire, puis a toussé. Pas de chance pour lui. C'est votre deuxième, n'est-ce pas ?

Troisième, Madame.

Pas très bon pour vous non plus, a-t-elle observé. Il y eut un autre rire toussoté. Vous pouvez vous asseoir. Je n'en fais pas une habitude, mais juste pour une fois.

Je me suis assise au bord de l'une des chaises à dossier raide. Je ne voulais pas explorer la pièce des yeux, je ne voulais pas paraître inattentive à son égard ; si bien que le manteau de cheminée en marbre, le miroir qui le surmontait et les bouquets de fleurs n'étaient que des silhouettes aux marges de mon regard. Plus tard, je n'aurais que trop de temps pour les assimiler.

Maintenant son visage était au même niveau que le mien. Il me semblait le reconnaître, ou du moins il y avait chez elle quelque chose de familier. Quelques cheveux dépassaient de son voile. Ils étaient encore blonds. Je me suis dit alors qu'elle les décolorait peut-être, qu'elle pouvait aussi se procurer de la teinture au marché noir, mais je sais maintenant qu'ils sont réellement blonds. Elle avait les sourcils épilés jusqu'à ne laisser que de minces traits arqués, ce qui lui donnait en permanence l'air surpris, ou indigné, ou inquisiteur, comme celui qu'aurait un enfant effarouché, mais en dessous, ses paupières paraissaient fatiguées. En revanche, pas ses yeux, qui étaient du bleu uniforme et hostile d'un ciel de plein été sous un soleil brillant, un bleu qui vous exclut. Son nez avait dû être un jour ce que l'on qualifiait alors de mignon, mais il était maintenant trop petit pour son visage. Son visage n'était pas gros, mais grand. Deux rides descendaient des coins de sa bouche ; entre elles, le menton, crispé comme un poing.

Elle a dit : Je souhaite vous voir aussi peu que possible. Je suppose que vous êtes dans les mêmes dispositions à mon égard.

Je n'ai pas répondu car un oui aurait été une insolence, un non, une contradiction.

Elle a poursuivi : Je sais que vous n'êtes pas idiote. Elle a inhalé, soufflé la fumée. En ce qui me concerne, ceci n'est qu'une simple transaction commerciale. Mais quand on me crée des ennuis, j'en crée en retour. C'est bien compris ?

Oui, Madame.

Ne m'appelez pas Madame, a-t-elle dit avec agacement. Vous n'êtes pas une Martha.

Je ne lui ai pas demandé comment j'étais censée l'appeler, parce que je voyais qu'elle espérait que je n'aurais jamais l'occasion de l'appeler de quelque nom que ce fût. J'étais déçue. J'avais envie, alors, d'en faire une aînée, un personnage maternel, quelqu'un qui me comprenne et me protège. L'Épouse de mon affectation précédente passait le plus clair de son temps dans sa chambre à coucher. Les Marthas disaient qu'elle buvait. Je souhaitais que celle-ci fût différente. Je voulais croire que je l'aurais aimée, en un autre temps, un autre lieu, une autre vie. Mais je voyais déjà que je ne l'aurais pas aimée et réciproquement.

Elle a éteint sa cigarette à demi consumée dans un petit cendrier orné d'arabesques, placé sur le guéridon à côté d'elle. Elle le fit d'un geste décidé, d'un coup sec, puis l'écrasa, et non pas d'une série de tapotements délicats, comme préféraient le faire beaucoup d'Épouses.

Quant à mon mari, a-t-elle ajouté, c'est mon mari, un point c'est tout. Mon mari. Je veux que cela soit parfaitement clair. Jusqu'à ce que la mort nous sépare. Il n'y a rien à ajouter.

Oui, Madame, ai-je fait encore, étourdiment. Il y avait dans le temps des poupées, pour les petites filles ; qui parlaient si l'on tirait un cordon, fixé à leur dos. Je me disais que ma voix avait le même son, monocorde, voix de poupée. Elle avait probablement envie de me gifler. Elles peuvent nous frapper, il y a des précédents dans les Écritures. Mais pas avec un objet. Uniquement avec la main.

Cela fait partie des choses pour lesquelles nous nous sommes battues, dit l'Épouse du Commandant, et tout à coup elle ne me regardait plus, elle baissait les yeux sur ses mains noueuses cloutées de diamants, et je sus où je l'avais vue auparavant.

La première fois, c'était à la télévision, quand j'avais huit ou neuf ans. C'était quand ma mère faisait la grasse matinée le dimanche ; je me levais tôt pour aller regarder la télévision dans son bureau et je passais d'une chaîne à l'autre à la recherche de dessins animés. Parfois, quand je n'en trouvais pas, je regardais l'émission « l'Évangile pour la formation des Jeunes Âmes », où l'on racontait des histoires bibliques adaptées aux enfants, et où l'on chantait des hymnes. L'une des femmes s'appelait Serena Joy. C'était la première soprano. Elle était blond cendré, menue, avec un nez retroussé et d'immenses yeux bleus qu'elle levait au ciel pendant les hymnes. Elle pouvait sourire et pleurer en même temps, laissant une ou deux larmes lui glisser gracieusement le long des joues, comme pour annoncer son entrée, tandis que sa voix montait avec aisance, frémissante, jusqu'aux notes les plus aiguës. C'est plus tard qu'elle s'était adonnée à d'autres activités.

La femme assise en face de moi était Serena Joy. Ou l'avait été, jadis. C'était donc pire que je ne le pensais.

4.

Je parcours le chemin de gravier qui divise la pelouse de derrière, proprement, comme une raie dans les cheveux. Il a plu pendant la nuit ; l'herbe de part et d'autre est humide, l'air moite. Çà et là il y a des vers de terre, preuve de la fertilité du sol, surpris par le soleil, à demi morts ; souples et roses, comme des lèvres.

J'ouvre le portail en palissade blanche, et je continue, traverse la pelouse de devant et approche de la grille principale. Dans l'allée du garage, l'un des Gardiens affectés à notre maisonnée lave la voiture. Cela doit signifier que le Commandant est à la maison, dans ses appartements, au-delà de la salle à manger et au fond, là où il semble se tenir la plupart du temps.

C'est une voiture très luxueuse, une Tourbillon ; plus belle que la Chariot, beaucoup plus belle que la Belmoth, trapue et utilitaire. Elle est noire, bien sûr, couleur de prestige ou de corbillard, longue et luisante. Le Gardien la passe à la peau de chamois, amoureusement. Cela au moins n'a pas changé, la manière dont les hommes caressent les belles voitures.

Il porte l'uniforme des Gardiens mais sa casquette est basculée de façon coquine, et il a les manches roulées jusqu'au coude, découvrant ses avant-bras bronzés, mais ponctués de poils noirs. Une cigarette est collée au coin de sa bouche, ce qui montre que lui aussi possède quelque chose qu'il peut échanger au marché noir.

Je sais le nom de cet homme : *Nick*. Je le sais parce que j'ai entendu Rita et Cora parler de lui, et une fois j'ai entendu le Commandant s'adresser à lui : « Nick, je n'aurai pas besoin de la voiture. »

Il vit ici, dans la maison, au-dessus du garage. Statut inférieur : on ne lui a pas attribué de femme, pas même une. Il ne compte pas : quelque défaut, manque de relations. Mais il se comporte comme s'il ne le savait pas ni ne s'en souciait. Il est trop désinvolte, il n'est pas assez servile. C'est peut-être par bêtise, mais je ne le crois pas. Ça sent la magouille, disait-on ; ou ça sent le roussi. L'inadaptation assimilée à une odeur. Malgré moi, je me demande ce qu'il peut bien sentir. Ni la magouille, ni le roussi : peau tannée, moite au solcil, enduite de fumée. Je respire profondément, captant son odeur.

Il me regarde, et me voit le regarder. Il a un visage de Français, mince, changeant, tout en plans et en angles, avec des plis autour de la bouche quand il sourit. Il tire une dernière bouffée de sa cigarette, la laisse choir dans l'allée, et l'écrase du pied. Il se met à siffler. Puis il cligne de l'œil.

Je baisse la tête et me détourne pour que les ailes blanches me cachent le visage, et je poursuis mon chemin. Il vient de prendre un risque, mais pour quoi ? Et si je le dénonçais ?

Peut-être voulait-il seulement se montrer amical. Peut-être a-t-il vu l'expression de mon visage, et l'a méprise pour quelque chose d'autre. En vérité ce que je désirais, c'était la cigarette.

Peut-être était-ce un test, pour voir ce que je ferais.

Peut-être est-il un Œil.

J'ouvre le portail principal et le referme derrière moi, en regardant par terre et non pas en arrière. Le trottoir est en briques rouges. C'est sur ce paysage-là que je me concentre, un champ de rectangles qui ondulent légèrement là où la terre, en dessous, s'est gondolée après des décennies de gel hivernal. La couleur des briques est ancienne, et pourtant fraîche et claire. Les trottoirs sont mieux entretenus qu'ils ne l'étaient.

Je marche jusqu'au coin et j'attends. Avant, je savais très mal attendre. Qui se contente d'attendre a aussi son utilité, disait Tante Lydia. Elle nous faisait apprendre cela par cœur. Elle disait aussi : Vous ne réussirez pas toutes. Certaines tomberont sur un terrain aride, ou sur des épines. Certaines ont des racines superficielles. Elle avait une verrue au menton qui montait et descendait tandis qu'elle parlait. Elle disait : Considérez-vous comme des graines, et elle prenait alors un ton enjôleur de conspiratrice, comme ces femmes qui enseignaient jadis la danse classique aux enfants, et qui disaient : Et maintenant, les bras en l'air ; faisons comme si nous étions des arbres.

Je suis plantée au coin de la rue, à faire comme si j'étais un arbre.

Une forme, rouge avec des ailes blanches autour du visage, une forme pareille à la mienne, une femme indéfinissable qui porte un panier s'avance vers moi le long du trottoir de briques rouges. Elle me rejoint et nous nous scrutons le visage, du fond des tunnels de tissu blanc qui nous enferment. C'est bien elle.

« Béni soit le fruit », me dit-elle, le salut consacré entre nous.

Je réponds : « Que le Seigneur ouvre », la réplique convenue. Nous faisons demi-tour et cheminons ensemble, le long des grandes maisons, vers le centre de la ville. Nous ne sommes pas autorisées à nous y rendre, sauf à deux. Ceci est censé assurer notre protection, quoique l'idée soit absurde : nous sommes déjà bien protégées. La vérité, c'est qu'elle est mon espionne et moi la sienne. Si l'une de nous glissait à travers les mailles du filet, à cause de quelque chose qui arriverait au cours de l'une de nos promenades quotidiennes, l'autre serait tenue pour responsable.

Cette femme-ci est ma partenaire depuis deux semaines. Je ne sais pas ce qui est arrivé à la précédente. Un beau jour, elle n'était tout simplement plus là, et celle-ci était là à sa place. Ce n'est pas le genre de chose sur quoi on pose des questions, car les réponses ne sont pas en général de celles qu'on voudrait entendre. De toute façon, il n'y aurait pas de réponse.

Celle-ci est un peu plus potelée que moi. Elle a les yeux bruns. Elle s'appelle Deglen, et c'est à peu près tout ce que je sais d'elle. Elle marche d'une allure modeste, la tête baissée, les mains gantées de rouge croisées devant elle, à petits pas brefs comme un cochon dressé sur ses pattes de derrière. Au cours de ces promenades, elle n'a jamais rien dit qui ne soit strictement orthodoxe, et d'ailleurs moi non plus. Il se peut qu'elle soit une véritable croyante, une Servante pas seulement par le nom. Je ne peux pas courir de risques.

« La guerre se passe bien, paraît-il », dit-elle.

Je réponds : « Loué soit-Il. »

« On nous a envoyé du beau temps. »

« Que je reçois avec joie. »

« De nouveaux rebelles ont été vaincus, depuis hier. »

« Loué soit-Il. » Je ne lui demande pas comment elle le sait. « Qui étaient-ils ? »

« Des Baptistes. Ils avaient une place forte dans les Collines Bleues. On les a enfumés. »

« Loué soit-Il. »

Parfois je voudrais seulement qu'elle se taise et me laisse marcher en paix. Mais j'ai soif de nouvelles, quelles qu'elles soient ; même si ce sont de fausses nouvelles, elles doivent signifier quelque chose.

Nous atteignons la première barrière qui ressemble à celles qui interdisent l'accès aux routes en travaux ou aux égouts en cours de creusement : un treillis de planches peintes de bandes jaunes et noires, un hexagone rouge qui veut dire stop. Près du portillon il y a des lanternes, non allumées car ce n'est pas la nuit. Au-dessus de nous je le sais, il y a des projecteurs, fixés aux poteaux du téléphone, et qui servent en cas d'urgence, et il y a des hommes armés de mitraillettes dans les guérites de part et d'autre de la route. Je ne vois ni les projecteurs ni les guérites à cause des ailes qui encadrent mon visage. Je sais seulement qu'ils sont là.

Derrière la barrière, à nous attendre à l'étroit portillon, il y a deux hommes vêtus des uniformes verts des Gardiens de la Foi, avec leurs insignes sur les épaules et le béret : deux épées, croisées au-dessus d'un triangle blanc. Les Gardiens ne sont pas de vrais soldats. Ils sont employés au maintien de l'ordre courant et à d'autres fonctions subalternes, telles que bêcher le jardin de l'Épouse du Commandant, et sont souvent idiots ou âgés ou invalides, ou alors très jeunes, sauf ceux qui sont des Yeux incognito.

Ces deux-ci sont très jeunes ; la moustache de l'un est encore clairsemée, le visage de l'autre boutonneux. Leur jeunesse est touchante, mais je sais que je ne dois pas m'y fier. Les jeunes sont souvent les plus dangereux, les plus fanatiques, les plus nerveux de la gâchette. Le passage du temps ne leur a pas encore appris la vie. Il faut y aller lentement avec eux.

La semaine dernière ils ont abattu une femme ici même. C'était une Martha. Elle fourrageait dans sa robe à la recherche de son laissez-passer, et ils ont cru qu'elle allait dénicher une bombe. Ils l'ont prise pour un homme déguisé. Ce genre d'incident s'est déjà produit.

Rita et Cora connaissaient cette femme. Je les ai entendues en parler, dans la cuisine.

Ils faisaient leur boulot, a dit Cora. Assurer notre sécurité.

Y a pas plus sûr qu'un mort, a dit Rita avec colère. Elle faisait de mal à personne. Pas besoin de lui tirer dessus.

C'était un accident, a dit Cora.

À d'autres. Tout est voulu, a répondu Rita. Je l'entendais entrechoquer les casseroles, dans l'évier.

Eh bien, de toute façon, ils y réfléchiraient à deux fois avant de faire sauter cette maison-ci, a dit Cora.

Quand même, a dit Rita. Elle travaillait dur. C'est moche, comme mort.

Il y a pire, a dit Cora. Au moins c'était vite fait.

C'est ce que tu dis, a conclu Rita ; moi, je voudrais avoir un peu de temps avant, quoi. Pour régler mes affaires.

Les deux jeunes Gardiens nous saluent en portant trois doigts au bord de leur béret. Pareils hommages nous sont accordés. Ils sont censés nous témoigner du respect, en raison de la nature de nos services.

Nous tirons nos laissez-passer de la poche à glissière de notre manche ; ils sont inspectés et tamponnés. Un des hommes se rend dans la casemate de droite pour introduire nos numéros dans le Vérification. En me rendant mon laissez-passer, celui à la moustache couleur de pêche penche la tête pour essayer d'apercevoir mon visage. Je lève un peu la tête pour l'aider, il voit mes yeux, je vois les siens et il rougit. Il a le long visage mélancolique d'un mouton, mais de grands yeux profonds de chien, d'épagneul, pas de fox-terrier. Il a la peau pâle et d'aspect maladivement tendre, comme la peau sous une cicatrice. Pourtant je m'imagine posant ma main sur ce visage à nu. C'est lui qui se détourne.

C'est un événement, un petit défi à la règle, si petit qu'il est indécelable, mais de tels instants sont des récompenses que je me réserve, comme les sucreries que j'amassais, enfant, au fond d'un tiroir. De tels moments sont des possibilités ; de minuscules judas. Et si je venais de nuit, quand il est de garde seul (quoiqu'on ne lui permettrait jamais pareille solitude), et le laissais franchir mes ailes blanches ? Et si je me dépouillais de mon linceul rouge et me montrais à lui, à eux, sous la lumière incertaine des lanternes ? C'est à cela qu'ils doivent penser, parfois, éternellement plantés là à côté de cette barrière que personne ne franchit jamais sauf les Commandants de Croyants dans leurs longues automobiles noires ronronnantes, ou leurs Épouses bleues accompagnées de filles voilées de blanc, se rendant vertueusement à une Rédemption ou une Festivoraison, ou leurs Marthas vertes et boulottes, ou une rare Natomobile, ou leurs Servantes rouges, à pied. Ou parfois un fourgon peint en noir avec l'œil ailé, blanc, sur le côté. Les vitres du fourgon sont teintées et les hommes assis à l'avant portent des lunettes noires : double obscurité.

Les fourgons sont sûrement plus silencieux que les autres voitures. Quand ils passent nous détournons les yeux. Si des bruits proviennent de l'intérieur, nous essayons de ne pas les entendre. Personne n'a un cœur parfait.

Quand les fourgons noirs arrivent à un poste de contrôle, on leur fait signe de passer sans marquer de pause. Les Gardiens ne prendraient jamais le risque de regarder à l'intérieur, de fouiller, de mettre en doute leur notoriété. Quoi qu'ils pensent.

Si toutefois ils pensent ; à les voir, on ne saurait le dire.

Mais il est probable qu'ils ne pensent pas en termes de vêtements abandonnés sur une pelouse. S'ils pensent à un baiser, ils doivent immédiatement se représenter les projecteurs qui s'allument, les coups de pistolet. Ils pensent plutôt à faire leur devoir, et à être promus parmi les Anges, et qui sait, à être autorisés à se marier ; puis, s'ils sont capables d'acquérir assez de pouvoir et de vivre assez vieux, de se voir affecter une Servante pour eux tout seuls.

Celui à la moustache nous ouvre le petit portillon pour piétons, et se recule largement hors de notre chemin ; nous passons. Tandis que nous nous éloignons, je sais qu'ils nous observent, ces deux hommes qui n'ont pas encore la permission de toucher une femme. Ils se bornent à toucher avec les yeux, et je balance un peu les hanches, pour sentir l'ample jupe rouge onduler autour de moi. C'est comme faire un pied de nez, de derrière une palissade, ou taquiner un chien avec un os que l'on tient hors de sa portée, et mon geste me fait honte, parce que rien de tout ceci n'est la faute de ces hommes, ils sont trop jeunes.

Puis je m'aperçois que tout compte fait je n'ai pas honte. Je tire plaisir de ce pouvoir ; pouvoir d'un os pour chien, passif mais bien réel. J'espère qu'ils bandent à notre vue, et sont obligés de se frotter contre les barrières peintes, à la dérobée. Ils vont souffrir plus tard, la nuit, dans leurs lits réglementaires. Ils n'ont alors d'autre exutoire qu'eux-mêmes, et c'est là un sacrilège. Il n'y a plus de revues, plus de films, plus de substituts ; seulement moi et mon ombre, qui nous éloignons des deux hommes, au garde-à-vous, raides, à côté d'un barrage routier, à observer nos formes qui disparaissent.

5.

Flanquée de mon double, je parcours la rue. Nous avons quitté le quartier du Commandant, mais ici encore il y a de vastes demeures. Devant l'une d'elles, un Gardien tond la pelouse. Les pelouses sont bien entretenues, les façades plaisantes, en bon état ; on dirait les magnifiques photographies que l'on voyait avant dans les revues sur les maisons et les jardins et la décoration d'intérieur. Même absence de gens, même impression de sommeil. La rue est presque comme un musée, ou une rue de maquette construite pour montrer comment les gens vivaient autrefois. Comme dans ces images, ces musées, ces maquettes de villes, il n'y a pas d'enfants.

Nous sommes au cœur de Gilead, là où la guerre ne peut pas faire intrusion, sauf à la télévision. Où sont les frontières, nous n'en sommes pas sûres, elles varient selon les attaques et contre-attaques, mais nous sommes ici au centre, où rien ne bouge. La République de Gilead, disait Tante Lydia, ne connaît pas de frontières. Gilead est en vous.

Ici vivaient jadis des médecins, des avocats, des professeurs d'université. Il n'y a plus d'avocats, et l'université est fermée.

Luke et moi nous promenions ensemble, parfois, le long de ces rues. Nous parlions d'acheter une maison semblable à l'une de celles-ci, une grande vieille maison, que l'on aménagerait. Nous aurions un jardin, des balançoires pour les enfants. Nous aurions des enfants. Tout en sachant qu'il était peu probable que nous en ayons un jour les moyens, c'était un sujet de conversation, notre jeu du dimanche. Pareille liberté paraît aujourd'hui presque aérienne.

Nous tournons au coin d'une rue principale, où il y a davantage de circulation. Des voitures passent, noires pour la plupart, quelques-unes gris et marron. Il y a d'autres femmes avec des paniers, certaines en rouge, d'autres portant le vert terne des Marthas, d'autres vêtues de robes à rayures rouges, bleues et vertes, bon marché et étriquées, qui signalent les épouses des hommes pauvres ; on les appelle les Éconofemmes. Elles ne sont pas réparties selon leur fonction. Elles doivent tout faire ; si elles le peuvent. Parfois on voit une femme tout en noir, une veuve. Il y en avait davantage, avant, mais elles semblent se faire rares.

On ne voit pas les Épouses des Commandants sur les trottoirs. Seulement dans les voitures.

Les trottoirs ici sont en ciment. Comme un enfant, j'évite de marcher sur les rainures. Je me rappelle mes pieds sur ces trottoirs, dans le temps d'avant, et comment j'étais chaussée. Parfois c'étaient des chaussures de course, avec des semelles rembourrées et des trous d'aération, et des étoiles d'une matière fluorescente qui reflétait la lumière dans l'obscurité. Pourtant je ne courais jamais de nuit, et dans la journée, seulement au long de routes bien fréquentées.

Les femmes n'étaient pas protégées en ce temps-là.

Je me souviens des règles, qui n'étaient jamais précisées, mais que toute femme connaissait : ne pas ouvrir la porte à un étranger ; même s'il affirme être de la police, lui demander de glisser une pièce d'identité sous la porte. Ne pas s'arrêter sur la route pour aider un automobiliste qui prétend être en difficulté ; garder les portières verrouillées et poursuivre sa route. Si quelqu'un siffle, ne pas se retourner. Ne pas se rendre dans une laverie automatique, seule, la nuit.

Je pense aux laveries automatiques. À ce que je portais pour m'y rendre : shorts, jeans, survêtements. À ce que j'y mettais : mes propres vêtements, mon propre savon, mon propre argent, l'argent que j'avais gagné moi-même. Je songe à ce que représentait cette indépendance.

À présent nous parcourons la même rue, par paires rouges, et aucun homme ne nous crie d'obscénités, ne nous parle ni ne nous touche. Personne ne siffle.

Il y a plus d'une sorte de liberté, disait Tante Lydia. La liberté de, et la liberté par rapport à. Au temps de l'anarchie, c'était la liberté de. Maintenant on vous donne la liberté par rapport à. Ne la sous-estimez pas.

Devant nous, à main droite, se trouve le magasin où nous commandons nos vêtements. Certains les appellent habits, ce qui leur va bien. Il est difficile de se déshabituer. À l'extérieur du magasin il y a une énorme enseigne de bois en forme de lys ; il s'appelle Le Lys des Champs. On peut voir l'endroit, sous le lys, où l'inscription a été badigeonnée de peinture, quand ils ont décidé que même le nom des magasins constituait une trop grande tentation pour nous. Maintenant ils ne sont marqués que par leurs enseignes.

Le Lys était un cinéma, avant. Les étudiants le fréquentaient assidûment ; au printemps, il y avait toujours un festival Humphrey Bogart, avec Lauren Bacall ou Katharine Hepburn, des femmes à part entière, qui prenaient leurs propres décisions. Elles portaient des corsages boutonnés sur le devant qui suggéraient les possibilités du verbe défaire. Ces femmes pouvaient être défaites ; ou pas. Elles semblaient avoir le choix, alors. Nous semblions avoir le choix, alors. Notre société se mourait, disait Tante Lydia, à cause de trop de choix.

Je ne sais pas quand ils ont cessé de tenir ce festival. Je devais être adulte. C'est pourquoi cela m'a échappé.

Nous n'entrons pas au Lys, mais traversons la rue et longeons une rue latérale. Notre premier arrêt est un magasin avec une autre enseigne en bois : trois œufs, une abeille, une vache. Lait et Miel. Il y a la queue et nous attendons notre tour, deux par deux. J'ai vu qu'ils avaient des oranges, aujourd'hui. Depuis que l'Amérique centrale est aux mains des Liberthos, il est devenu difficile de trouver des oranges ; parfois il y en a, d'autres fois pas. La guerre perturbe les arrivages d'oranges de Californie, et on ne peut même pas compter sur la Floride à cause des barrages routiers et des voies de chemin de fer qui parfois ont sauté. Je contemple les oranges, avec envie. Mais je n'ai pas apporté de tickets pour les oranges. Au retour, j'en parlerai à Rita. Cela lui fera plaisir. Ce sera quelque chose, un petit exploit, d'avoir fait advenir des oranges. Celles qui sont parvenues au comptoir remettent leurs tickets aux deux hommes en uniforme de Gardiens qui se tiennent de l'autre côté. Personne ne parle guère, quoiqu'il y ait un murmure et que les têtes des femmes remuent furtivement de droite et de gauche ; ici, en faisant les commissions, on pourrait voir quelqu'un de connaissance, quelqu'un qu'on aurait connu dans le temps d'avant, ou au Centre Rouge. Juste apercevoir l'un de ces visages donne du courage. Si je pouvais voir Moira, seulement la voir, savoir qu'elle existe toujours. C'est difficile à imaginer, ces jours-ci, d'avoir une amie.

Mais Deglen, à côté de moi, ne regarde pas. Peut-être ne connaît-elle plus personne. Peut-être ont-elles toutes disparu, les femmes qu'elle a connues. Ou peut-être ne veut-elle pas être vue. Elle est plantée là en silence, la tête baissée.

Alors que nous attendons dans notre file double, la porte s'ouvre et deux autres femmes entrent, toutes deux vêtues de la robe rouge et des ailes blanches des Servantes. L'une d'elles est très manifestement enceinte ; son ventre, sous son vêtement ample, se gonfle triomphalement. Il y a un mouvement dans la boutique, un murmure, une échappée de souffles ; malgré nous nous tournons la tête, ouvertement, pour y mieux voir ; nos doigts brûlent de la toucher. Elle est pour nous une présence magique, un objet d'envie et de désir, nous la convoitons. Elle est un drapeau au sommet d'une colline, qui nous montre ce qui peut encore être accompli : nous aussi pouvons être sauvées.

Les femmes dans le magasin se mettent à murmurer, presque à parler, tant leur excitation est grande.

J'entends derrière moi : « Qui est-ce ? »

« Dewayne. Non, Dewarren. »

« Chiqué », souffle une voix, et c'est vrai. Une femme aussi enceinte n'a pas à sortir, n'est pas tenue d'aller faire les courses. La promenade quotidienne n'est plus obligatoire, pour entretenir le bon fonctionnement de ses muscles abdominaux. Elle n'a besoin que des exercices au sol, et de travailler sa respiration. Elle pourrait rester à la maison. Et c'est dangereux pour elle d'être dehors, il doit y avoir un Gardien à la porte, à l'attendre. À présent qu'elle est porteuse de vie, elle est plus proche de la mort et doit être particulièrement protégée. La jalousie pourrait l'atteindre, c'est déjà arrivé. Tous les enfants sont désirés maintenant, mais pas par tout le monde.

Mais cette promenade pourrait être un caprice de sa part, et ils se plient aux caprices quand la chose est aussi avancée et qu'il n'y a pas eu de fausse couche. Ou peut-être est-elle une de ces *Tout ce que vous voudrez, je tiendrai le coup*, une martyre. J'aperçois son visage au moment où elle le lève pour regarder alentour. La voix derrière moi avait raison. Elle est venue s'exhiber. Elle est rayonnante, rose, se délecte de chaque minute de cette scène.

« Silence », dit l'un des Gardiens derrière le comptoir et nous nous taisons comme des écolières.

Deglen et moi sommes parvenues au comptoir. Nous présentons nos tickets et un Gardien inscrit leurs numéros sur le Calculatron tandis que les autres nous remettent nos achats, le lait, les œufs. Nous les mettons dans nos paniers, et ressortons, en passant près de la femme enceinte et de sa partenaire qui à côté d'elle paraît rabougrie, ratatinée, comme nous toutes. Le ventre de la femme enceinte est pareil à un énorme fruit. *Mahousse*, mot de mon enfance. Elle a les mains posées dessus, comme pour le défendre ; ou comme si elles en tiraient quelque chose, de la chaleur et de la force.

À mon passage elle me regarde droit dans les yeux, et je sais qui elle est. Elle était au Centre Rouge avec moi, c'était l'une des favorites de Tante Lydia. Je ne l'ai jamais aimée. Dans le temps d'avant, elle s'appelait Janine.

Janine me regarde, alors, et autour des coins de sa bouche il y a l'ombre d'un sourire narquois. Elle jette un regard à l'endroit où mon ventre est plat sous ma robe rouge, et les ailes masquent son visage. Je ne peux voir qu'un peu de son front, et le bout rosé de son nez.

Ensuite nous allons à Tout Viandes, qui est marqué par une grande côtelette de porc en bois, suspendue à deux chaînes. Il n'y a pas trop de queue ici, la viande est chère et même les Commandants n'en consomment pas tous les jours. Deglen achète pourtant du steak, et c'est la deuxième fois cette semaine. Je le dirai aux Marthas, c'est le genre de chose qu'elles aiment savoir. Elles s'intéressent beaucoup à la manière dont les autres maisons sont gérées ; ces bribes de petits potins leur donnent des occasions de fierté ou de mécontentement.

Je prends le poulet, enveloppé dans du papier de boucher et bridé avec de la ficelle. Il n'y a plus grand-chose qui soit en plastique, maintenant. Je me rappelle les innombrables sacs en plastique blancs, du supermarché. Je n'aimais pas les jeter et je les fourrais sous l'évier, jusqu'au jour où il y en avait trop, et qu'en ouvrant la porte du placard ils ballonnaient au-dehors et se répandaient par terre. Luke s'en plaignait souvent. Périodiquement, il prenait tous les sacs et les jetait.

Elle risque de s'en fourrer un sur la tête, disait-il. Tu sais les jeux qui amusent les enfants. Je répondais, elle ne ferait jamais une chose pareille. Elle est trop grande (ou trop maligne, ou trop chanceuse). Mais je sentais un frisson de peur, puis de culpabilité, du fait d'avoir été si négligente. C'était vrai, je pensais que trop de choses allaient de soi. Je faisais confiance au destin, alors. Je les rangerai plus haut dans le placard, disais-je. Ne les range nulle part, répondait-il. On ne s'en sert jamais. Sacs-poubelle, disais-je. Il disait…

Pas ici et maintenant. Pas où des gens peuvent me voir. Je me retourne, j'aperçois ma silhouette dans la vitrine en glace sans tain. Donc nous sommes sorties, nous sommes dans la rue.

Un groupe de gens s'avance vers nous. Ce sont des touristes, des Japonais semble-t-il, une délégation commerciale, qui visite les sites historiques, ou est en quête de couleur locale. Ils sont minuscules et proprets ; chacun et chacune a un appareil photographique, et un sourire. Ils regardent autour d'eux, les yeux brillants, en tournant la tête de côté comme des rouges-gorges ; jusqu'à leur bonne humeur est agressive, et je ne peux m'empêcher de les dévisager. Il y a longtemps que je n'ai pas vu de femmes porter des jupes aussi courtes. Elles leur arrivent juste au-dessous du genou et les jambes en émergent, presque nues sous leurs bas fins, voyantes ; elles ont des souliers à hauts talons dont les lanières s'attachent à leurs pieds comme de délicats instruments de torture. Les femmes vacillent sur leurs pieds acérés comme sur des échasses mais en déséquilibre, le dos cambré à la taille, les fesses rejetées en dehors. Elles ont la tête découverte et leurs cheveux aussi sont exposés, dans toute leur noirceur et toute leur sexualité. Elles portent du rouge à lèvres carmin, qui dessine les contours de la cavité humide de leur bouche, comme les graffiti de murs de toilettes, autrefois.

Je cesse d'avancer. Deglen s'arrête à côté de moi, et je sais qu'elle non plus ne peut détacher les yeux de ces femmes. Nous sommes fascinées, mais aussi dégoûtées. Elles paraissent déshabillées. Il a fallu si peu de temps pour changer notre façon de voir, pour ces choses-là.

Puis je pense : Je m'habillais de la même façon. C'était la liberté. *Occidentalisées*, disait-on.

Les touristes japonais se dirigent vers nous, en gazouillant, et nous détournons la tête trop tard : nos visages ont été vus.

Ils ont un interprète, costume bleu standard et cravate à motifs rouges, avec l'épingle représentant l'œil ailé. C'est lui qui se détache, sort du groupe, devant nous, nous bloque le passage. Les touristes se massent derrière lui ; l'un brandit un appareil de photo.

« Excusez-moi, nous dit-il à toutes les deux, assez poliment. Ils demandent s'ils peuvent prendre votre photo. »

Je baisse les yeux sur le trottoir, secoue la tête pour signifier *Non*, ce qu'ils doivent voir, c'est seulement les ailes blanches, un bout de visage, mon menton et une partie de ma bouche. Pas mes yeux. Je me garderais bien de regarder un interprète droit en face. La plupart des interprètes sont des Yeux, du moins c'est ce que l'on dit. Je me garderais tout autant de dire : Oui. La modestie, c'est d'être invisible, disait Tante Lydia. Ne l'oubliez jamais. Être vue – *être vue* – c'est être – sa voix tremblait – pénétrée ; ce que vous devez être, Mesdemoiselles, c'est impénétrables. Elle nous appelait mesdemoiselles.

À mes côtés, Deglen aussi est silencieuse. Elle a fourré ses mains gantées de rouge dans ses manches, pour les cacher.

L'interprète se retourne vers le groupe, leur débite un discours staccato. Je sais ce qu'il doit leur dire, je connais le refrain. Il doit leur dire que les femmes d'ici ont des coutumes différentes, que les dévisager à travers la lentille d'un appareil de photo équivaut pour elles à être violées.

Je fixe le trottoir, hypnotisée par les pieds des femmes. L'une d'elles porte des sandales à bouts ouverts, les ongles de ses orteils sont peints en rose. Je me rappelle l'odeur du vernis à ongles, la manière dont il se ridait quand on appliquait la seconde couche trop vite, le frôlement satiné de collants fins contre la peau, ce que ressentaient les orteils, poussés vers la découpe de la sandale par tout le poids du corps. La femme aux orteils vernis passe d'un pied sur l'autre. Je peux sentir ses chaussures, comme si je les portais moi-même aux pieds. L'odeur du vernis à ongles m'a donné faim.

« Excusez-moi », dit encore l'interprète, pour attirer notre attention. Je fais un signe de tête, pour montrer que je l'ai entendu.

Il demande : « Est-ce que vous êtes heureuses ? » Je peux l'imaginer, leur curiosité : *Sont-elles heureuses ? Comment peuvent-elles être heureuses ?* Je sens leurs yeux noirs brillants sur nous, la manière dont ils se penchent légèrement en avant pour saisir nos réponses, les hommes surtout, mais les femmes aussi : nous sommes secrètes, interdites, nous les excitons.

Deglen ne dit rien. Il y a un silence. Mais parfois il est tout aussi dangereux de ne pas parler.

Je murmure : « Oui, nous sommes très heureuses. » Il faut bien que je dise quelque chose. Que puis-je dire d'autre ?

6.

Un pâté de maisons après Tout Viandes, Deglen s'arrête, comme si elle hésitait sur l'itinéraire à suivre. Nous avons le choix. Nous pourrions rentrer tout droit, ou nous pourrions prendre le chemin le plus long. Nous savons déjà par où nous allons passer, car c'est la route que nous prenons toujours.

« J'aimerais passer par l'église », dit Deglen, feignant la piété.

Je réponds : « Très bien », tout en sachant aussi bien qu'elle ce qu'elle veut vraiment.

Nous marchons, posément. Le soleil brille, dans le ciel il y a des nuages blancs floconneux, de ceux qui font penser à des moutons sans tête. À cause de nos ailes, nos œillères, il est malaisé de regarder en l'air, d'avoir une vue complète du ciel, ou de quoi que ce soit. Mais nous y parvenons, fragment par fragment, un mouvement rapide de la tête, de haut en bas, de droite à gauche. Nous avons appris à voir le monde par hoquets.

À droite, si l'on pouvait continuer par là, il y a une rue qui nous conduirait à la rivière. Il y a un hangar à bateaux, où l'on rangeait les sculls, jadis, et des ponts, des arbres, des rives verdoyantes où l'on pouvait s'asseoir et contempler l'eau, et les jeunes hommes aux bras nus, qui levaient leurs avirons au soleil, tout en jouant à gagner. Sur le chemin de la rivière se trouve l'ancienne maison des étudiants, utilisée maintenant à d'autres fins, avec ses tourelles de conte de fées, peintes en blanc, or et bleu. Quand nous pensons au passé, ce sont les choses belles que nous choisissons. Nous voulons penser que tout était ainsi.

Le stade de football est par là aussi, c'est là que se tiennent les Rédemptions pour les hommes. Ainsi que les matches de football.

Ces derniers existent encore.

Je ne descends plus à la rivière, je ne passe plus de ponts. Je ne prends plus le métro, quoiqu'il y ait une station ici même. Nous n'y avons plus accès, il y a maintenant des Gardiens, nous n'avons pas de raison officielle de descendre ces escaliers, de prendre les trains qui passent sous la rivière et pénètrent dans le cœur de la ville. Pourquoi voudrions-nous aller là-bas ? ce serait avoir quelque complot en tête, et ils le sauraient.

L'église est petite, c'est l'une des premières à avoir été bâties ici, il y a des centaines d'années. Elle n'est plus utilisée, sauf comme musée. À l'intérieur on peut voir des portraits de femmes en longues robes sombres, les cheveux couverts de bonnets blancs, et d'hommes raides, vêtus de noir, et qui ne sourient pas. Nos ancêtres. L'entrée est gratuite.

Nous n'entrons pas, pourtant, mais restons sur le chemin à regarder le cimetière. Les vieilles tombes sont toujours là, patinées, à s'effriter, avec leurs crânes et leurs os croisés, *memento mori*, leurs anges à visage molasse, leurs sabliers ailés qui nous rappellent la fuite du temps, et, datant d'un siècle plus ancien, leurs urnes et saules pleureurs, symboles de deuil.

Ils n'ont pas bricolé les tombes, ni l'église. C'est seulement l'histoire récente qui les dérange.

Deglen a la tête inclinée, comme si elle priait. Elle le fait à chaque fois. Je me dis que peut-être il y a quelqu'un, ici, quelqu'un de cher qui a disparu, pour elle aussi, un homme, un enfant. Mais je ne peux le croire tout à fait. Je la considère comme une femme chez qui le moindre geste est fait pour la galerie, qui joue plutôt qu'elle n'agit vraiment. Elle fait cela pour paraître exemplaire. Elle veut s'en tirer le mieux possible.

Mais c'est l'impression que je dois lui donner, moi aussi. Comment pourrait-il en être autrement ?

Maintenant nous tournons le dos à l'église, et voici ce qu'en vérité nous sommes venues voir : le Mur.

Le Mur est vieux de centaines d'années, lui aussi, ou de plus d'un siècle, au moins. Comme les trottoirs, il est en briques rouges et a dû un jour être simple, mais beau. Maintenant les portes sont flanquées de sentinelles, et il est surmonté de nouveaux projecteurs hideux fixés sur des poteaux métalliques, il y a du fil de fer barbelé le long de sa base, et des éclats de verre fichés dans du béton le long de sa crête.

Personne ne franchit ces portes de son plein gré. Les précautions concernent ceux qui essayeraient de sortir, quoique parvenir jusqu'au Mur, en venant de l'intérieur, malgré le système d'alarme électronique, serait quasiment impossible.

À côté de la porte principale, il y a six corps de plus, pendus par le cou, les mains liées devant eux, la tête fourrée dans un sac blanc et inclinée de côté sur l'épaule. Il a dû y avoir une Rédemption d'hommes tôt ce matin. Je n'ai pas entendu les cloches. Peut-être en ai-je pris l'habitude.

Nous nous immobilisons, ensemble comme à un signal, et restons à regarder les corps. Cela ne fait rien que nous regardions. Nous sommes censées les voir : c'est pour cela qu'ils sont là à pendre sur le Mur. Parfois ils y restent plusieurs jours, jusqu'à ce qu'arrive une nouvelle fournée, pour qu'autant de gens que possible aient l'occasion de les voir.

Ils sont suspendus à des crochets. Ces crochets ont été fixés dans les briques du Mur, à cette fin. Tous ne sont pas occupés. Ils ressemblent à des prothèses pour manchots. Ou à des points d'interrogation d'acier, retournés et inclinés de côté.

Le pire, ce sont les sacs qui recouvrent les têtes, pires que ne le seraient les visages eux-mêmes. Cela fait ressembler ces hommes à des poupées dont on n'aurait pas encore peint le visage ; à des épouvantails, ce que dans un sens ils sont puisqu'ils sont là pour épouvanter. Ou encore comme si leurs têtes étaient des sacs, bourrés d'un quelconque matériau indifférencié, de la farine ou de la pâte. C'est la lourdeur manifeste des têtes, leur vide, la manière dont la pesanteur les tire vers le bas, et il n'y a plus de vie pour les redresser. Ces têtes sont des zéros.

Pourtant si on les regarde avec insistance, comme nous le faisons, on peut distinguer le dessin des traits sous le tissu, comme des ombres grises. Ces têtes sont des têtes de bonhomme de neige, d'où les yeux en charbon, le nez en carotte seraient tombés. Les têtes fondent.

Mais sur l'un des sacs il y a du sang, qui a suinté à travers le tissu blanc, là où devait se trouver la bouche. Cela forme une autre bouche, petite et rouge, comme les bouches peintes au gros pinceau par les enfants de la maternelle. Une vision enfantine d'un sourire. En fin de compte, ce qui retient l'attention, c'est le sourire de sang. Car, après tout, il ne s'agit pas de bonshommes de neige.

Les hommes portent des blouses blanches, comme celles que portaient les médecins ou les savants. Médecins et savants ne sont pas les seuls, il y en a d'autres, mais on a dû faire une rafle ce matin. Chacun a un placard suspendu autour du cou pour indiquer pourquoi il a été exécuté : le dessin d'un fœtus humain. Donc ils étaient médecins, dans le temps d'avant, quand pareilles choses étaient légales. Des faiseurs d'anges, les appelait-on ; ou était-ce autre chose ? On les a retrouvés, grâce à des recherches dans les archives des hôpitaux, ou, plus probablement, puisque la plupart des hôpitaux ont détruit leurs archives dès que ce qui allait arriver s'est précisé, grâce à des informateurs : des infirmières, peut-être, ou deux d'entre elles, puisque le témoignage d'une seule femme n'est plus recevable ; ou par un autre médecin espérant sauver sa propre peau, ou par quelqu'un, déjà inculpé, qui voulait compromettre un ennemi, ou qui a parlé au hasard, dans une tentative désespérée de sauver sa peau. Quoique les informateurs ne soient pas toujours graciés.

Ces hommes, nous a-t-on dit, sont comme des criminels de guerre. Que ce qu'ils ont fait fût légal, à l'époque, n'est pas une excuse : leurs crimes sont rétroactifs. Ils ont commis des atrocités, et doivent devenir des exemples, pour les autres. Pourtant cela n'est guère nécessaire. Aucune femme dans son bon sens, aujourd'hui, ne chercherait à prévenir une naissance, à supposer qu'elle ait la chance de concevoir.

Ce que nous sommes supposées ressentir envers ces corps c'est de la haine et du mépris. Ce n'est pas ce que j'éprouve. Les corps pendus au Mur sont des voyageurs du temps, des anachronismes. Ils sont venus du passé.

Ce que j'éprouve à leur égard c'est du vide. Ce que je ressens c'est que je n'ai le droit de rien ressentir. Ce que je ressens est en partie du soulagement, car aucun de ces hommes n'est Luke. Luke n'était pas médecin. N'est pas médecin.

Je regarde l'unique sourire rouge. Le rouge de ce sourire est le même que celui des tulipes du jardin de Serena Joy, vers la base des tiges, là où elles commencent à cicatriser. Le rouge est le même, mais il n'y a pas de rapport. Les tulipes ne sont pas des tulipes de sang, les sourires rouges ne sont pas des fleurs, aucune de ces deux choses n'explique l'autre. La tulipe n'est pas une raison de ne pas croire en l'homme pendu, et réciproquement. Chacune de ces choses est convaincante, chacune existe réellement. C'est à travers un champ d'objets convaincants tels que ceux-là que je dois me frayer un chemin, tous les jours et à tous les égards. Je me donne beaucoup de mal pour faire ce genre de distinctions ; j'ai besoin de les faire. Il faut que je sois au clair dans mon propre esprit.

Je sens un frémissement chez la femme qui est à mes côtés. Est-ce qu'elle pleure ? En quoi cela pourrait-il la faire paraître exemplaire ? Je ne peux me permettre de le savoir. Je remarque que j'ai les mains crispées, serrées autour de l'anse de mon panier. Je ne laisserai rien paraître.

L'ordinaire, disait Tante Lydia, c'est ce à quoi vous êtes habituées. Ceci peut ne pas vous paraître ordinaire maintenant, mais cela le deviendra après un temps. Cela deviendra ordinaire.

III. Nuit

7.

La nuit m'appartient, c'est mon temps à moi, je peux en faire ce que je veux, pourvu que je reste tranquille. Pourvu que je ne bouge pas. Pourvu que je reste couchée immobile. La différence entre *coucher* et *se coucher*. Se coucher est toujours pronominal. Même les hommes disaient j'ai envie de coucher et pourtant ils disaient parfois j'ai envie de coucher avec elle. Tout cela est spéculation pure, je ne sais pas vraiment ce que disaient les hommes. Je ne connaissais que leur parole.

Je suis donc couchée à l'intérieur de la chambre sous l'œil en plâtre du plafond, derrière les rideaux blancs, entre les draps, aussi lisse qu'eux, et je fais un pas de côté pour sortir de ce temps qui m'appartient. Sortir du temps. Pourtant c'est bien ceci le temps et je ne suis pas à l'extérieur.

Mais la nuit est mon heure de sortie. Où irai-je ?

Dans un endroit agréable.

Moira, assise au bord de mon lit, jambes croisées, la cheville sur le genou, vêtue de sa salopette pourpre, une boucle d'oreille ballante, l'ongle doré qu'elle se peignait pour être excentrique, une cigarette entre ses doigts courts, aux bouts jaunis. Allons prendre une bière.

Tu me mets des cendres dans le lit.

Si tu faisais ton lit, tu n'aurais pas ce problème, réplique Moira.

Dans une demi-heure. Je devais remettre un devoir le lendemain. De quoi s'agissait-il ? Psychologie, anglais, économie. Nous étudiions de tels sujets, dans ce temps-là. Sur le plancher de la chambre il y avait des livres ouverts la face contre terre, en désordre, à profusion.

Tout de suite. Tu n'as pas besoin de te peindre la figure, ce n'est que moi. De quoi traite ton devoir ? Je viens d'en faire un sur le viol au vent du samedi soir.

Je répète : le viol au vent ! tu es tellement branchée. On dirait une espèce de hors-d'œuvre. *Vol-au-vent*.

Ha ha, fait Moira. Prends ton manteau.

Elle le décroche elle-même, et me le lance. Je te tape de cinq dollars, d'accord ?

Ou quelque part dans un parc, avec ma mère. Quel âge pouvais-je avoir ? Il faisait froid, nos souffles étaient visibles devant nous, il n'y avait pas de feuilles aux arbres ; un ciel gris, deux canards dans l'étang, maussades. Des miettes de pain sous mes ongles, dans ma poche. C'est cela : elle avait dit que nous allions donner à manger aux canards.

Mais il y avait là des femmes qui brûlaient des livres, c'était en réalité pour cela qu'elle était venue. Pour voir ses amies ; elle m'avait menti, le samedi était censé être mon jour. Je me suis éloignée d'elle, boudeuse, pour m'approcher des canards, mais le feu m'a attirée.

Il y avait quelques hommes aussi, parmi les femmes, et les livres étaient des revues. Ils avaient dû verser de l'essence parce que les flammes jaillissaient haut, puis ils ont commencé à y jeter les revues empilées dans des cartons, pas trop à la fois. Certains psalmodiaient un chant ; des badauds se rassemblaient.

Leurs visages étaient heureux, presque extatiques. Le feu peut avoir cet effet. Même le visage de ma mère, pâle d'ordinaire, maigriot, paraissait vermeil et réjoui comme une carte de Noël ; et il y avait une autre femme, massive, avec une tache de suie le long de la joue et un bonnet tricoté orange, je me la rappelle.

Tu veux en jeter une, chérie ? m'a-t-elle demandé. Quel âge pouvais-je avoir ?

Bon débarras de toute cette camelote, a-t-elle gloussé. D'accord ? a-t-elle demandé à ma mère.

Si elle veut, a répondu ma mère. Elle avait une façon de parler de moi aux autres, comme si je ne pouvais pas entendre.

La femme m'a tendu une des revues. Sa couverture représentait une jolie femme, entièrement dévêtue, suspendue au plafond par une chaîne enroulée autour de ses mains. Je la regardais avec intérêt. Cela ne me faisait pas peur. Je croyais qu'elle se balançait, comme Tarzan à une liane, à la télé.

Ne la laisse pas *voir*, a dit ma mère. Tiens, jette-la dedans, vite.

J'ai lancé la revue dans les flammes. Elle fut ouverte et feuilletée par le souffle de la combustion ; de grands lambeaux de papier se détachèrent, voguèrent dans l'air, encore enflammés, des morceaux du corps de la femme qui se transformaient en cendre noire, en l'air, devant mes yeux.

Mais ensuite, que se passe-t-il, mais ensuite, quoi ? Je sais que j'ai perdu du temps.

Il a dû y avoir des seringues, des pilules, quelque chose de ce genre. Je n'aurais pas pu perdre autant de temps sans qu'on m'y aide. Vous avez subi un choc, m'ont-ils dit.

Je remontais à travers des grondements désordonnés, comme le bouillonnement des brisants. Je me souviens que je me sentais très calme. Je me souviens d'avoir crié, j'avais l'impression de crier, mais c'était peut-être seulement un murmure, *Où est-elle ? Qu'avez-vous fait d'elle ?*

Il n'y avait ni jour ni nuit, seulement un clignotement. Après un temps, il y a eu de nouveau des chaises, et un lit, et ensuite une fenêtre.

Elle est en bonnes mains, disaient-ils. Avec des gens compétents. Vous êtes incompétente, mais vous voulez qu'elle ait ce qu'il y a de mieux, n'est-ce pas ?

Ils m'ont montré une photo d'elle, debout sur une pelouse, le visage comme un ovale fermé. Ses cheveux blonds étaient étroitement tirés derrière sa tête. Une femme que je ne connaissais pas la tenait par la main. Elle n'arrivait pas plus haut que le coude de cette femme.

J'ai dit : Vous l'avez tuée. Elle avait l'air d'un ange, solennelle, compacte, composée d'air.

Elle portait une robe que je n'avais jamais vue, blanche et descendant jusqu'à terre.

J'aimerais croire que ceci est une histoire que je raconte. J'ai besoin de le croire. Il faut que je le croie. Celles qui peuvent croire que pareilles histoires ne sont que des histoires ont de meilleures chances.

Si c'est une histoire que je raconte, je peux choisir son dénouement. Donc il y aura un dénouement, à cette histoire, et la vraie vie viendra après. Je pourrai reprendre là où je me suis arrêtée. Ce n'est pas une histoire que je raconte.

C'est aussi une histoire que je raconte, dans ma tête, au fur et à mesure.

Raconter, plutôt qu'écrire, parce que je n'ai pas de quoi écrire et que de toute façon il est interdit d'écrire, mais si c'est une histoire, même dans ma tête, il faut que je la raconte à quelqu'un. On ne se raconte pas une histoire seulement à soi-même. Il y a toujours un autre.

Même quand il n'y a personne.

Une histoire est comme une lettre. Je dirai : *Cher Toi.* Juste Toi, sans nom. Ajouter un nom rattache ce « toi » au monde réel, qui est plus hasardeux, plus périlleux : qui sait quelles sont les chances de survie, là-bas, pour toi ? Je dirai « Toi, toi », comme dans une vieille chanson d'amour. *Toi* peut représenter plus d'une personne. *Toi* peut signifier des milliers de gens.

Je te dirai : je ne cours aucun danger immédiat.

Je ferai semblant que tu peux m'entendre.

Mais cela ne sert à rien, car je sais que c'est impossible.

IV. Salle d’attente

8.

Le beau temps se maintient. C'est presque comme en juin, quand nous sortions nos robes bain de soleil et nos sandales, et allions manger un cornet de glace. Il y a trois nouveaux corps sur le Mur. L'un est un prêtre, il porte encore la soutane noire. On l'en a revêtu pour le procès, alors qu'ils ont renoncé à la porter il y a des années quand la guerre des sectes a éclaté. Les soutanes les rendaient trop voyants. Les deux autres ont des pancartes pourpres suspendues autour du cou : Traître au Genre. Leurs corps portent encore l'uniforme des Gardiens. Surpris ensemble, probablement, mais où ? À la caserne, sous la douche ? C'est difficile à dire. Le bonhomme de neige au sourire rouge a disparu.

Je dis à Deglen : « Nous devrions rentrer. » C'est toujours moi qui dis cela. Quelquefois j'ai l'impression que si je ne le disais pas elle resterait ici à tout jamais. Mais pleure-t-elle, jubile-t-elle, je ne saurais encore le dire.

Sans un mot, elle pivote, comme si elle était actionnée par la voix, comme si elle était sur de petites roulettes huilées, comme si elle était sur le couvercle d'une boîte à musique. La bonne grâce qu'elle manifeste m'irrite. Je suis agacée par sa tête soumise, courbée comme sous un vent violent. Mais il n'y a pas de vent.

Nous quittons le Mur et rebroussons chemin, sous un chaud soleil.

« Quelle splendide journée de mai », dit Deglen. Je sens plus que je ne vois sa tête se tourner vers moi, dans l'attente d'une réponse.

Je dis : « Oui, et ajoute, après réflexion, Loué soit-Il. » *Mayday* était un signal de détresse, il y a bien longtemps, au cours de l'une de ces guerres que nous étudiions au lycée. Je les embrouillais constamment, mais on pouvait les distinguer grâce aux avions, en faisant attention. C'est Luke qui m'a expliqué Mayday. *Mayday, Mayday*, pour les pilotes dont les avions avaient été touchés, et les navires (s'agissait-il aussi des navires ?) en mer. Peut-être était-ce S.O.S. pour les navires. Je voudrais bien pouvoir le vérifier. Et c'était quelque chose de Beethoven, pour le début de la victoire, dans l'une de ces guerres.

Est-ce que tu sais d'où cela vient ? avait demandé Luke. Mayday ? Non. C'est un drôle de mot à utiliser pour cela, tu ne trouves pas ?

Journaux et café, le dimanche matin, avant qu'elle ne fût née. Il y avait encore des journaux, en ce temps-là. Nous les lisions au lit.

C'est du français, avait-il dit. Ça vient de « *M'aidez* ». Aidez-moi.

Venant à notre rencontre, voici une petite procession, un enterrement : trois femmes, avec toutes un voile noir transparent jeté par-dessus leur coiffure. Une Éconofemme et deux autres, le cortège funèbre, des Éconofemmes elles aussi, ses amies peut-être. Leurs robes rayées ont l'air usé, leurs visages aussi. Un jour, quand les choses iront mieux, disait Tante Lydia, personne n'aura plus à être Éconofemme. La première est l'endeuillée, la mère ; elle porte une petite jarre noire. De la taille de la jarre on peut déduire l'âge qu'il avait lorsqu'il a sombré, à l'intérieur d'elle, coulé à sa mort. Deux ou trois mois, trop petit pour qu'on sache si c'était ou non un Non-Bébé. Les plus âgés et ceux qui meurent à la naissance ont des cercueils.

Nous marquons une pause, par respect, à leur passage. Je me demande si Deglen ressent la même chose que moi, une douleur comme un coup de couteau, au ventre. Nous posons la main sur le cœur pour montrer à ces femmes étrangères que nous prenons part à leur deuil. Sous son voile la première nous jette un regard menaçant ; l'une des deux autres se détourne, crache sur le trottoir. Les Éconofemmes ne nous aiment pas.

Nous passons devant les magasins, parvenons de nouveau à la barrière, et on nous la fait franchir. Nous continuons parmi les vastes maisons d'aspect vide, les pelouses sans mauvaises herbes. Au coin, près de la maison où je suis affectée, Deglen s'arrête et se tourne vers moi.

« Sous Son Œil », dit-elle. L'adieu correct.

Je réponds : « Sous Son Œil », et elle fait un petit signe de tête. Elle hésite, comme pour ajouter quelque chose, mais se détourne et descend la rue. Je l'observe. Elle est comme mon propre reflet, dans un miroir dont je m'éloigne.

Dans l'allée, Nick est encore à lustrer la Tourbillon. Il en est aux chromes de l'arrière. Je pose ma main gantée sur le loquet de la grille, l'ouvre, la pousse, la grille claque derrière moi. Les tulipes au long de la bordure sont plus rouges que jamais, elles s'ouvrent, non plus coupes à vin mais calices ; elles se poussent vers le haut, dans quel but ? Elles sont, tout compte fait, vides. Quand elles sont vieilles elles se retournent à l'envers puis explosent lentement, répandant leurs pétales comme des élytres.

Nick lève la tête et se met à siffler. Puis il dit : « Bonne promenade ? »

Je hoche la tête, mais ne réponds pas de la voix. Il n'est pas censé me parler. Bien sûr, il y en aura qui essayeront, disait Tante Lydia. Toute chair est faible. Je la corrigeais dans ma tête : toute chair est pâture. Ils n'y peuvent rien, ajoutait-elle, Dieu les a faits ainsi, mais Il ne vous a pas faites pareilles. Il vous a faites différentes. C'est à vous de fixer les frontières. Plus tard, vous en serez remerciées.

Dans le jardin derrière la maison du Commandant, l'Épouse du Commandant est assise, dans le fauteuil qu'elle a fait apporter. Serena Joy, quel nom stupide. On dirait quelque chose qu'on se mettait sur les cheveux, dans l'autre temps, le temps d'avant, pour les défriser. *Serena Joy* aurait-on lu sur le flacon, avec une tête de femme silhouettée en papier découpé sur un fond ovale rose, aux bords festonnés d'or. Alors que la gamme des noms est infinie, pourquoi avoir choisi celui-là ? Serena Joy n'a jamais été son vrai nom, pas même alors. Son vrai nom était Pam. J'ai lu cela dans un portrait d'elle, paru dans une revue, longtemps après l'avoir vue chanter pour la première fois, pendant que ma mère faisait la grasse matinée le dimanche. Dans ce temps-là, on lui faisait l'honneur d'un article, c'était dans *Time* ou *Newsweek*, oui, sûrement. À ce moment-là elle ne chantait plus, elle faisait des discours. Elle avait du talent. Ses discours traitaient du caractère sacré du foyer, du fait que les femmes devraient rester à la maison. Serena Joy elle-même n'en faisait rien, elle prononçait des discours, mais elle présentait ce manquement à ses principes comme un sacrifice qu'elle consentait pour le bien de tous.

À peu près à la même époque, quelqu'un a tenté de lui tirer dessus, et a mal visé : sa secrétaire, qui était debout juste derrière elle, a été tuée à sa place.

Quelqu'un d'autre a mis une bombe dans sa voiture, mais elle a explosé trop tôt. Certains ont dit qu'elle avait posé cette bombe dans sa voiture elle-même, pour apitoyer les gens. Les choses en étaient à ce point de passion.

Luke et moi la regardions parfois, au journal télévisé de la nuit. Robes de chambre, dernier verre. Nous observions sa coiffure laquée et son hystérie, les larmes qu'elle pouvait encore produire à volonté et le mascara qui lui dégoulinait sur les joues. À cette époque, elle se maquillait davantage. Nous la trouvions drôle. Ou plutôt, Luke la trouvait drôle. Je faisais seulement semblant de le penser. En réalité elle était un peu effrayante. Elle était sincère. Elle ne fait plus de discours. Elle a perdu la parole. Elle reste au foyer, mais cela ne semble pas lui convenir. Comme elle doit être furieuse, maintenant qu'elle a été prise au mot.

Elle contemple les tulipes. Sa canne est à côté d'elle, sur l'herbe. Son profil est tourné vers moi, je le vois, au bref coup d'œil latéral que je lui jette en passant. Ce ne serait pas convenable de la dévisager. Ce n'est plus un profil impeccable de papier découpé, son visage s'affaisse sur lui-même, et je pense à ces villes construites sur des rivières souterraines, où maisons et rues entières disparaissent du jour au lendemain dans des fondrières inattendues, ou aux villes charbonnières qui s'enfoncent dans les mines au-dessous d'elles. Quelque chose d'analogue a dû lui arriver, au moment où elle a vu la vraie tournure que prenaient les événements.

Elle ne tourne pas la tête. Elle ne reconnaît ma présence d'aucune manière, quoiqu'elle sache que je suis là. Je suis sûre qu'elle le sait, c'est comme une odeur, son savoir ; quelque chose de suri, comme du lait tourné.

Ce n'est pas des maris dont vous devez vous méfier, disait Tante Lydia, c'est des Épouses. Vous devez toujours essayer d'imaginer ce qu'elles peuvent ressentir. Bien sûr, elles vous en voudront. Ce n'est que naturel. Essayez de vous mettre à leur place. Tante Lydia croyait qu'elle réussissait très bien à se mettre à la place des autres. Essayez d'avoir de la pitié pour elles. Pardonnez-leur, car elles ne savent pas ce qu'elles font. Encore ce sourire hésitant, de mendiant, le clignement des yeux falots, le regard au plafond, à travers les lunettes rondes cerclées d'acier, dirigé vers le fond de la salle de classe, comme si le plafond de plâtre peint en vert s'ouvrait et que Dieu, sur un nuage de poudre de riz Perle Rose, descendait à travers les fils électriques et la tuyauterie de l'extincteur d'incendie. Vous devez comprendre que ce sont des femmes vaincues. Elles ont été incapables…

Ici sa voix se brisait, et il y avait une pause pendant laquelle j'entendais un soupir, le soupir collectif de celles qui m'entouraient. Il était déconseillé de faire du bruit ou de gigoter pendant ces pauses : Tante Lydia avait peut-être l'air distrait mais elle remarquait le moindre tressaillement. C'est pourquoi il n'y avait que ce soupir.

L'avenir est entre vos mains, reprenait-elle. Elle tendait ses propres mains vers nous, du geste antique qui était à la fois une offre et une invite à la rejoindre dans une étreinte, un consentement. Entre vos mains, disait-elle, en contemplant les siennes, comme si c'étaient elles qui lui avaient inspiré cette idée. Mais il n'y avait rien dans ses mains. Elles étaient vides. C'étaient nos mains qui étaient censées être pleines, de l'avenir, lequel pouvait être tenu mais non pas vu.

Je fais le tour par la porte de derrière, je l'ouvre, j'entre et dépose mon panier sur la table de la cuisine. La table a été récurée, débarrassée de la farine. Le pain d'aujourd'hui, qui sort du four, est à refroidir sur sa clayette. La cuisine sent la levure, une odeur nostalgique qui me rappelle d'autres cuisines, des cuisines qui étaient à moi. Cela sent les mères, quoique la mienne n'ait jamais fait de pain. Cela sent moi, autrefois, quand j'étais mère. C'est une odeur traîtresse, et je sais que je dois la repousser. Rita est là, assise à la table, à éplucher et couper des carottes. Ce sont de vieilles carottes, des grosses, conservées trop longtemps, barbues à force d'avoir séjourné en silo. Les carottes nouvelles, tendres et pâles, ne seront pas prêtes avant plusieurs semaines. Le couteau dont elle se sert est pointu et brillant, tentant. Je voudrais avoir un couteau comme celui-là.

Rita cesse de découper les carottes, se lève, sort les paquets du panier, presque avec avidité. Elle est impatiente de voir ce que j'ai rapporté, quoiqu'elle fronce toujours le sourcil lorsqu'elle ouvre les paquets ; rien de ce que je rapporte ne la satisfait entièrement. Elle pense qu'elle aurait pu mieux faire elle-même. Elle préférerait faire le marché, acheter exactement ce qu'elle veut ; elle m'envie ma promenade. Dans cette maison nous nous jalousons toutes quelque chose.

Je lui dis : « Il y avait des oranges. Chez Lait et Miel, il en reste encore quelques-unes. » Je lui tends cette idée comme une offrande. Je veux me mettre dans ses bonnes grâces. J'ai vu les oranges hier, mais je ne l'ai pas dit à Rita ; hier elle était trop ronchon. « Je pourrais en rapporter demain, si vous me donnez les tickets qu'il faut. » Je lui présente le poulet. Aujourd'hui elle voulait du steak, mais il n'y en avait pas.

Rita grogne, ne trahissant ni consentement ni satisfaction. Elle y réfléchira, dit ce grognement, quand elle aura le temps. Elle défait la ficelle qui entoure le poulet et le papier glacé. Elle tâte le poulet, fléchit une aile, fourre un doigt dans la cavité, extrait les abats. Le poulet gît là sans tête ni pattes, la peau hérissée comme s'il frissonnait.

« C'est jour de bain », dit Rita sans me regarder.

Cora entre dans la cuisine, venant de l'office, au fond, là, où l'on range les balais et les serpillières. « Un poulet », fait-elle, presque joyeuse.

« Squelettique, dit Rita, mais faudra faire avec. »

Je dis : « Il n'y avait pas grand-chose d'autre. » Rita m'ignore.

« Il m'a l'air de bonne taille », dit Cora. Est-ce qu'elle prend ma défense ? Je la regarde, pour savoir si je devrais sourire ; mais non, elle ne pense pas à autre chose qu'à la nourriture. Elle est plus jeune que Rita, un rayon de soleil qui pénètre maintenant de biais par la fenêtre ouest touche ses cheveux, divisés par une raie et tirés en arrière. Elle devait être jolie, il n'y a pas si longtemps. Elle a une petite marque, une fossette, à chacune de ses oreilles là où les perforations pour les boucles d'oreilles se sont refermées. « De bonne taille, dit Rita, mais tout en os. Vous devriez pas vous laisser faire », me dit-elle, en me regardant directement pour la première fois. « Vous n'êtes pas n'importe qui. » Elle se réfère au rang du Commandant. Mais dans un autre ordre d'idées, le sien, elle pense que je suis n'importe qui. Elle a plus de soixante ans, ses opinions sont faites.

Elle va à l'évier, se passe rapidement les mains sous le robinet, les sèche au torchon. Le torchon est blanc avec des bandes bleues. Les torchons sont comme ils ont toujours été. Quelquefois ces éclairs de normalité m'arrivent de côté comme des embuscades. L'ordinaire, l'usuel, un rappel, tel un coup de pied. Je vois le torchon, hors de son contexte, et je retiens mon souffle. Pour quelques-uns, à certains égards, les choses n'ont pas tellement changé.

« Qui fait couler le bain ? demande Rita à Cora, pas à moi. Il faut que j'attendrisse cet oiseau. »

« Je le ferai tout à l'heure, dit Cora, après la poussière. »

« Du moment que c'est fait », dit Rita.

Elles parlent de moi comme si je ne pouvais pas entendre. Pour elles, je suis une tâche ménagère, parmi beaucoup d'autres.

J'ai été congédiée. Je ramasse le panier, passe la porte de la cuisine et parcours le vestibule en direction de la vieille horloge. La porte du salon est fermée. Les rayons du soleil pénètrent par l'imposte et se répandent en couleurs sur le sol : rouge et bleu, pourpre. Je marche dedans brièvement, étends les mains ; elles s'emplissent de fleurs de lumière. Je gravis l'escalier, mon visage, lointain, blanc et déformé, encadré dans le miroir du vestibule qui saille vers l'extérieur comme un œil sous pression. Je suis le tapis vieux rose le long du grand couloir d'en haut, jusqu'à la chambre.

Quelqu'un est planté dans le couloir, près de la porte de la chambre où j'habite. Le couloir est obscur, il s'agit d'un homme, le dos vers moi ; il regarde dans ma chambre, silhouette sombre à contre-jour. Je vois maintenant, c'est le Commandant, il n'est pas censé se trouver là. Il m'entend venir, se retourne, hésite, avance. Vers moi. Il viole les usages, que dois-je faire à présent ?

Je m'arrête, il s'immobilise. Je ne peux voir son visage, il me regarde, que veut-il ? Mais il avance encore, s'écarte pour éviter de me frôler, incline la tête, a disparu.

Quelque chose m'a été montré, mais quoi ? Comme le drapeau d'un pays inconnu, aperçu un instant au-dessus de l'épaule d'une colline, cela pourrait signifier attaque, cela pourrait signifier pourparlers, cela pourrait signifier le bord de quelque chose, un territoire. Les signaux que les animaux se lancent : paupières bleues baissées, oreilles couchées en arrière, poil hérissé. Dents découvertes dans un éclair, que diable peut-il manigancer ? Personne d'autre ne l'a vu, j'espère. Était-ce une invasion ? Était-il dans ma chambre ?

J'ai dit *ma chambre*.

9.

Ma chambre. Car enfin il faut bien qu'il y ait un endroit que je revendique comme mien, même par les temps qui courent.

J'attends, dans ma chambre, qui en ce moment précis est une antichambre. Quand je vais me coucher, c'est une chambre à coucher. Les rideaux flottent toujours dans le vent léger, dehors le soleil brille toujours, bien qu'il n'entre plus droit à travers la fenêtre. Il s'est déplacé vers l'ouest. J'essaie de ne pas raconter d'histoires, du moins pas celle-ci.

Quelqu'un a vécu dans cette chambre, avant moi, quelqu'un qui me ressemblait, du moins c'est ce que je veux croire.

Je l'ai découvert trois jours après mon installation ici.

J'avais beaucoup de temps à faire passer. J'ai décidé d'explorer la chambre. Non pas à la hâte, comme on explore une chambre d'hôtel, sans s'attendre à la moindre surprise, à ouvrir et fermer les tiroirs de commode, les portes de placard, à déballer la minuscule savonnette, à tâter les oreillers. Est-ce qu'il m'arrivera jamais de me retrouver dans une chambre d'hôtel ? Comme je les ai gaspillées, ces chambres, cette liberté de ne pas être vue.

Privilège en location.

Les après-midi, quand Luke était encore à se dégager de sa femme ; quand j'étais encore irréelle pour lui. Avant que nous soyons mariés, et moi concrétisée. J'arrivais toujours la première, je signais le registre. Il n'y a pas eu tellement d'occasions de ce genre, mais cela semble maintenant une décennie, toute une époque. Je me rappelle ce que je portais, chaque corsage, chaque foulard. J'arpentais la chambre, en l'attendant, je branchais la télévision, puis l'éteignais, je me mettais du parfum derrière l'oreille, ça s'appelait Opium. C'était vendu dans un flacon chinois, rouge et or.

J'étais anxieuse. Comment savoir s'il m'aimait ? C'était peut-être juste une aventure. Pourquoi disions-nous *juste ?* Pourtant en ce temps-là les hommes et les femmes s'essayaient l'un l'autre avec désinvolture, comme des vêtements, et rejetaient tous ceux qui n'allaient pas.

On frappait enfin à la porte. J'ouvrais, emplie de soulagement, de désir. Il était si éphémère, si condensé. Et pourtant il semblait inépuisable. Nous restions étendus dans ces lits de l'après-midi, après, les mains de l'un posées sur l'autre, à parler. Possible, impossible. Que pouvions-nous faire ? Nous pensions avoir de tels problèmes. Comment pouvions-nous savoir que nous étions heureux ?

Mais à présent même ces chambres me manquent, jusqu'aux affreux tableaux suspendus aux murs, paysages de feuillages d'automne, ou de neige fondant dans des forêts, ou femmes en costume d'époque, aux visages de poupées de porcelaine, tournures et ombrelles ou clowns au regard triste, ou coupes de fruits, raides et d'aspect crayeux. Les serviettes propres prêtes à être souillées, les corbeilles à papier béant leur invite, appelant à elles les déchets insouciants. Insouciance : j'étais insouciante, dans ces chambres ; je pouvais décrocher le téléphone, et des mets apparaîtraient sur un plateau, des plats que j'aurais choisis. Des aliments qui m'étaient déconseillés, sans doute, et des boissons aussi. Il y avait des bibles dans les tiroirs des commodes, placées là par quelque société charitable, que, probablement, personne ne lisait. Il y avait aussi des cartes postales, avec des photographies de l'hôtel, et on pouvait écrire ces cartes et les envoyer à qui l'on voulait. Cela semble tellement impossible, aujourd'hui ; comme quelque chose qu'on aurait rêvé.

J'ai donc exploré ma chambre, sans hâte, cette fois, pas comme une chambre d'hôtel, sans la gaspiller. Je ne voulais pas voir tout d'un coup, je voulais faire durer la chose. J'ai divisé la chambre en sections, dans ma tête ; je m'autorisais une section par jour ; cette unique section, je l'examinais avec la plus grande minutie : les inégalités du plâtre sous le papier peint, les éraflures de la peinture de la plinthe et du rebord de la fenêtre, sous la couche supérieure de peinture, les taches du matelas, car j'allais jusqu'à soulever draps et couvertures, en les repliant petit à petit de façon à pouvoir les remettre en place rapidement si quelqu'un était venu.

Les taches du matelas. Comme des pétales de fleur séchés. Pas récentes. Amours anciennes. Il n'y a pas d'autre genre d'amour dans cette chambre à présent.

Quand je l'ai vue, cette preuve laissée par deux personnes, trace d'amour ou de quelque chose d'analogue, de désir au moins, au moins de contact entre deux personnes, peut-être aujourd'hui vieilles ou mortes, j'ai recouvert le lit et je me suis couchée dessus. J'ai regardé vers l'œil de plâtre aveugle, au plafond. Je voulais sentir Luke allongé à côté de moi. Cela m'arrive, ces attaques du passé, comme une faiblesse, une vague qui me déferle par-dessus la tête. Parfois c'est à peine supportable. Que faire, que faire ? Il n'y a rien à faire. Qui se contente d'attendre a aussi son utilité. Ou de se coucher et d'attendre. Je sais pourquoi la vitre de la fenêtre est en verre incassable, et pourquoi ils ont enlevé le lustre. Je voulais sentir Luke étendu près de moi, mais il n'y avait pas de place.

J'ai gardé l'armoire pour le troisième jour. J'ai d'abord examiné soigneusement la porte, intérieur et extérieur, puis les parois avec leurs crochets de cuivre. Comment ont-ils pu oublier les crochets ? Pourquoi ne les ont-ils pas enlevés ? Trop près du sol ? Pourtant, un bas, c'est tout ce qu'il faut… Et la tringle avec les cintres en plastique, d'où pendent mes robes, la cape de laine rouge pour l'hiver, le châle. Je me suis agenouillée pour inspecter le sol, et je l'ai vu, en lettres minuscules, tout frais, semblait-il, griffé avec une épingle ou peut-être juste avec l'ongle, dans le coin où tombait l'ombre la plus noire : *Nolite te salopardes exterminorum.*

Je ne savais pas ce que cela signifiait, ni même de quelle langue il s'agissait. J'ai pensé que c'était peut-être du latin, mais je ne savais pas le latin. Pourtant c'était un message, et il était écrit, et de ce seul fait défendu, et il n'avait pas encore été découvert. Sauf par moi, à qui il était destiné. Il était destiné à quiconque aurait été la suivante.

Cela me plaît de méditer ce message. Cela me plaît de penser que je communie avec elle, cette femme inconnue. Car c'est une inconnue ; ou si on sait qui elle est, elle n'a jamais été évoquée devant moi. Cela me plaît de savoir que son message tabou a survécu, a touché au moins une autre personne, a été déposé sur la paroi de mon armoire, a été ouvert et lu par moi. Parfois je me répète les mots à moi-même. Cela me donne une petite joie. Quand j'imagine la femme qui les a écrits, je pense à quelqu'un d'à peu près mon âge, peut-être plus jeune. Je la transforme en Moira, Moira telle qu'elle était à l'Université, dans la chambre voisine de la mienne : fantasque, désinvolte, athlétique, avec pendant un moment une bicyclette et un sac à dos pour des randonnées. Des taches de rousseur, je crois ; irrévérencieuse, ingénieuse.

Je me demande qui elle était, ou est, et ce qu'elle est devenue. J'ai fait un essai sur Rita, le jour où j'ai trouvé le message. J'ai demandé : « Qui était la femme qui habitait dans cette chambre ? Avant moi ? » Si j'avais posé la question différemment, si j'avais dit : « Est-ce qu'il y avait une femme dans cette chambre avant moi ? » je n'aurais peut-être rien obtenu.

Laquelle ? a-t-elle fait, sur un ton hargneux, soupçonneux, mais c'est presque toujours le ton qu'elle prend quand elle s'adresse à moi.

Donc il y en a eu plus d'une. Certaines ne sont pas restées tout le temps de leur affectation, leurs deux ans pleins. Certaines ont dû être renvoyées, pour une raison ou une autre. Ou peut-être pas renvoyées ; parties ?

La fille dégourdie. J'essayais de deviner. Celle aux taches de rousseur.

Vous la connaissiez ? a demandé Rita, plus soupçonneuse que jamais.

J'ai menti : Je l'avais connue avant. J'ai entendu dire qu'elle était ici.

Rita a accepté ma réponse. Elle sait qu'il doit y avoir un téléphone arabe, une espèce de réseau secret.

Elle a dit : Elle n'a pas fait l'affaire.

J'ai lancé : À quel égard ? sur un ton aussi neutre que possible.

Mais Rita était bouche cousue. Je suis comme un enfant ici, il y a des choses qu'il ne faut pas me dire. Ce qu'on ne sait pas ne peut pas faire de mal, voilà tout ce qu'elle a bien voulu dire.

10.

Parfois je chante pour moi toute seule, dans ma tête ; un truc lugubre, mélancolique, presbytérien :

Grâce merveilleuse, ô mots si doux
Qui pourraient me sauver, misérable,
Qui un jour me perdis, mais fus retrouvée,
Qui étais captive, mais qui fus libérée.

Je ne sais pas si les paroles sont justes. Je n'arrive pas à m'en souvenir. Pareilles chansons ne sont plus chantées en public, surtout celles qui emploient des mots comme « libérer ». Elles sont jugées trop dangereuses. Elles appartiennent aux sectes hors la loi.

Je me sens si seule, chéri,
Je me sens si seule, chéri
Je me sens si seule que j'en mourrai.

Celle-là aussi est proscrite. Je la connais d'une vieille cassette qu'avait ma mère. Elle avait aussi une machine grinçante et capricieuse, qui pouvait quand même jouer ce genre de choses. Elle passait cette bande quand ses amies venaient la voir et qu'elles avaient pris quelques verres.

Je ne chante pas comme cela souvent. Cela me fait mal à la gorge. Il n'y a guère de musique dans cette maison, à part ce que nous entendons à la télé. Quelquefois Rita fredonne, tout en pétrissant ou en épluchant ; un fredon sans paroles, sans mélodie, impénétrable. Et parfois, du salon s'échappe le son grêle de la voix de Serena, venant d'un disque enregistré il y a longtemps, et joué maintenant en sourdine, pour qu'elle ne se fasse pas prendre à l'écouter, pendant qu'elle est là à tricoter, à se souvenir de sa propre gloire d'antan, aujourd'hui amputée : *Alléluia.*

Il fait chaud pour la saison. Des maisons comme celle-ci deviennent brûlantes quand il y a du soleil, l'isolation est insuffisante. Autour de moi l'air est stagnant malgré la petite brise, le souffle qui entre à travers les rideaux. Je voudrais pouvoir ouvrir la fenêtre aussi grand que possible. Bientôt nous serons autorisées à reprendre nos robes d'été.

Les robes d'été sont déballées, suspendues dans le placard ; il y en a deux, en pur coton, préférable à la matière synthétique, celle des robes bon marché, et pourtant quand il fait lourd, en juillet et en août, on transpire dedans. Pas de coups de soleil à craindre, disait Tante Lydia. Ces femmes qui se donnaient en spectacle. À s'huiler comme de la viande rôtie à la broche, et les dos et les épaules nus, dans la rue, en public, et les jambes, même pas de bas, pas étonnant que ces choses-là arrivaient. *Choses*, le mot qu'elle utilisait lorsque ce qu'il remplaçait était trop dégoûtant, sale, ou horrible pour passer ses lèvres. Une vie réussie était pour elle une vie qui évitait les *choses*, excluait les *choses*. Pareilles *choses* n'arrivent pas aux femmes comme il faut. Et mauvais pour le teint, très mauvais, ça vous ratatine comme une vieille pomme. Mais nous n'étions plus censées nous préoccuper de notre teint, cela elle l'avait oublié.

Dans le parc, disait Tante Lydia, couchés sur des couvertures, hommes et femmes ensemble quelquefois, et là-dessus elle se mettait à pleurer, plantée là-devant nous, en plein sous nos yeux.

Je fais de mon mieux, disait-elle. J'essaie de vous donner toutes vos chances. Elle cillait, la lumière était trop vive pour elle ; sa bouche tremblotait autour de ses dents de devant, des dents qui avançaient un peu et étaient longues et jaunâtres, et je pensais aux souris mortes que nous trouvions à notre porte, quand nous habitions une maison, tous les trois ; quatre en comptant le chat, qui était responsable de ces offrandes.

Tante Lydia appuyait la main sur sa bouche de rongeur mort. Une minute plus tard elle la retirait. J'avais envie de pleurer moi aussi, parce qu'elle me faisait me souvenir. Si seulement il ne commençait pas par en manger la moitié, disais-je à Luke.

Ne croyez pas que ce soit facile pour moi non plus, disait Tante Lydia.

Moira, qui entre en coup de vent dans ma chambre, lance sa veste de serge par terre. Tu as des clopes ?

Dans mon sac. Mais pas d'allumettes.

Moira farfouille dans mon sac. Tu devrais jeter une partie de ce foutoir, dit-elle. J'organise une soirée des-sous de cocotte.

Une quoi ? Inutile d'essayer de travailler, Moira ne le permet pas, elle est comme un chat qui se coule sur la page que l'on essaie de lire.

Tu sais, comme Cocotte-Minute, mais avec des sous-vêtements de cocotte ; des trucs de pute, entre-jambes en dentelle, jarretelles à agrafes, soutiens-gorge qui remontent les nénés. Elle trouve mon briquet, allume la cigarette qu'elle a extirpée de mon sac. Tu en veux une ? me lance le paquet, avec une générosité sans bornes, vu que ce sont les miennes.

Mille mercis, dis-je avec aigreur. Tu es dingue. Où as-tu pêché une idée pareille ?

En faisant mon trou à l'université. J'ai des relations. Un ami de ma mère. Ça fait fureur dans les banlieues, dès qu'ils commencent à avoir des taches de vieillesse ils s'imaginent qu'il leur faut battre les concurrents, les sex-shops et tout ça.

Je ris. Elle me fera toujours rire.

Mais ici ? qui viendra ? qui a besoin de ça ?

On n'est jamais trop jeune pour apprendre. Allez, ça sera génial. On va rire à en faire dans nos culottes.

Était-ce ainsi que nous vivions alors ? Mais nous vivions comme d'habitude. Comme tout le monde, la plupart du temps. Tout ce qui se passe est habituel. Même ceci est devenu habituel, maintenant.

Nous vivions, comme d'habitude, en ignorant. Ignorer n'est pas la même chose que l'ignorance, il faut se donner de la peine pour y arriver.

Rien ne change instantanément. Dans une baignoire qui se réchaufferait progressivement, on mourrait bouilli avant de s'en rendre compte. Il y avait des histoires dans les journaux, bien sûr, de cadavres dans des fossés ou des forêts, matraqués à mort ou mutilés, violentés comme ils disaient, mais il s'agissait d'autres femmes et les hommes qui faisaient ces choses-là étaient d'autres hommes. Aucun ne faisait partie des hommes que nous connaissions. Les articles des journaux étaient pour nous comme des rêves, de mauvais rêves, rêvés par d'autres. Quelle horreur, disions-nous, et c'était horrible, mais c'était horrible sans être crédible. C'était trop mélodramatique, cela avait une dimension qui ne faisait pas partie de nos vies.

Nous étions les gens dont on ne parlait pas dans les journaux. Nous vivions dans les espaces blancs et vides en marge du texte imprimé. Cela nous donnait davantage de liberté.

Nous vivions dans les brèches entre les histoires.

D'au-dessous, de l'allée du garage, vient le bruit de la voiture qui démarre. Le quartier est calme, il n'y a pas beaucoup de circulation, on entend ces choses-là très clairement : moteurs de voiture, tondeuses à gazon, une haie qu'on taille, une porte qui claque. On pourrait entendre nettement un cri ou un coup de feu, si pareils bruits se produisaient par ici. Parfois il y a dans le lointain une sirène.

Je vais à la fenêtre et m'assieds sur le rebord qui est trop étroit pour être confortable. Il y a dessus un petit coussin dur avec une housse au petit point : FOI, en lettres carrées, entourées d'une couronne de lys. FOI est d'un bleu passé, les feuilles des lys d'un vert défraîchi. C'est un coussin qui a servi ailleurs, usé mais pas assez pour être jeté. Je ne sais pourquoi il a été oublié. Je peux passer des minutes entières, des dizaines de minutes à laisser errer mes yeux sur les lettres : FOI. C'est la seule chose qu'ils m'ont donné à lire. Si j'étais prise sur le fait, est-ce que cela compterait ? Ce n'est pas moi qui ai mis ce coussin ici.

Le moteur tourne et je me penche en avant en tirant le rideau blanc devant mon visage comme un voile. Il est semi-transparent, je peux voir au travers. Si je colle le front contre la vitre et regarde en bas, je peux voir la moitié arrière de la Tourbillon. Il n'y a personne, mais tandis que je guette, je vois Nick faire le tour de la voiture jusqu'à la porte arrière, l'ouvrir, rester planté là tout raide. Sa casquette est d'aplomb à présent, ses manches déroulées et boutonnées. Je ne peux pas voir son visage parce que je regarde de haut en bas.

Maintenant voilà le Commandant qui sort. Je l'aperçois juste un instant, en raccourci, se dirigeant vers la voiture. Il ne porte pas de chapeau, donc ce n'est pas à une manifestation officielle qu'il se rend. Il a les cheveux gris. Argent, pourrait-on dire, si on était gentil. Je n'ai pas envie d'être gentille. Le précédent était chauve, alors je suppose que celui-ci est un mieux.

Si je pouvais cracher par la fenêtre, ou jeter quelque chose, le coussin, par exemple, je pourrais peut-être l'atteindre.

Moira et moi, avec des sacs en papier remplis d'eau. Ça s'appelait des bombes à eau. Penchée par ma fenêtre de dortoir, à les laisser tomber sur la tête des garçons, en dessous. C'était une idée de Moira. Qu'avaient-ils essayé de faire ? Grimper à une échelle, pour voir quelque chose. Pour voir nos sous-vêtements.

Le dortoir avait jadis été mixte. Il y avait encore des urinoirs dans l'une des salles de bains de notre étage. Mais quand je suis arrivée, ils avaient déjà remis les hommes et les femmes à leurs places respectives.

Le Commandant se baisse, monte en voiture, disparaît, et Nick ferme la porte. Un instant plus tard la voiture fait marche arrière, descend l'allée jusqu'à la rue, et s'évanouit derrière la haie. Je devrais ressentir de la haine envers cet homme. Je sais que c'est ce que je devrais ressentir, mais ce n'est pas le cas. Ce que je ressens est plus compliqué que cela. Je ne sais comment l'appeler. Mais ce n'est pas de l'amour.

11.

Hier matin je suis allée chez le médecin. J'y ai été amenée par un Gardien, l'un de ceux à brassard rouge qui ont pour mission ce genre de choses. Nous avons pris une voiture rouge, lui devant, moi derrière. Aucune jumelle ne m'a accompagnée ; ces jours-là, je suis unique.

Je suis conduite chez le médecin une fois par mois, pour des examens : urine, hormones, frottis de dépistage, prise de sang : la même chose qu'avant, sauf qu'à présent c'est obligatoire.

Le cabinet du médecin est dans un immeuble de bureaux moderne. Nous montons dans l'ascenseur, en silence, le Gardien face à moi. Dans la paroi de miroir noir de l'ascenseur je vois le dos de sa tête. Arrivés au cabinet, j'entre ; il attend dehors, dans le couloir, avec les autres Gardiens, sur l'une des chaises placées là à cet usage.

Dans la salle d'attente il y a d'autres femmes, trois, en rouge : ce médecin est un spécialiste. À la dérobée, nous nous entre-regardons, jaugeons le ventre les unes des autres : y a-t-il une chanceuse parmi nous ? L'infirmier enregistre les noms et les numéros inscrits sur nos laissez-passer dans le Compudoc pour s'assurer que nous sommes bien celles que nous sommes censées être. Il mesure un mètre quatre-vingts. La quarantaine, une cicatrice en diagonale lui barre la joue, il tape à la machine, assis, ses mains sont trop grandes pour le clavier ; il porte toujours son revolver dans l'étui fixé à son épaule.

Quand je suis appelée, je passe la porte qui donne dans la pièce intérieure. Elle est blanche, sans signes distinctifs, comme la première, à l'exception d'un paravent pliant, un tissu rouge tendu sur un cadre, avec un œil doré peint dessus, et plus bas une épée dressée entrelacée de serpents, comme une espèce de poignée. Les serpents et l'épée sont des fragments de symbolisme brisé, survivance de l'époque d'avant.

Après avoir rempli le petit flacon préparé à mon intention dans le cabinet de toilette, j'ôte mes vêtements, derrière le paravent, et les laisse pliés sur la chaise. Une fois nue, je m'allonge sur la table d'examen, sur la feuille glaciale et craquante de papier jetable. Je remonte le second drap, celui de tissu, et m'en couvre le corps. Au niveau du cou il y a un autre drap suspendu au plafond. Il me sectionne afin que le médecin ne voie jamais mon visage ; il a affaire uniquement à un torse.

Quand je suis installée j'étends la main, tâtonne à la recherche du petit levier placé sur le côté droit de la table, l'abaisse. Ailleurs, quelque part, une sonnette tinte, sans que je l'entende. Au bout d'une minute la porte s'ouvre, des pas s'approchent, il y a une haleine. Il n'est pas supposé me parler, sauf si c'est absolument nécessaire. Mais ce médecin-ci est bavard.

« Comment allons-nous ? » dit-il, un tic de langage de l'autre temps. Le drap est soulevé de ma peau, un courant d'air me donne la chair de poule. Un doigt froid gainé de caoutchouc et enduit de gelée se glisse à l'intérieur de moi. Je suis fouillée et sondée. Le doigt se retire, pénètre autrement, ressort.

« Tout va bien, dit le médecin, comme pour lui-même. Mal quelque part, ma belle ? » Il m'appelle ma belle. Je dis : « Non. »

Mes seins sont manipulés à leur tour, à la recherche de maturité, de pourriture. Le souffle se rapproche. Je sens la vieille fumée, l'après-rasage, la poussière de tabac sur une chevelure. Puis la voix, très douce, près de ma tête : c'est lui, qui fait ballonner le drap :

Il murmure : « Je pourrais vous aider. »

« Comment ? »

« Chut, fait-il. Je pourrais vous aider j'en ai aidé d'autres. »

« M'aider ? dis-je, à voix aussi basse que la sienne. Comment ? » Sait-il quelque chose, a-t-il vu Luke, a-t-il trouvé, peut-il faire revenir ?

« À votre avis ? » dit-il, toujours dans un souffle. Est-ce sa main, qui se glisse vers le haut de ma jambe ? Il a ôté le gant. « La porte est verrouillée. Personne ne va entrer. Ils ne sauront jamais que ce n'est pas de lui. »

Il soulève le drap. La partie inférieure de son visage est recouverte du masque de gaze blanc, réglementaire. Deux yeux bruns, un nez, une tête avec des cheveux bruns. Sa main est entre mes jambes. « La plupart de ces vieux types ne peuvent plus machiner, dit-il ; ou ils sont stériles. »

Je manque m'étouffer : il a prononcé un mot interdit. *Stérile*. Un homme stérile, cela n'existe plus, du moins officiellement. Il y a seulement des femmes qui sont fertiles et des femmes improductives, c'est la loi.

« Des tas de femmes le font, poursuit-il. Vous désirez un bébé, n'est-ce pas ? »

Je réponds : « Oui. » C'est vrai et je ne demande pas pourquoi, car je sais. *Donne-moi des fils ou je meurs.* Cela a plus d'une signification.

Il dit : « Vous êtes humide. C'est le moment. Aujourd'hui ou demain, ça marcherait, pourquoi laisser passer l'occasion ? Ça ne prendrait qu'une minute, ma belle. »

Le nom qu'il donnait à sa femme, jadis, qu'il lui donne peut-être encore, mais en réalité c'est un terme générique. Nous sommes toutes *ma belle*.

J'hésite. Il s'offre à moi, ses services, au prix d'un certain risque pour lui-même.

« Je ne supporte pas de voir ce qu'ils vous font subir », murmure-t-il. C'est sincère, une authentique sympathie ; et pourtant il prend plaisir à la situation, sympathie et le reste. Il a les yeux humides de pitié, sa main se déplace sur moi, nerveuse et impatiente.

Je dis : « C'est trop dangereux. Non. Je ne peux pas. » La sanction est la mort. Mais il faut qu'ils vous prennent en flagrant délit, avec deux témoins. Quelles sont les chances, y a-t-il des micros dans la pièce, qui est là, à attendre juste derrière la porte ?

Sa main s'immobilise. « Pensez-y, dit-il. J'ai vu votre feuille de température. Il ne vous reste pas beaucoup de temps. Mais votre vie est à vous. »

Je dis : « Merci. » Il faut que je donne l'impression que je ne suis pas offensée, que je suis ouverte aux suggestions. Il retire sa main, presque paresseusement, nonchalamment, le dernier mot n'a pas été dit en ce qui le concerne. Il pourrait falsifier les examens, me dénoncer pour cancer, infertilité, me faire déporter aux Colonies, avec les Antifemmes. Rien de ceci n'a été dit, mais l'assurance de son pouvoir plane dans l'air tandis qu'il me tapote la cuisse, se retire derrière le drap qui pend.

« Au mois prochain », dit-il.

Je me rhabille, derrière le paravent. J'ai les mains qui tremblent. Pourquoi ai-je peur ? Je n'ai pas traversé de frontière, je n'ai pas fait confiance, pas pris de risque, tout est sauf. C'est le choix qui me terrifie. Une issue, un salut.

12.

La salle de bains est à côté de la chambre à coucher. Elle est tapissée de papier à petites fleurs bleues, des myosotis, avec des rideaux assortis. Il y a un tapis de bain bleu, une housse bleue en imitation de fourrure sur le siège des W.-C. Tout ce qui manque à cette salle de bains par rapport au temps d'avant, c'est une poupée dont la jupe masquerait le rouleau de rechange de papier hygiénique. À ceci près que le miroir au-dessus du lavabo a été enlevé et remplacé par un ovale en étain, que la porte ne ferme pas à clef, et qu'il n'y a pas de rasoirs, bien sûr. Il y a eu des incidents dans les salles de bains au début ; on s'y coupait, s'y noyait. Avant qu'ils n'éliminent tous les petits trucs qui clochaient. Cora est assise sur une chaise dehors dans le couloir, pour s'assurer que personne d'autre n'entre. Dans une salle de bains, une baignoire, on est vulnérable, disait Tante Lydia. Elle ne disait pas à quoi.

Le bain est une obligation, mais c'est aussi un luxe. Simplement me débarrasser des lourdes ailes blanches et du voile, simplement toucher de nouveau ma propre chevelure avec mes mains constitue un luxe. J'ai les cheveux longs maintenant, non coiffés. Les cheveux doivent être longs mais couverts. Tante Lydia disait : Saint Paul dit que c'est soit cela, soit le crâne rasé. Elle riait, de son hennissement retenu, comme si elle racontait une histoire drôle.

Cora a fait couler le bain. Il fume comme un bol de soupe. J'ôte le reste de mes vêtements, la robe de dessus, la chemise et le jupon blancs, les bas rouges, les pantalons larges, en coton. Les collants, ça vous pourrit l'entrecuisse, disait Moira. Tante Lydia n'aurait jamais utilisé une expression telle que *pourrir l'entrecuisse*. Elle disait *antihygiénique*. Elle souhaite que tout soit très hygiénique.

Ma nudité me semble maintenant étrange. Mon corps me paraît démodé. Est-ce que vraiment je portais des maillots de bain, à la plage ? Mais oui, sans y réfléchir, au milieu d'hommes, sans me soucier que mes jambes, mes bras, mes cuisses et mon dos fussent exposés, puissent être vus. *Honteux, impudique*. J'évite de porter les yeux sur mon corps, pas tellement parce qu'il est honteux ou immodeste, mais parce que je ne veux pas le voir. Je ne veux pas voir quelque chose qui me détermine si complètement.

J'entre dans l'eau, je m'allonge et la laisse m'enserrer. L'eau est douce comme des mains. Je ferme les yeux et elle est là avec moi soudain, sans crier gare, ce doit être le parfum du savon. Je mets mon visage contre les cheveux doux de sa nuque et je la hume, poudre pour bébé, peau d'enfant lavé et shampooing et, sous-jacente, une faible odeur d'urine. C'est l'âge qu'elle a quand je suis dans mon bain. Elle me revient à des âges différents. C'est ainsi que je sais qu'elle n'est pas vraiment un fantôme. Si c'était un fantôme, elle aurait toujours le même âge.

Un jour, quand elle avait onze mois, juste avant qu'elle ne commence à marcher, une femme l'a volée, dans un caddie de supermarché. C'était un samedi, jour où Luke et moi faisions le marché de la semaine, car nous travaillions tous les deux. Elle était assise sur le petit siège qu'avaient alors les caddies de supermarché, avec des trous pour les jambes. Elle était tout heureuse et j'avais tourné le dos, je crois que c'était au rayon des aliments pour chats. Luke était à l'autre bout du magasin, hors de vue, au rayon de la boucherie. Il aimait choisir la viande que nous allions manger pendant la semaine. Il disait que les hommes avaient besoin de plus de viande que les femmes, que ce n'était pas une superstition et qu'il ne disait pas d'idioties, que des études avaient été faites. Il y a des différences, affirmait-il. Il aimait dire cela, comme si j'avais essayé de prouver le contraire. Mais il le disait surtout quand ma mère était là. Il aimait la taquiner.

Je l'ai entendue se mettre à pleurer. Je me suis retournée et l'ai vue disparaître au long d'une allée, dans les bras d'une femme que je n'avais jamais vue de ma vie. J'ai crié, on a arrêté la femme. Elle devait avoir dans les trente-cinq ans. Elle pleurait et disait que c'était son bébé, que le Seigneur le lui avait donné, lui avait envoyé un signe. Le gérant du magasin a présenté des excuses et ils l'ont retenue jusqu'à l'arrivée de la police.

C'est juste une dingue, a dit Luke.

J'ai cru, sur le moment, que c'était un incident isolé.

Elle s'estompe, je ne peux pas la garder ici, avec moi, elle est partie à présent. Peut-être que je pense à elle comme à un fantôme, le fantôme d'une fillette morte, une petite fille qui est morte quand elle avait cinq ans. Je me rappelle les photographies de nous que j'avais jadis, elle dans mes bras, des poses classiques, mère et enfant, enserrées dans un cadre, par sécurité. Derrière mes paupières fermées je me vois telle que je suis maintenant, assise à côté d'un tiroir ouvert, ou d'une malle, à la cave, où les vêtements de bébé sont soigneusement rangés, une boucle de cheveux, coupés quand elle avait deux ans, dans une enveloppe, blond-blanc. Ils ont foncé plus tard.

Je ne possède plus ces choses-là, les vêtements, les cheveux. Je me demande ce qu'il est advenu de toutes nos affaires. Pillées, jetées, emportées. Confisquées.

J'ai appris à me passer de beaucoup de choses. Quand on possède beaucoup de choses, disait Tante Lydia, on s'attache trop à ce monde matériel et on oublie les valeurs spirituelles. Vous devez cultiver la pauvreté du cœur. Heureux les humbles. Mais elle ne disait pas qu'on aurait la terre en partage.

Je gis, caressée par l'eau, à côté d'un tiroir ouvert qui n'existe pas, et pense à une petite fille qui n'est pas morte quand elle avait cinq ans ; qui est encore vivante, j'espère, quoique pas pour moi. Est-ce que j'existe pour elle ? Suis-je une image quelque part, dans le noir, au tréfonds de son esprit ?

Ils ont dû lui dire que j'étais morte. C'est le genre de chose qu'ils penseraient à faire. Ils auront dit qu'elle s'adapterait plus facilement ainsi.

Huit ans, elle doit avoir huit ans. J'ai rempli le temps que j'ai perdu, je sais combien il s'en est passé. Ils avaient raison, c'est plus facile de penser à elle comme à une morte. Alors je n'ai pas besoin d'espérer, ou de faire de vains efforts. Pourquoi, disait Tante Lydia, se cogner la tête contre les murs ? Elle avait parfois une façon imagée de décrire les choses.

« J'ai pas toute ma journée », dit la voix de Cora derrière la porte. C'est vrai. Elle serait plutôt démunie. Je ne dois pas la priver de son temps. Je me savonne, me frictionne à la brosse et utilise la pierre ponce pour gommer les peaux mortes. Ces accessoires puritains sont fournis. Je veux être totalement propre, sans un microbe, une bactérie, comme la surface de la lune. Je ne pourrai pas me laver, ce soir, ni après non plus, pendant toute une journée. Cela perturbe, dit-on, et pourquoi prendre des risques ?

Je ne peux éviter de voir, à présent, le petit tatouage sur ma cheville. Quatre chiffres et un œil, un passeport à l'inverse. Il est censé garantir que je ne pourrai jamais me fondre définitivement dans un autre paysage. Je suis trop importante, trop rare pour cela. Je suis une ressource nationale.

Je tire la bonde, me sèche, passe mon peignoir éponge rouge. Je laisse la robe d'aujourd'hui ici, Cora la ramassera pour la faire laver. De retour dans ma chambre je me rhabille. La coiffure blanche n'est pas nécessaire le soir, car je ne vais pas sortir. Tout le monde dans cette maison connaît mon visage. Je remets pourtant le voile rouge, qui couvre mes cheveux humides, ma tête qui n'a pas été rasée. Quand ai-je vu ce film, qui montrait des femmes, agenouillées sur la place de la ville, retenues par des mains, les cheveux tombant par touffes ? Qu'avaient-elles fait ? Il doit y avoir longtemps de cela, car je n'arrive pas à m'en souvenir.

Cora apporte mon dîner, recouvert, sur un plateau. Elle frappe à la porte avant d'entrer. Je lui en sais gré. Cela veut dire qu'elle croit qu'il me reste un peu de ce que nous appelions vie privée. Je dis : « Merci », tout en lui prenant le plateau, et elle me sourit pour de vrai, mais se détourne sans répondre. Quand nous sommes seules je l'intimide.

Je pose le plateau sur la petite table peinte en blanc et je rapproche la chaise. J'ôte le couvercle du plateau. La cuisse de poulet, trop cuite. C'est mieux que saignante, qui est son autre recette. Rita a des moyens de faire entendre sa rancune. Une pomme de terre au four ; des haricots verts, de la salade. Des poires en conserve comme dessert. C'est une nourriture assez bonne, quoique fade. Alimentation saine. Il vous faut vos vitamines et vos sels minéraux, disait Tante Lydia en minaudant. Vous devez être des réceptacles parfaits. Mais pas de café, de thé ni d'alcool. Des études ont été faites. Il y a une serviette en papier, comme dans les cafétérias.

Je pense aux autres, aux démunies. Ici, c'est le centre stratégique ; je mène une vie douillette, que le Seigneur soit remercié, disait Tante Lydia, ou était-ce loué, et je commence à manger mon repas. Je n'ai pas faim ce soir. Je me sens nauséeuse. Mais il n'y a nulle part où mettre les aliments, pas de plantes en pot, et je ne veux pas risquer les toilettes. Je suis trop nerveuse, voilà ce qu'il y a. Est-ce que je pourrais laisser cela sur l'assiette, demander à Cora de ne pas le signaler ? Je mâche, avale, mâche, avale, et je me sens transpirer. Dans mon estomac la nourriture se met en boule, une poignée de carton humide, écrasé.

En bas dans la salle à manger il doit y avoir des bougies sur la grande table d'acajou, une nappe blanche, de l'argenterie, des fleurs, des verres à vin avec du vin dedans. Il doit y avoir un cliquetis de couteaux contre la porcelaine, le tintement de sa fourchette quand elle la repose, avec un soupir à peine audible, en laissant la moitié du contenu de son assiette intouché. Peut-être dira-t-elle qu'elle manque d'appétit. Peut-être ne dira-t-elle rien. Si elle dit quelque chose, est-ce qu'il réagit ? Si elle ne dit rien, est-ce qu'il le remarque ? Je me demande comment elle fait pour se faire remarquer. Je crois que ce doit être difficile.

Il y a une coquille de beurre sur le bord de l'assiette ; je déchire un coin de serviette en papier, enveloppe le beurre dedans, le transporte dans l'armoire et le glisse au fond de la chaussure droite de ma paire de rechange, comme je l'ai souvent fait. Je froisse ce qui reste de la serviette. Personne, sûrement, ne prendra la peine de la lisser, pour vérifier s'il en manque un morceau. J'utiliserai le beurre plus tard, cette nuit. Cela ferait mauvais effet, ce soir, de sentir le beurre.

J'attends. Je me compose un moi. Mon moi est une chose que je dois maintenant composer, comme on compose un discours. Ce que je dois présenter, c'est un objet fabriqué, pas un objet natif.

V. Sieste

13.

Il y a du temps à perdre. C'est l'une des choses auxquelles je n'étais pas préparée : la quantité de temps inoccupé, les longues parenthèses de rien. Le temps, un bruit blanc. Si seulement je pouvais broder. Tisser, tricoter, quelque chose à faire de mes mains. J'ai envie d'une cigarette. Je me souviens d'avoir déambulé dans des galeries d'art, parcourant le XIXe siècle : l'obsession des harems qu'ils avaient alors. Des douzaines de tableaux de harems, femmes grasses paresseusement étendues sur des divans, coiffées de turbans ou de toques de velours, à se faire éventer avec des plumes de paon, un eunuque à l'arrière-plan montant la garde. Études de chair sédentaire, peintes par des hommes qui n'étaient jamais entrés dans ces lieux. Ces tableaux étaient censés être érotiques, et je les croyais tels, à l'époque ; mais je vois maintenant ce qu'ils représentaient réellement : c'était une peinture de l'animation suspendue, une peinture de l'attente, d'objets non utilisés. C'était une peinture qui parlait de l'ennui.

Mais peut-être l'ennui est-il érotique, pour les hommes, quand il est figuré par des femmes.

J'attends, lavée, brossée, nourrie, comme un cochon de concours. Autour des années quatre-vingt, on avait inventé des ballons pour cochons, pour les porcs qui étaient engraissés à l'étable. Ces ballons pour cochons étaient de gros ballons colorés ; ils les faisaient rouler avec le groin ; les éleveurs disaient que cela améliorait leur tonus musculaire, que les cochons étaient curieux, qu'ils aimaient avoir une occupation.

J'avais lu cela dans une Introduction à la Psychologie, et aussi le chapitre sur les rats en cage qui se donnaient des décharges électriques pour s'occuper. Et celui sur les pigeons, dressés à donner du bec sur un bouton, ce qui faisait apparaître un grain de blé. Ils étaient divisés en trois groupes : le premier obtenait un grain par coup de bec, le second un grain tous les deux coups, le troisième, un grain au hasard. Quand l'opérateur les a privés de grain, le premier groupe a renoncé assez vite, le second un peu plus tard. Le troisième groupe n'a jamais abandonné. Ils picoraient jusqu'à en mourir, plutôt que renoncer. Qui sait ce qui les stimulait ?

Je voudrais bien avoir un ballon de cochon.

Je m'allonge sur le tapis tressé. Vous pouvez toujours faire vos exercices, disait Tante Lydia. Plusieurs séances par jour, comprises dans votre routine quotidienne. Bras le long des flancs, genoux pliés, soulevez le bassin, déroulez la colonne vertébrale. Posez. Encore. Inspirez en comptant jusqu'à cinq. Gardez votre respiration. Soufflez. Nous faisions cela dans ce qui avait été la salle d'Économie Ménagère, maintenant débarrassée des machines à coudre et des machines à laver et sécher le linge ; à l'unisson, couchées sur de petites nattes japonaises, au son d'une cassette : *Les Sylphides*. C'est ce que j'entends maintenant, dans ma tête, tandis que je soulève, bascule, inspire. Derrière mes paupières fermées de sveltes danseurs blancs volettent gracieusement parmi les arbres, les jambes frémissantes comme des ailes d'oiseaux retenus.

L'après-midi nous nous étendions sur nos lits pendant une heure, dans le gymnase, de trois à quatre. Elles disaient que c'était une période de repos et de méditation. Moi je pensais que c'était parce qu'elles-mêmes avaient envie d'un peu de temps libre entre les cours et je sais que les Tantes qui n'étaient pas de service allaient dans la salle des professeurs prendre une tasse de café, ou de ce qu'elles appelaient ainsi. Mais je pense maintenant que ce repos était aussi un exercice. Elles nous donnaient l'occasion de nous habituer aux temps morts.

Une petite sieste, disait Tante Lydia, de son ton affecté.

L'étonnant, c'est que nous avions besoin de repos. Bon nombre d'entre nous s'endormaient. Nous étions presque tout le temps fatiguées. On nous faisait prendre une espèce de pilule ou de drogue, qu'on mettait dans la nourriture, pour nous garder calmes. Mais peut-être que non. Peut-être était-ce l'endroit lui-même. Après le premier choc, quand on s'était adapté, il valait mieux être léthargique. On pouvait toujours se dire qu'on économisait ses forces.

Je devais être là depuis trois semaines quand Moira est arrivée. Elle a été amenée dans le gymnase par deux des Tantes, à la manière habituelle, pendant que nous faisions notre sieste. Elle portait encore ses vêtements, des jeans et un sweat-shirt bleu. Elle avait les cheveux coupés court, elle narguait la mode comme d'habitude. Je l'ai reconnue tout de suite. Elle m'a vue aussi, mais elle s'est détournée, elle savait déjà ce qui était dangereux. Elle avait un bleu sur la joue gauche, qui tournait au violet. Les Tantes l'ont conduite à un lit vide sur lequel la robe rouge était déjà étalée. Elle s'est déshabillée, s'est rhabillée en silence, les Tantes plantées au pied du lit et nous autres à l'observer de nos yeux étrécis. Quand elle s'est penchée j'ai vu les bosses de sa colonne vertébrale.

Je n'ai pas pu lui parler avant plusieurs jours ; nous nous regardions seulement, de brefs coups d'œil, comme des gorgées. Les amitiés étaient suspectes, nous le savions, nous nous évitions dans les files d'attente à l'heure des repas, dans la cafétéria et dans les couloirs, entre les cours. Mais le quatrième jour elle était à côté de moi pendant la promenade, deux par deux autour du terrain de football ; on ne nous donnait pas les ailes blanches avant le diplôme, nous n'avions que les voiles, donc nous pouvions nous parler, à condition que ce soit tout bas et sans nous tourner pour nous regarder. Les Tantes marchaient en tête et en queue de la file, donc le seul danger venait des autres. Certaines étaient dévotes et pouvaient nous dénoncer.

C'est une maison de fous, dit Moira.

Je suis tellement contente de te voir !

Où pouvons-nous parler ?

Toilettes. Surveille l'heure. Cabine du fond, deux heures trente.

C'est tout ce que nous avons dit.

Je me sens plus en sécurité depuis que Moira est là. Nous pouvons aller aux toilettes, si nous levons la main, quoiqu'il y ait une limite au nombre de fois autorisé par jour, elles l'inscrivent sur une feuille. Je surveille la pendule, électrique et ronde, au-dessus du tableau noir qui est vert. Deux heures trente tombe pendant la séance de Témoignage. Tante Héléna est là, ainsi que Tante Lydia, parce que la séance de Témoignage est spéciale. Tante Héléna est grosse, elle a jadis dirigé une campagne des *Weight Watchers* pour leur agence de l'Iowa. Elle est douée pour les Témoignages.

C'est Janine, qui raconte comment elle a été violée à quatorze ans par une bande de voyous, et a dû se faire avorter. Elle a raconté la même histoire la semaine dernière ; elle en semblait presque fière, en la racontant. Ce n'est peut-être même pas vrai. Aux séances de Témoignage, il est plus sûr d'inventer des choses que de dire que l'on n'a rien à révéler. Mais puisqu'il s'agit de Janine, c'est probablement plus ou moins vrai.

Mais *qui* était fautif ? demande Tante Héléna, en levant un doigt grassouillet.

Elle, Elle, Elle, psalmodions-nous à l'unisson.

Qui les a encouragés ? Tante Héléna rayonne, satisfaite de nous.

C'est *elle*, c'est *elle*, c'est *elle* !

Pourquoi Dieu a-t-il permis qu'une chose aussi terrible arrive ?

Pour lui donner une *leçon*. Lui donner une *leçon*. Lui donner une *leçon*.

La semaine dernière Janine a fondu en larmes. Tante Héléna l'a obligée à s'agenouiller devant la classe, les mains derrière le dos, là où nous pouvions toutes la voir, le visage rouge et le nez coulant. Ses cheveux d'un blond terne, ses cils si pâles qu'ils semblent inexistants, les cils perdus de quelqu'un qui a été dans un incendie. Yeux brûlés. Elle avait l'air dégoûtant : faible, suppliciée, couperosée, rose comme une souris nouveau-née. Aucune de nous ne voulait lui ressembler, jamais. Pendant un moment, tout en sachant ce qu'on lui faisait subir, nous l'avons méprisée.

Pleurnicharde. Pleurnicharde. Pleurnicharde.

Nous étions sincères, malheureusement.

J'avais en général bonne opinion de moi. Pas en cette occasion.

C'était la semaine dernière. Cette semaine Janine n'attend pas nos railleries. C'était ma faute, dit-elle. C'était ma propre faute. Je les ai encouragés. J'ai mérité mes souffrances.

Très bien, Janine, dit Tante Lydia. Vous êtes un exemple.

Je dois attendre que cela soit terminé avant de lever la main. Quelquefois, quand on demande au mauvais moment, elles disent Non ; si on a vraiment besoin, cela peut être crucial. Hier Dolorès a mouillé le plancher. Deux Tantes l'ont tirée dehors, une main sous chaque aisselle. Elle n'était pas là pour la promenade de l'après-midi, mais le soir elle était de retour dans son lit habituel. Toute la nuit nous l'avons entendue gémir, par intermittences.

Qu'est-ce qu'on lui a fait ? chuchotions-nous d'un lit à l'autre.

Je ne sais pas.

Ne pas savoir rend la chose pire.

Je lève la main. Tante Lydia fait signe que oui. Je me lève et sors dans le couloir aussi discrètement que possible. À la porte des toilettes, Tante Élisabeth monte la garde. Elle incline la tête pour m'informer que je peux entrer.

Ces toilettes ont servi à des garçons. Les miroirs ont été remplacés ici aussi par des ovales de métal gris terne, mais les urinoirs sont encore en place au long d'un mur, émail blanc avec des taches jaunes. Ils ont bizarrement l'air de cercueils d'enfants. Je m'étonne encore une fois de la nudité de la vie des hommes : les douches toutes ouvertes, les corps exposés à l'inspection et à la comparaison, l'affichage public des parties privées. Dans quel but ? À quel souci de se rassurer cela correspond-il ? Exhiber sa carte, regardez, tous, tout est en ordre, je suis à ma place. Pourquoi les femmes n'ont-elles pas à se prouver entre elles qu'elles sont bien des femmes ? Une manière de déboutonnage, de simple vérification de la fente de l'entrecuisse, tout aussi désinvolte. Un reniflage à la chien.

Le collège est vétuste, les cabines sont en bois, en espèce de carton-pâte. J'entre dans la deuxième à partir du fond, je rabats la porte. Bien sûr il n'y a plus de verrou. Dans le bois il y a un petit trou, au fond, près du mur, environ à hauteur de taille, souvenir de quelque vandalisme d'autrefois, ou legs d'un ancien voyeur. Tout le monde au Centre connaît l'existence de ce trou dans la paroi, tout le monde sauf les Tantes.

J'ai peur d'être arrivée trop tard, retenue que j'étais par le Témoignage de Janine : peut-être Moira est-elle déjà passée, peut-être a-t-elle dû s'en aller.

Elles ne nous accordent pas beaucoup de temps. Je regarde soigneusement à terre, de biais, sous la cloison de la cabine, et je vois deux chaussures rouges. Mais comment savoir qui est là ?

J'approche ma bouche du trou dans la cloison. Je chuchote : Moira ?

C'est toi ? dit-elle.

Je réponds : Oui. Le soulagement m'envahit.

Bon Dieu, qu'est-ce que je donnerais pour une cigarette ! dit Moira.

Je dis : Moi aussi.

Je me sens ridiculement heureuse.

Je m'enfonce au profond de mon corps comme dans un marécage, un pays de marais où moi seule sais où poser les pieds. Terrain traître, mon territoire à moi. Je deviens la terre contre laquelle je colle l'oreille à l'affût des rumeurs du futur. Chaque tiraillement, chaque murmure de légère souffrance, ondes de matière qui mue, gonflements et rétractions de tissus, les radotages de la chair, voilà les signes, voilà les choses qu'il me faut connaître. Tous les mois je guette le sang, car lorsqu'il vient c'est un signe d'échec. J'ai échoué une fois de plus à combler les attentes des autres, qui sont devenues miennes.

J'avais coutume de penser à mon corps comme à un instrument de plaisir, ou un moyen de transport, ou un outil pour accomplir mes volontés. Je pouvais m'en servir pour courir, appuyer sur des boutons, de diverses natures, pour faire advenir des choses. Il y avait des limites, mais pourtant mon corps était léger, unique, solide, ne faisait qu'un avec moi.

Maintenant la chair se dispose différemment. Je suis un nuage, congelé autour d'un objet central, en forme de poire, qui est dur et plus réel que je ne le suis, et qui luit, rouge, à l'intérieur de son enveloppe transparente. Dans cet objet il y a un espace, énorme comme le ciel la nuit, obscur et incurvé comme lui, mais d'un rouge noir plutôt que noir. Des têtes d'épingle de lumière y gonflent, étincellent puis se recroquevillent, innombrables comme des étoiles. Chaque mois il y a une lune, gigantesque, ronde, lourde, un présage. Elle passe, s'arrête, reprend sa course et disparaît et je vois le désespoir fondre sur moi comme une famine. Sentir ce vide, encore, et encore. J'écoute mon cœur, vague après vague, salée et rouge, qui continue, sans relâche, à scander le temps.

Je suis dans notre premier appartement, dans la chambre à coucher. Je suis debout devant l'armoire, qui a des portes pliantes, en bois. Autour de moi, je sais que c'est vide, tous les meubles sont partis, les planchers sont nus, même plus de tapis ; mais pourtant l'armoire est pleine de vêtements. Je crois que ce sont mes vêtements, mais ils ne leur ressemblent pas, je ne les ai jamais vus. Peut-être s'agit-il de vêtements qui appartiennent à la femme de Luke que je n'ai jamais vue non plus, juste des photos et une voix au téléphone, tard le soir, quand elle nous appelait, pleurait, accusait, avant le divorce. Mais non, ce sont bien mes vêtements. J'ai besoin d'une robe, il me faut quelque chose à mettre ; je sors des robes, noire, bleue, violette, des vestes, des jupes ; aucune ne convient, aucune ne me va, elles sont trop grandes ou trop petites.

Luke est là derrière moi, je me retourne pour le voir. Il refuse de me regarder, il fixe le plancher où le chat se frotte contre ses jambes en miaulant plaintivement et avec insistance. Il veut à manger, mais comment peut-il y avoir de la nourriture dans un appartement aussi vide ?

Je dis : *Luke ?* Il ne répond pas. Peut-être ne m'entend-il pas. L'idée me vient qu'il n'est peut-être pas vivant.

Je cours, avec elle, je la tiens par la main, la pousse, la tire à travers les fougères, elle n'est qu'à demi éveillée à cause du cachet que je lui ai donné pour qu'elle ne pleure pas ni ne dise quelque chose qui nous trahirait, elle ne sait pas où elle est. Le terrain est inégal, rochers, branches mortes, odeur de terre humide, de vieilles feuilles, elle n'arrive pas à courir assez vite, seule je pourrais courir plus vite, je cours bien. À présent elle pleure, elle a peur. J'ai envie de la porter mais elle serait trop lourde. J'ai mis mes bottes de randonnée, et je me dis, quand nous atteindrons l'eau, il va falloir que je les arrache, est-ce qu'elle sera trop froide, est-ce qu'elle pourra nager aussi loin, et le courant, nous ne nous attendions pas à cela. « Tais-toi », lui dis-je avec colère. Je l'imagine qui se noie, et cette pensée me ralentit. Puis les coups de feu derrière nous, pas bruyants, pas comme des pétards mais aigus et cassants comme une branche sèche qui se rompt. Ce n'est pas le bruit normal, rien ne fait jamais le bruit auquel on s'attend, et j'entends la voix, *Couche-toi*, est-ce une vraie voix, ou une voix à l'intérieur de ma tête, ou ma propre voix, tout fort ?

Je la tire à terre et roule au-dessus d'elle pour la couvrir, la protéger. Je répète *Tais-toi*, mon visage est mouillé, sueur ou larmes, je me sens calme et flottante, comme si je n'étais plus dans mon corps ; près de mes yeux il y a une feuille, rouge, tôt roussie, j'en vois toutes les nervures brillantes. C'est la plus belle chose que j'ai jamais vue. Je me dégage, je ne veux pas l'étouffer, je m'enroule autour d'elle en gardant la main sur sa bouche. Il y a une haleine et le martèlement de mon cœur, comme des coups frappés, de nuit, à la porte d'une maison alors qu'on pensait être en sécurité. Je chuchote, *Tout va bien, je suis là, je t'en prie, ne bouge pas*, mais comment le pourrait-elle, elle est trop jeune, il est trop tard, nous sommes séparées, mes bras sont maintenus, les bords s'obscurcissent et il ne reste rien qu'une petite fenêtre, une toute petite fenêtre, comme le mauvais bout d'un télescope, comme une fenêtre de carte de Noël, ancienne, nuit et glace dehors, et à l'intérieur une bougie, un arbre brillant, une famille. J'entends même les cloches, des clochettes de traîneau à la radio, une vieille musique, mais à travers cette fenêtre je la vois, petite mais très nette, je la vois s'éloigner de moi, à travers les arbres qui deviennent déjà rouges et jaunes, et me tendre les bras tandis qu'elle est emportée au loin.

La cloche me réveille ; puis Cora, qui frappe à ma porte. Je m'assieds sur le tapis, éponge mon visage trempé avec ma manche. De tous les rêves, celui-ci est le pire.

VI. Maisonnée

14.

Lorsque la cloche se tait, je descends l'escalier, fugace enfant abandonnée dans l'œil de verre suspendu au mur d'en bas. L'horloge tictaque du balancier, en mesure ; mes pieds, dans leurs coquets souliers rouges, descendent en comptant les temps.

La porte du salon est grande ouverte. J'entre : pour le moment il n'y a personne d'autre. Je ne m'assieds pas, mais prends ma place, à genoux, près du fauteuil flanqué d'un tabouret où Serena Joy viendra bientôt trôner, en s'appuyant sur sa canne avant de s'y enfoncer. Il se peut qu'elle me pose la main sur l'épaule, pour se caler, comme si j'étais un meuble. Cela lui est déjà arrivé.

Le salon se serait jadis appelé salle de réception, peut-être ; puis salle de séjour. Ou peut-être est-ce un parloir, de ceux où il y a une araignée et des mouches. Mais maintenant c'est un salon, parce que c'est là son usage ; pour certains, on y fait salon. Pour d'autres il n'y a que des places debout. La position du corps est importante, ici et maintenant ; les inconforts mineurs sont instructifs.

Le salon est discret, symétrique ; c'est l'une des formes que prend l'argent quand il se congèle. L'argent a ruisselé sur cette pièce pendant des années et des années, comme dans une grotte souterraine en formant une croûte et en se durcissant comme des stalactites pour lui donner ses formes. En silence, les différentes surfaces se présentent : le velours rose crépuscule des tentures tirées, le poli des fauteuils assortis, XVIIIe, l'épais silence feutré du tapis chinois à franges, avec ses pivoines rose pêche, le cuir suave du fauteuil du Commandant, le reflet de cuivre sur le coffret placé à son côté.

Le tapis est authentique. Certains des objets de cette pièce sont authentiques, d'autres pas. Par exemple, deux portraits, de femmes, de part et d'autre de la cheminée. Toutes deux portent des robes noires, comme celles de l'ancienne église, mais d'une époque plus tardive. Ces tableaux sont peut-être authentiques. Je soupçonne que lorsque Serena Joy les a acquis, après s'être rendue à l'évidence qu'il lui faudrait redéployer ses énergies dans un domaine incontestablement ménager, elle avait l'intention de les faire passer pour ses ancêtres. Ou peut-être étaient-ils dans la maison quand le Commandant l'a achetée. Il n'y a aucun moyen de savoir ce genre de choses. Quoi qu'il en soit, les portraits sont accrochés là, le dos et la bouche raides, les seins bridés, le visage pincé, le bonnet amidonné, la peau blanc grisâtre, à surveiller la pièce de leurs yeux étrécis.

Entre eux, au-dessus du manteau de cheminée, un miroir ovale flanqué de deux paires de chandeliers en argent, et au milieu un Cupidon de porcelaine blanche, le bras passé autour du cou d'un mouton. Les goûts de Serena Joy sont un curieux mélange : appétit féroce de qualité, douces nostalgies sentimentales. Il y a une composition de fleurs séchées à chaque extrémité de la tablette et un vase de jonquilles fraîches sur la table de marqueterie cirée qui borde le divan.

La pièce sent l'essence de citron, les draperies lourdes, les jonquilles mourantes, les odeurs traînantes de nourriture qui se sont infiltrées de la cuisine ou de la salle à manger, et le parfum de Serena Joy : Muguet sauvage. Le parfum est un luxe, elle doit avoir une source privée. Je le hume, en me disant que je devrais l'apprécier. C'est l'odeur de fillettes prépubères, des cadeaux que les petits enfants offraient à leurs mères pour la Fête des Mères, l'odeur de chaussettes blanches en coton et de jupons blancs en coton, de talc, de l'innocence de la chair féminine non encore vouée à la pilosité et au sang. Cela me donne une légère nausée, comme si j'étais dans une voiture fermée par une journée chaude et humide, en compagnie d'une vieille femme trop poudrée. C'est à cela que ressemble le salon malgré son élégance.

Je voudrais voler quelque chose dans cette pièce. J'aimerais prendre un petit objet, le cendrier à arabesques, la petite boîte à pilules en argent sur la tablette de la cheminée, peut-être, ou une fleur séchée, le cacher dans les plis de ma robe, ou dans ma manche fermée par une glissière, l'y garder jusqu'à ce que cette soirée soit passée, le cacher dans ma chambre, sous le lit, ou dans une chaussure, ou dans une fente du coussin F O I au petit point. De temps en temps je le sortirais et le regarderais. Cela me donnerait l'impression d'avoir un pouvoir.

Mais un tel sentiment serait une illusion, et le risque est trop grand. Mes mains restent où elles sont, croisées sur mes genoux. Cuisses jointes, talons repliés sous moi, pressés contre mon corps. Tête baissée. Dans ma bouche il y a le goût du dentifrice, menthe artificielle et plâtre.

J'attends que la maisonnée se réunisse. Une *maisonnée* c'est ce que nous sommes. Le Commandant est le maître de notre maison. Il maîtrise notre maison. Posséder et maîtriser, jusqu'à ce que la mort nous sépare.

Maître à bord. Les cales du navire, vides.

Cora arrive la première, puis Rita, qui s'essuie les mains à son tablier. Elles aussi ont été convoquées par la cloche, cela les irrite, elles ont autre chose à faire, la vaisselle par exemple. Mais il faut qu'elles soient là, il faut que tout le monde soit présent, la Cérémonie l'exige. Nous sommes tous tenus de la subir jusqu'au bout, d'une manière ou d'une autre.

Rita me regarde de travers avant de se glisser debout derrière moi. C'est ma faute, si on lui fait perdre son temps. Pas ma faute, celle de mon corps, si tant est que cela fasse une différence. Même le Commandant est soumis à ses caprices.

Nick entre, fait un signe de tête à chacune de nous trois, regarde alentour de la pièce ; lui aussi prend sa place derrière moi, debout. Il est si près que le bout de sa botte me touche le pied. Est-ce exprès ? Quoi qu'il en soit, nous nous touchons, deux formes de cuir. Je sens ma chaussure s'attendrir, le sang y afflue, elle devient chaude, elle devient une peau. Je déplace légèrement mon pied, l'éloigne.

« Pourvu qu'il se dépêche », dit Cora.

« Dépêche-toi d'attendre », dit Nick. Il rit, bouge le pied de sorte qu'il touche de nouveau le mien. Personne ne peut le voir, sous les plis de ma jupe étalée. Je change de position ; il fait trop chaud ici, l'odeur de parfum éventé me donne un peu mal au cœur. Je retire mon pied.

Nous entendons Serena approcher, descendre l'escalier, longer le couloir, le tac-tac étouffé de sa canne sur le tapis, le choc mat de sa bonne jambe. Elle passe la porte en clopinant, nous jette un coup d'œil, nous compte mais ne nous voit pas. Elle fait un signe de tête à Nick mais ne dit rien. Elle est vêtue de l'une de ses plus belles robes, bleu ciel avec des broderies blanches le long du liséré du voile : fleurs et jours. Même à son âge elle éprouve le besoin de s'enguirlander de fleurs. Je lui dis, en pensée, le visage impassible, peine perdue, tu ne peux plus t'en servir, tu es fanée. Ce sont les organes génitaux des plantes. J'ai lu ça quelque part, autrefois.

Elle se propulse jusqu'à son fauteuil et son tabouret, se tourne, se baisse, atterrit lourdement. Elle hisse son pied gauche sur le tabouret, fouille dans la poche de sa manche. J'entends le bruissement, le clic de son briquet. Je sens la chaude odeur de grillé de la fumée, la hume.

« En retard, comme toujours », dit-elle. Nous ne répondons pas. Il y a un remue-ménage pendant qu'elle tâtonne sur le guéridon, puis un cliquetis, et le poste de télévision se met à chauffer. Un chœur masculin, au teint jaune verdâtre, il faudrait régler la couleur, ils chantent : venez à l'Église du Bois Sauvage. Venez, venez. Venez, venez, chantent les basses. Serena actionne la commande automatique. Des ondes, des zigzags colorés, des sons dénaturés : c'est la station par satellite de Montréal, parasitée. Puis apparaît un prédicateur, convaincu, les yeux sombres et brillants, qui se penche vers nous par-dessus un bureau. De nos jours, ils ressemblent beaucoup à des hommes d'affaires. Serena lui accorde quelques secondes, puis appuie sur le bouton suivant.

Plusieurs chaînes vides, puis les informations. C'est cela qu'elle cherchait. Elle se renverse dans son fauteuil, aspire profondément. Moi, au contraire, je me penche en avant, comme un enfant à qui l'on permet de veiller avec les grandes personnes. C'est la seule chose agréable dans ces soirées, les soirées de Cérémonie : on me permet de regarder les informations. Il semble que ce soit une règle tacite dans cette maison : nous arrivons toujours ici à l'heure, il est toujours en retard. Serena nous laisse toujours regarder les informations.

Telles qu'on les donne : qui sait si une seule de ces nouvelles est véridique. Il pourrait s'agir de vieux reportages, tout cela pourrait être falsifié. Mais je regarde quand même dans l'espoir d'arriver à lire entre les lignes. N'importe quelle nouvelle, aujourd'hui, vaut mieux que pas de nouvelles du tout.

D'abord, les grands titres. Ce ne sont pas vraiment des titres. Il semble que la guerre se déroule en plusieurs endroits à la fois.

Des collines boisées, vues du dessus, des arbres d'un jaune maladif. Je voudrais qu'elle règle la couleur. Les monts Appalaches, dit le commentaire, où les Anges de l'Apocalypse de la Quatrième Division enfument un réduit de la guérilla baptiste, avec le soutien de l'aviation du Vingt et Unième Bataillon des Anges de la Lumière. On nous montre deux hélicoptères, noirs avec des ailes argentées peintes sur leurs flancs. Sous eux, un bouquet d'arbres explose.

Maintenant, un gros plan d'un prisonnier, le visage sale, une barbe de plusieurs jours, flanqué de deux Anges en uniforme noir impeccable. Le prisonnier accepte une cigarette de l'un des Anges, la porte maladroitement à ses lèvres de ses mains liées ; il fait un petit sourire tordu. Le commentateur dit quelque chose mais je ne l'entends pas : je regarde cet homme dans les yeux, pour essayer de décider ce qu'il pense. Il sait que la caméra est sur lui : le sourire est-il une marque de défi, ou de soumission ? Est-il gêné, d'avoir été pris ?

Ils ne nous montrent que des victoires, jamais de défaites. Qui a envie de mauvaises nouvelles ?

Peut-être est-ce un acteur.

Le présentateur apparaît maintenant. Il a des manières bienveillantes, paternelles ; il nous contemple depuis l'écran, et ressemble, avec son hâle, ses cheveux blancs, ses yeux candides, entourés de rides sagaces, au grand-père idéal de tout un chacun. Ce qu'il nous dit, laisse entendre son sourire immuable, est pour notre propre bien. Tout ira bien, bientôt. Je le promets. Nous vivrons en paix. Vous devez avoir confiance. Vous devez aller dormir, comme des enfants sages.

Il nous dit ce que nous aspirons à croire. Il est très convaincant.

Je lutte contre lui. Je me dis qu'il ressemble à une vieille vedette de cinéma, avec des fausses dents et un visage retapé. En même temps, je vacille vers lui, comme hypnotisée. Si seulement c'était vrai. Si seulement je pouvais croire.

Il nous informe à présent qu'un réseau secret d'espionnage a été démantelé par une équipe d'Yeux, avec l'aide d'un informateur. Ce réseau avait passé en contrebande des ressources nationales précieuses au Canada, de l'autre côté de la frontière.

« Cinq membres de la secte hérétique des Quakers ont été arrêtés, dit-il, avec un sourire débonnaire, et l'on prévoit de nouvelles arrestations. »

Deux des Quakers apparaissent à l'écran, un homme et une femme. Ils semblent terrorisés, mais essaient de conserver quelque dignité face à la caméra. L'homme a une grosse marque noire au front ; le voile de la femme a été arraché, ses cheveux tombent en mèches sur son visage. Tous deux ont environ cinquante ans.

Maintenant nous voyons une ville, toujours en vue aérienne. C'était autrefois Detroit. Derrière la voix du commentateur on entend un pilonnage d'artillerie. De la ligne d'horizon montent des colonnes de fumée.

« Le transfert des Enfants de Cham se poursuit conformément au plan, dit le visage rose et rassurant, revenu à l'écran. Trois mille sont arrivés cette semaine dans la Patrie Nationale Numéro Un, et deux mille autres sont en route. » Comment peuvent-ils transporter autant de gens en même temps ? Trains, autocars ? On ne nous en montre pas d'images. La Patrie Nationale Numéro Un est en Dakota du Nord. Dieu sait ce qu'ils sont censés faire, une fois arrivés. De l'agriculture, en principe.

Serena Joy en a assez des informations. Avec impatience elle appuie sur le bouton pour changer de chaîne, tombe sur un baryton-basse vieillissant, les joues pareilles à des pis vidés. Il chante *Murmures d'espoir*. Serena le coupe.

Nous attendons, la pendule du vestibule tictaque, Serena allume une autre cigarette, je monte dans la voiture. C'est un samedi matin, c'est septembre, nous avons encore une voiture. D'autres gens ont dû vendre la leur. Je ne m'appelle pas Defred, j'ai un autre nom, dont personne ne se sert maintenant parce que c'est interdit. Je me dis que ça n'a pas d'importance, un prénom, c'est comme son propre numéro de téléphone, cela ne sert qu'aux autres. Mais ce que je me dis est faux, cela a de l'importance. Je garde le savoir de ce nom comme quelque chose de caché, un trésor que je reviendrai déterrer, un jour. Je pense à ce nom comme à quelque chose qui serait enfoui. Ce nom a une aura, comme une amulette, un talisman qui a survécu à un passé si lointain qu'on ne peut l'imaginer. Je suis allongée dans mon lit à une place la nuit, les yeux fermés, et ce nom flotte derrière mes paupières, légèrement hors d'atteinte, resplendissant dans le noir.

C'est un samedi matin de septembre, je porte mon nom resplendissant. La petite fille qui est morte à présent est assise sur le siège arrière, avec ses deux plus belles poupées, et son lapin en peluche, galeux de vieillesse et d'amour. Je connais tous les détails. Ce sont des détails sentimentaux, mais je n'y peux rien. Pourtant je ne peux pas trop penser au lapin, je ne peux pas me mettre à pleurer ici sur le tapis de Chine, en aspirant la fumée qui a passé par le corps de Serena. Pas ici, pas maintenant, je pourrai faire cela plus tard.

Elle croyait que nous partions en pique-nique, et il y a vraiment un panier sur le siège arrière, à côté d'elle, avec de la vraie nourriture dedans, œufs durs, thermos et tout. Nous ne voulions pas qu'elle sache où nous allions vraiment, nous ne voulions pas qu'elle parle, par erreur, dévoile quelque chose si nous étions arrêtés. Nous ne voulions pas la charger du poids de notre vérité.

Je portais mes bottes de randonnée, elle ses tennis ; les lacets de ses tennis avaient un motif de cœurs, rouge, violet, rose et jaune. Il faisait chaud pour la saison, les arbres roussissaient déjà, quelques-uns. Luke conduisait, j'étais assise à côté de lui, le soleil brillait ; les maisons que nous longions avaient l'air rassurant et ordinaire, chacune d'entre elles, une fois derrière nous, s'évanouissait dans le temps passé, s'effritait en l'espace d'une seconde, comme si elle n'avait jamais existé, parce que je ne la verrais jamais plus. C'est du moins ce que je croyais alors.

Nous n'avions presque rien emporté, nous ne voulions pas avoir l'air de partir loin, pour toujours. Nous avions les faux passeports, garantis, valant leur prix. Nous n'avions pas pu les payer en argent, bien sûr, ni les régler par Ordinatron, nous avions utilisé autre chose, des bijoux qui avaient appartenu à ma grand-mère, une collection de timbres héritée d'un oncle de Luke. Ces choses-là peuvent être échangées contre de l'argent, dans d'autres pays. Quand nous arriverons à la frontière, nous prétendrons que nous passons seulement pour la journée ; les faux visas sont valables un jour. Avant cela, je lui donnerai un somnifère, pour qu'elle dorme au moment où nous traverserons. Ainsi elle ne nous trahira pas. On ne peut pas s'attendre d'un enfant qu'il mente de manière convaincante.

Et je ne veux pas qu'elle ait peur, qu'elle sente la frayeur qui me crispe maintenant les muscles, me raidit l'échine, me tend au point où je casserais, j'en suis sûre, si on me touchait. Chaque feu rouge est un supplice. Nous passerons la nuit dans un motel, ou, mieux, nous dormirons dans la voiture, sur un chemin latéral pour éviter les questions suspectes. Nous traverserons dans la matinée, franchirons le pont tranquillement, tout comme si nous nous rendions au supermarché.

Nous nous engageons sur l'autoroute en direction du Nord, il n'y a pas trop de circulation. Depuis le début de la guerre, l'essence est chère et rare. Hors de la ville nous passons le premier poste de contrôle. Tout ce qu'ils veulent c'est voir le permis. Luke s'en tire bien. Le permis correspond au passeport : nous y avons veillé.

De retour sur la route, il m'étreint la main, me jette un regard. Il dit : Tu es blanche comme un linge.

C'est ainsi que je me sens : blanche, plate, mince ; je me sens transparente. Sûrement, ils pourront me percer à jour. Pire, comment pourrai-je m'accrocher à Luke, à elle, alors que je suis si plate, si blanche ? J'ai l'impression qu'il ne reste pas grand-chose de moi. Ils me glisseront des bras comme si j'étais faite de fumée, comme si j'étais un mirage qui s'évanouit sous leurs yeux. *Ne pense pas cela*, dirait Moira. *Si tu penses cela, tu le feras arriver.*

Courage, dit Luke. Il conduit un peu trop vite maintenant. L'adrénaline lui est montée à la tête. À présent il chante. Il chante, Oh, quelle belle matinée.

Même l'entendre chanter m'inquiète. On nous a mis en garde de ne pas paraître trop heureux.

15.

Le Commandant frappe à la porte. Il est tenu par le règlement de frapper. Le salon est censé être le territoire de Serena Joy, il est supposé demander la permission d'y pénétrer. Elle aime le faire attendre. C'est un petit rien, mais dans ces maisons les petits riens sont très significatifs. Ce soir, pourtant, elle n'obtient même pas cela, car sans lui laisser le temps de parler, il franchit le seuil du salon. Peut-être a-t-il juste oublié le protocole, mais peut-être est-ce délibéré ; qui sait ce qu'elle lui a dit, à la table encombrée d'argenterie du dîner ? ou ne lui a pas dit.

Le Commandant est revêtu de son uniforme noir, dans lequel il ressemble à un gardien de musée. Un homme en préretraite, jovial, mais circonspect, qui a du temps à tuer. Mais seulement à première vue. Ensuite il fait penser à un directeur de banque du Middle West, avec sa chevelure argentée, lisse et soigneusement brossée, son allure sérieuse, ses épaules légèrement voûtées. Et ensuite il y a sa moustache, elle aussi argentée, et après, son menton, qu'on ne peut vraiment pas manquer. Quand on descend jusqu'à son menton, il ressemble à une réclame de vodka, dans une revue de luxe des temps passés.

Il a des manières douces, de grandes mains, avec des doigts épais et des pouces rapaces, des yeux bleus non communicatifs, faussement inoffensifs. Il nous examine comme s'il faisait un inventaire. Une femme agenouillée en rouge, une femme assise en bleu, deux en vert, debout, un seul homme, au visage mince, au fond. Il s'arrange pour paraître intrigué, comme s'il n'arrivait pas tout à fait à se rappeler comment nous sommes tous arrivés ici. Comme si nous étions quelque chose qu'il aurait reçu en héritage, par exemple un orgue de foire victorien, et qu'il n'avait pas encore trouvé à quoi nous pourrions bien servir. Ce que nous valons.

Il fait un signe de tête, plus ou moins en direction de Serena Joy, qui n'émet pas un son. Il gagne le grand fauteuil de cuir qui lui est réservé, sort la clef de sa poche, tripote le coffret chamarré cerclé de cuivre et gainé de cuir qui trône sur la table, près du fauteuil. Il introduit la clef, ouvre le coffret, en extrait la Bible, un exemplaire ordinaire, à couverture noire et pages dorées sur tranche. La Bible est conservée sous clef, à la manière dont les gens gardaient autrefois le thé sous clef, pour que les domestiques n'en volent pas. C'est un engin incendiaire, qui sait ce que nous en ferions, si jamais nous mettions la main dessus. Nous pouvons en subir la lecture à haute voix, la sienne, mais nous ne pouvons pas lire. Nos têtes se tournent vers lui, nous sommes dans l'attente, voici notre histoire pour l'heure du coucher.

Le Commandant s'assied et croise les jambes, sous notre regard. Les signets sont en place. Il ouvre le livre. Il s'éclaircit un peu la gorge, comme gêné.

« Pourrais-je avoir un verre d'eau ? demande-t-il à la cantonade. S'il vous plaît », ajoute-t-il.

Derrière moi, l'une des deux, Cora ou Rita, quitte sa place dans la mise en scène et trotte vers la cuisine à pas feutrés. Le Commandant est assis, les yeux baissés.

Le Commandant soupire, tire une paire de lunettes à monture en or de la poche intérieure de sa veste, les chausse. Maintenant il ressemble à un cordonnier dans un vieux livre de contes de fées. N'y a-t-il pas de fin à ses faux-semblants de bienveillance ?

Nous l'observons : au centimètre près, au battement de cils près.

Être un homme, observé par des femmes. Cela doit être tout à fait insolite. Qu'elles soient là à l'observer en permanence. À se demander, qu'est-ce qu'il va faire à présent ? À sursauter quand il bouge, même si c'est un mouvement parfaitement inoffensif, comme tendre la main vers un cendrier. Qu'elles soient là à le jauger, à se dire, il ne peut pas le faire, ça n'ira pas, il faudra bien que ça aille, comme s'il était un vêtement, démodé ou de mauvaise qualité, qu'il faut pourtant mettre parce qu'il n'y a rien d'autre de disponible.

Qu'elles soient là à se le mettre, à l'essayer, à le prendre à l'essai, tandis que lui-même les met, comme une chaussette à un pied, en chausse le bout de sa personne, son pouce supplémentaire sensible, son tentacule, son délicat œil de limace pédonculé qui darde, se dilate, tressaille et se ratatine sur lui-même, s'il est touché comme il ne faut pas, regrossit, se renfle légèrement à l'extrémité, se propulse comme au long d'une feuille, en elles, avide d'une révélation. Obtenir la révélation par ce moyen, ce voyage dans une obscurité composée de femmes, d'une femme, qui voit dans l'obscurité alors que lui-même avance péniblement à l'aveuglette.

Elle l'observe de l'intérieur. Nous l'observons toutes. C'est quelque chose que nous pouvons vraiment faire, et ce n'est pas pour rien ; s'il lui arrivait de défaillir, d'échouer ou de mourir, qu'adviendrait-il de nous ? Rien d'étonnant qu'il soit comme une botte, dure à l'extérieur, donnant forme à une pulpe tendre de pied. C'est seulement un souhait. Voici quelque temps que je l'observe, et il n'a donné aucune preuve de tendresse.

Mais attention, Commandant, lui dis-je dans ma tête. J'ai l'œil sur vous. Un faux mouvement et je suis morte. Quand même, ça doit être l'enfer, d'être homme, ainsi. Ça doit être très bien.

Ça doit être l'enfer.

Ça doit être très silencieux.

On apporte l'eau, le Commandant la boit. « Merci », dit-il. Cora se glisse à sa place.

Le Commandant marque une pause, les yeux baissés, à examiner la page. Il prend son temps, comme inconscient de notre présence. Il est comme un homme qui chipote son steak, derrière une vitre de restaurant, et qui fait semblant de ne pas voir les yeux qui l'observent, dans la nuit affamée, à moins d'un mètre de son coude. Nous nous penchons un peu vers lui, limaille de fer attirée vers son aimant. Il a quelque chose que nous n'avons pas, il a le verbe. Comme nous l'avons gaspillé, jadis.

Le Commandant, comme à contrecœur, commence à lire. Il ne le fait pas très bien. Peut-être que cela l'ennuie, tout simplement. C'est l'histoire habituelle, les histoires de toujours. Dieu à Adam, Dieu à Noé ; *Croissez et multipliez, emplissez la terre.* Puis vient la vieille rengaine chancie de Rachel et Léa, qu'on nous serinait au Centre. *Donne-moi des fils, ou je meurs.* Est-ce *Suis-je moi à la place de Dieu, lui qui n'a pas permis à ton sein de porter son fruit ma servante Bilhah. Va vers elle et qu'elle enfante sur mes genoux ; d'elle, j'aurai moi aussi un fils.* Etc. On nous en faisait la lecture à tous les petits déjeuners, quand nous étions assises dans la cafétéria du lycée à manger du porridge avec de la crème et du sucre roux. On vous donne ce qu'il y a de meilleur, vous savez, disait Tante Lydia. Il y a la guerre, le rationnement. Vous êtes des filles gâtées, disait-elle en papillotant, comme on réprimande un chaton. Vilain minou.

Au déjeuner, c'étaient les Béatitudes. Heureux les ceci, heureux les cela. C'était joué sur disques, la voix était celle d'un homme. *Heureux les pauvres de cœur, car le royaume des cieux est à eux. Heureux les miséricordieux. Bénis soient les humbles. Heureux les silencieux.* Je savais qu'ils l'avaient inventé, je savais que c'était faux et qu'ils en avaient sauté des passages, mais il n'y avait pas moyen de vérifier. *Heureux ceux qui pleurent, car ils seront consolés.*

Personne n'a dit quand.

Je surveille la pendule, au dessert, poires en boîte avec de la cannelle, l'ordinaire du déjeuner, et cherche Moira à sa place, deux tables plus loin. Elle est déjà partie. Je lève la main, obtiens la permission de sortir. Nous ne faisons pas cela trop souvent, et toujours à des heures différentes de la journée.

Dans les toilettes, je me rends dans l'avant-dernière cabine, comme d'habitude.

Je chuchote : Tu es là ?

Grandeur nature et tout aussi laide, répond Moira tout bas.

Je lui demande : Qu'est-ce que tu as entendu ? Pas grand-chose. Il faut que je sorte d'ici, je deviens dingue.

La panique m'envahit. Non, non, Moira. N'essaie pas. Pas toute seule.

Je me porterai malade. Ils enverront une ambulance, je l'ai vue.

Tu n'iras pas plus loin que l'hôpital.

Au moins ça sera un changement. Je n'aurai plus à écouter cette vieille salope.

Ils te démasqueront.

Ne t'en fais pas, je connais un truc. Quand j'étais gamine, au lycée, j'ai supprimé la vitamine C, et j'ai attrapé le scorbut. Au début, on ne peut pas faire le diagnostic. Et puis tu la reprends, et tu vas très bien. Je vais cacher mes pilules de vitamine.

Moira, ne fais pas ça.

Je ne pouvais pas supporter l'idée qu'elle ne soit pas là, avec moi. Pour moi.

Ils envoient deux types avec toi, dans l'ambulance. Imagine. Ils doivent en crever d'envie, merde ; on ne leur permet même pas de mettre les mains dans les poches, ça se peut que…

Hé, là-dedans. Il est temps de sortir, dit la voix de Tante Élisabeth, depuis la porte. Je me lève, tire la chasse d'eau. Deux des doigts de Moira apparaissent, par le trou de la cloison. Il était juste assez grand pour deux doigts. Je les touche avec les miens vite, appuie. Relâche.

« Et Léa dit : Dieu m'a donné mes gages parce que j'ai donné ma servante à mon époux », dit le Commandant. Il laisse le livre se refermer. Celui-ci fait un bruit d'épuisement, comme une porte capitonnée qui se ferme toute seule, au loin : une bouffée d'air. Ce bruit évoque la douceur des minces pages de papier pelure, le toucher qu'elles avaient sous les doigts. Douces et riches comme le papier-poudre, rose et duveteux, du temps d'avant, que l'on achetait par carnets, pour empêcher le nez de briller, dans les magasins qui vendaient des bougies et du savon en forme d'objets : coquillages, champignons. Comme du papier à cigarettes. Comme des pétales.

Le Commandant reste assis les yeux fermés pendant un moment, comme s'il était fatigué. Il fait de longues journées. Il a beaucoup de responsabilités.

Serena s'est mise à pleurer ; je l'entends, derrière mon dos. Ce n'est pas la première fois. Elle fait toujours cela, le soir de la Cérémonie. Elle essaie de ne pas faire de bruit. Elle essaie de conserver sa dignité, devant nous. Les tapisseries et les tapis étouffent ses bruits, mais nous l'entendons clairement malgré tout. La tension entre son manque de maîtrise d'elle-même et ses efforts pour le refouler est horrible. C'est comme un pet, à l'église. J'éprouve, comme toujours, une grande envie de rire, mais non pas parce que je trouve cela drôle. L'odeur de ses pleurs se répand sur nous et nous faisons semblant de l'ignorer.

Le Commandant ouvre les yeux, constate, fronce les sourcils, cesse de constater. « Maintenant nous allons prier quelques instants en silence », dit le Commandant. « Nous demanderons une bénédiction et le succès dans toutes nos entreprises. »

J'incline la tête et ferme les yeux. J'écoute les respirations retenues, les halètements presque inaudibles, le frémissement qui bruisse derrière mon dos. Je pense, Comme elle doit me haïr.

Je prie tout bas : *Nolite te salopardes exterminorum.* Je ne sais pas ce que cela veut dire, mais cela sonne bien, et il faudra que cela fasse l'affaire, parce que je ne sais pas ce que je pourrais dire d'autre à Dieu. Pas en ce moment. Pas, comme on disait, dans les circonstances actuelles. L'inscription griffée sur la paroi de mon armoire flotte devant moi, laissée par une femme inconnue, qui a le visage de Moira. Je l'ai vue sortir, pour prendre l'ambulance, sur un brancard, porté par deux Anges.

Qu'est-ce qu'elle a ? Je forme les mots avec les lèvres, à l'adresse de la femme qui est à côté de moi ; sans danger, une pareille question, sauf si on la pose à une fanatique.

De la fièvre, articule-t-elle sans bruit. Appendicite, paraît-il.

J'étais en train de dîner, ce soir-là, boulettes de viande et gratin de pommes de terre. Ma table était près de la fenêtre, je pouvais voir dehors, jusqu'à la grille de l'entrée. J'ai vu revenir l'ambulance, pas de sirène cette fois-ci. L'un des Anges a sauté à terre, parlé au Gardien. Le Gardien est entré dans la maison, l'ambulance est restée garée ; l'Ange se tenait le dos à nous, comme on leur a appris à le faire. Deux des Tantes sont sorties de la maison, avec le Gardien. Elles sont allées à l'arrière. Elles ont tiré Moira dehors, l'ont traînée à travers la grille et jusqu'en haut du perron, en la tenant sous les aisselles, une de chaque côté. Elle avait du mal à marcher. J'ai cessé de manger, je ne pouvais plus avaler. Pendant ce temps, toutes celles qui se trouvaient de mon côté de la table s'écarquillaient les yeux à la fenêtre. La fenêtre était verdâtre, avec ce grillage de poulailler qu'on mettait à l'intérieur des vitres. Tante Lydia a dit : Mangez votre dîner. Elle s'est approchée et a tiré le store.

Ils l'ont emmenée dans la pièce qui avait été le Labo de Sciences. C'était une pièce dans laquelle aucune de nous n'allait jamais de son plein gré. Ensuite, elle n'a pas pu marcher pendant une semaine, ses pieds n'entraient pas dans ses chaussures, ils étaient trop enflés. C'est aux pieds qu'ils s'en prenaient, pour un premier délit. Ils se servaient de câbles d'acier, effilés aux extrémités. Après, les mains. Ils ne se souciaient pas de ce qu'ils nous faisaient aux mains et aux pieds, même si c'était permanent. Souvenez-vous, disait Tante Lydia. Pour les fins qui sont les nôtres, vos mains et vos pieds ne sont pas essentiels.

Moira gisait sur son lit, en exemple. Elle n'aurait pas dû essayer, pas avec les Anges, dit Alma, depuis le lit voisin. Nous avons dû la porter en classe. Nous volions pour elle des sachets de sucre à la cafétéria, pendant les repas, et les lui faisions parvenir en fraude, la nuit, en nous les repassant d'un lit à l'autre. Elle n'avait probablement pas besoin de sucre, mais c'était la seule chose que nous pouvions trouver à voler. À donner.

Je continue à prier, mais ce que je vois ce sont les pieds de Moira, l'aspect qu'ils avaient quand ils l'ont ramenée. Ses pieds ne ressemblaient plus du tout à des pieds. On aurait dit des pieds noyés, gonflés et désossés, à part la couleur. On aurait dit des poumons.

Je prie : Ô Seigneur. *Nolite te salopardes exterminorum.*

Est-ce cela que vous vouliez ?

Le Commandant s'éclaircit la gorge. C'est le signal pour nous laisser entendre qu'à son avis il est temps que nous cessions de prier. « Car le regard du Seigneur parcourt sans relâche la terre entière, pour se savoir fort au nom de ceux dont le cœur est sans défaut envers lui », dit-il.

C'est l'indicatif de la fin. Il se lève. Nous sommes congédiées.

16.

La Cérémonie se déroule comme d'habitude.

Je suis couchée sur le dos, entièrement vêtue, sauf l'hygiénique petite culotte en coton blanc. Ce que je pourrais voir, si j'ouvrais les yeux, serait le grand baldaquin blanc du gigantesque lit à colonnes de style colonial de Serena Joy, suspendu comme un nuage flasque au-dessus de nous, un nuage brodé de minuscules gouttes de pluie argentées qui, à les regarder de près, se révèlent être des fleurs à quatre pétales. Je ne verrais pas le tapis, qui est blanc, ni les rideaux à ramages, ni la coiffeuse juponnée avec sa parure brosse et miroir à dos d'argent ; seulement le baldaquin qui réussit à évoquer à la fois, par l'inconsistance de son tissu et la lourdeur de sa panse pendante, aussi bien l'éther que la matière.

Ou la voile d'un navire. Des voiles ventrues, dirait-on dans les poèmes. Qui font ventre. Poussées en avant par un ventre gonflé. Une brume de Muguet Sauvage nous entoure, fraîche, presque frisquette. Il ne fait pas chaud dans cette pièce.

Au-dessus de moi, à la tête du lit, Serena Joy est installée, déployée. Elle a les jambes ouvertes. Je suis couchée entre elles, la tête sur son ventre, l'os de son pubis sous la base de mon crâne, ses cuisses de part et d'autre de moi. Elle aussi est entièrement vêtue. J'ai les bras levés ; elle me tient les mains, chacune des miennes dans l'une des siennes. Ceci est censé signifier que nous ne faisons qu'une seule chair, un seul être. Ce que cela veut dire, en réalité, c'est qu'elle est aux commandes du processus et, partant, du produit. Si produit il y a. Les bagues de sa main gauche me coupent les doigts. C'est peut-être, ou peut-être pas, par vengeance.

Ma jupe rouge est retroussée jusqu'à la taille, mais pas plus haut. Plus bas, le Commandant baise. Ce qu'il baise, c'est la partie inférieure de mon corps. Je ne dis pas faire l'amour, car ce n'est pas ce qu'il fait. Copuler ne serait pas approprié non plus, parce que cela implique deux personnes, or il n'y en a qu'une qui est en jeu. Violer ne convient pas non plus : il ne se passe rien ici à quoi je ne me sois engagée. Il n'y avait pas beaucoup de choix, mais il y en avait quelques-uns, et j'ai choisi ceci.

Je reste donc allongée, immobile, et imagine le dais au-dessus de ma tête. Je me rappelle le conseil de la reine Victoria à sa fille : *Fermez les yeux et pensez à l'Angleterre*. Mais nous ne sommes pas en Angleterre. Je voudrais qu'il se dépêche.

Peut-être suis-je folle, et que ceci est une nouvelle méthode de thérapie.

Je voudrais que ce soit vrai, alors je pourrais aller mieux, et ceci disparaîtrait.

Serena Joy serre mes mains comme si c'était elle, et non pas moi, qui se faisait baiser, comme si elle trouvait la chose agréable, ou douloureuse, et le Commandant baise, à un rythme régulier de pas cadencé, une, deux, sans relâche, comme un robinet qui goutte. Il est absorbé, comme un homme qui fredonne sous la douche sans se rendre compte qu'il fredonne ; comme un homme qui a d'autres choses en tête. C'est comme s'il était ailleurs, à attendre de jouir, tout en tambourinant des doigts sur une table. Il y a une impatience dans sa cadence, à présent. Mais n'est-ce pas le rêve érotique de tout homme ? deux femmes à la fois ? C'est ce que l'on disait. Excitant, disait-on. Ce qui se passe dans cette chambre sous le baldaquin argenté de Serena n'a rien d'excitant. Cela n'a aucun rapport avec la passion, ni l'amour, ni le romantisme, ni avec aucune des autres idées qui nous servaient à nous émoustiller. Cela n'a rien à voir avec le désir sexuel, du moins pour moi, et certainement pas pour Serena. Le désir et l'orgasme ne sont plus considérés nécessaires ; ils ne seraient qu'un symptôme de frivolité, comme des jarretelles tape-à-l'œil, ou des grains de beauté : distractions superflues pour des écervelés. Démodées. Cela paraît étrange que les femmes aient jadis consacré tant de temps et d'énergie à s'informer de ces choses, à y penser, à s'en inquiéter, à écrire à leur propos. Il est tellement évident que ce sont des divertissements.

Ceci n'est pas divertissant, même pour le Commandant. Il s'agit d'une affaire sérieuse. Le Commandant, lui aussi, fait son devoir.

Si j'entrouvrais les yeux, je pourrais le voir, son visage pas déplaisant suspendu au-dessus de mon torse, avec peut-être quelques mèches de ses cheveux d'argent lui tombant sur le front, absorbé par son voyage intérieur, ce lieu vers lequel il se hâte, et qui recule comme en rêve aussi vite qu'il s'en approche. Je verrais ses yeux ouverts.

S'il était plus beau, est-ce que je prendrais davantage de plaisir à ceci ?

Au moins il représente un progrès par rapport au précédent, qui sentait le vestiaire d'église par temps de pluie ; l'odeur de votre bouche quand le dentiste commence à vous curer les dents ; l'odeur d'une narine. Le Commandant, lui, sent l'antimite, ou cette odeur est-elle une forme vindicative de lotion d'après-rasage ? Pourquoi doit-il porter ce stupide uniforme ? Mais est-ce que son corps blanc, hirsute, cru, me plairait davantage ?

Il nous est interdit de nous embrasser. Cela rend la chose supportable.

On prend de la distance. On décrit.

Il jouit enfin, avec un grognement étouffé comme de soulagement. Serena Joy, qui retenait son souffle, le laisse s'exhaler. Le Commandant, qui était arc-bouté sur les coudes, à distance de nos corps combinés, ne se permet pas de plonger en nous. Il se repose un instant, se retire, se rétracte, se rebraguette. Il fait un signe de tête, puis se détourne et quitte la pièce, en fermant la porte derrière lui avec un soin exagéré, comme si nous étions toutes deux sa mère souffrante. Il y a là quelque chose d'hilarant, mais je n'ose pas rire.

Serena Joy me lâche les mains. « Vous pouvez vous lever, dit-elle. Levez-vous et partez. » Elle est censée me laisser me reposer, dix minutes, les pieds sur un coussin pour augmenter les chances. Elle est supposée consacrer ce moment à une méditation silencieuse, mais elle n'est pas d'humeur à cela. Il y a de la haine dans sa voix, comme si le contact de ma chair l'écœurait et la contaminait. Je me démêle de son corps, me lève ; le jus du Commandant me coule le long des jambes. Avant de me détourner, je la vois lisser sa jupe bleue, serrer les jambes ; elle reste étendue sur le lit à contempler le baldaquin au-dessus d'elle, raide et droite comme une statue. Pour laquelle des deux est-ce pire, elle, ou moi ?

17.

Voici ce que je fais quand je me retrouve dans ma chambre :

J'ôte mes vêtements et je passe ma chemise de nuit.

Je cherche la coquille de beurre, au fond de ma chaussure droite, là où je l'ai cachée après le dîner. L'armoire était trop chaude, le beurre est semi-liquide. Il a en bonne partie imbibé la serviette en papier dans laquelle je l'avais enveloppé. Maintenant j'aurai du beurre dans ma chaussure. Ce n'est pas la première fois, parce que chaque fois qu'il y a du beurre ou même de la margarine j'en garde un peu de la même façon. Je pourrai retirer le plus gros, de la doublure de la chaussure, avec un gant de toilette ou le papier hygiénique de la salle de bains, demain.

Je m'enduis le visage de beurre, le fais pénétrer dans la peau de mes mains. Il n'y a plus de lotion pour les mains ni de crème pour le visage, pas pour nous. Ces choses-là sont considérées comme des futilités. Nous sommes des récipients, c'est seulement l'intérieur de nos corps qui est important. L'extérieur peut devenir dur et ridé, s'il n'en tient qu'à eux, comme une coquille de noix. C'est par décret des Épouses que la lotion pour les mains a disparu. Elles ne veulent pas que nous soyons séduisantes. Pour elles, les choses vont assez mal comme ça.

Le beurre est un truc que j'ai appris au Centre de Rachel et Léa. Nous l'appelions le Centre Rouge, parce qu'il y avait tellement de rouge. Celle qui m'a précédée dans cette chambre, mon amie aux taches de rousseur et au bon rire, a dû le faire aussi, ce tartinage. Nous le faisons toutes.

Tant que nous continuons à le faire, à nous beurrer la peau pour la garder douce, nous pouvons croire qu'un jour nous sortirons, que nous serons de nouveau touchées, par amour ou par désir. Nous avons nos propres cérémonies, privées, celles-là.

Le beurre est graisseux, il va devenir rance et je sentirai le vieux fromage ; mais au moins, c'est naturel, comme on disait.

Voilà les expédients auxquels nous sommes réduites.

Beurrée, je suis étendue sur mon lit à une place, plate comme une tranche de pain grillé. Je ne peux pas dormir. Dans la demi-obscurité je fixe l'œil de plâtre aveugle au milieu du plafond qui me fixe en retour, même s'il ne peut pas voir. Il n'y a pas de brise ; mes rideaux blancs sont comme des bandages de gaze, à pendre mollement, à miroiter dans le halo formé par le projecteur qui illumine la maison la nuit, ou y a-t-il de la lune ?

Je rejette le drap, me lève précautionneusement, à pieds nus silencieux, dans ma chemise de nuit, vais à la fenêtre, comme un enfant, je veux voir. La lune sur la poitrine de la neige fraîchement tombée. Le ciel est clair mais difficile à distinguer à cause du projecteur ; mais si, dans le ciel obscurci, flotte une lune toute neuve, une lune pour faire un vœu, éclat de roche ancienne, déesse, clin d'œil. La lune est une pierre et le ciel est plein de quincaillerie meurtrière, mais pourtant, mon Dieu, comme c'est beau.

J'ai tellement envie que Luke soit là. Je veux être tenue et appelée par mon nom. Je veux être estimée dans des domaines où je ne le suis pas. Je veux être plus qu'estimable. Je répète mon ancien nom, me remémore ce que je pouvais faire, jadis, comment les autres me voyaient.

J'ai envie de voler quelque chose.

Dans le couloir la veilleuse est allumée, le long espace luit d'un rose doux. Je marche, pose délicatement un pied, puis l'autre, sans faire de craquements, j'avance sur le tapis comme sur le sol d'une forêt, furtive, le cœur battant, à travers la maison nocturne. Je ne suis pas à ma place. Ce que je fais est totalement illégal.

En bas, en passant devant le miroir en trumeau sur le mur du vestibule, je vois ma forme blanche, corps sous tente, cheveux flottant dans le dos comme une crinière, yeux luisants. Cela me plaît. Je suis en train de faire quelque chose, toute seule. Le temps actif. Tendu. Ce que j'aimerais voler, c'est un couteau, à la cuisine, mais je ne suis pas prête à le faire.

J'atteins le salon, la porte est entrebâillée, je me glisse à l'intérieur, laisse un creux de porte. Un grincement de parquet, mais qui est assez près pour l'entendre ? Je suis plantée dans la pièce, à laisser mes pupilles se dilater comme celles d'un chat, ou d'un hibou. Vieux parfum, poussière de tissu emplissent mes narines. Un léger brouillard de lumière pénètre par les fentes autour des rideaux tirés, provenant du projecteur, dehors, où sans doute deux hommes patrouillent, je les ai vus, d'au-dessus, de derrière mes rideaux, formes sombres, silhouettes. Maintenant je peux distinguer des contours, des luisances : le miroir, les pieds de lampe, les vases, le sofa estompé comme un nuage au crépuscule.

Que devrais-je prendre ? Quelque chose dont on ne remarquera pas l'absence. Dans la forêt à minuit, une fleur magique. Une jonquille fanée, pas une de celles du bouquet de fleurs séchées. Les jonquilles seront bientôt jetées, elles commencent à sentir. Mêlées à la fumée rassise de Serena, l'odeur repoussante de son tricot inachevé.

Je tâtonne, trouve une table basse, palpe. Il y a un cliquetis, j'ai dû renverser quelque chose. Je trouve les jonquilles craquelantes sur les bords, là où elles ont séché, molles vers la tige, me sers de mes doigts comme d'une pince. Je la presserai, quelque part. Sous le matelas. La laisserai là, pour que la femme suivante, celle qui viendra après moi, la trouve.

Mais il y a quelqu'un dans la pièce, derrière moi.

J'entends un pas aussi silencieux que le mien, le crissement de la même latte de parquet. La porte se ferme derrière moi, avec un petit claquement, coupant la lumière. Je me glace. Porter du blanc était une erreur. Je suis neige au clair de lune, même dans le noir.

Puis un chuchotement : « Ne criez pas. Tout va bien. »

Comme si j'allais crier, comme si tout allait bien. Je me retourne : une forme, rien d'autre, le brillant terne d'une joue, dépourvue de couleur.

Il fait un pas vers moi. Nick.

« Qu'est-ce que vous faites ici ? »

Je ne réponds pas. Lui aussi est en infraction, ici, avec moi, il ne peut pas me dénoncer. Ni moi, lui. Pour le moment, nous sommes des miroirs. Il pose la main sur mon bras, m'attire contre lui, sa bouche sur la mienne, qu'attendre d'autre de pareilles privations ? Sans un mot. Tous les deux à trembler, oh comme je voudrais ! Dans le parloir de Serena, avec les fleurs séchées, sur le tapis de Chine son corps mince. Un homme totalement inconnu. Ce serait comme hurler, ce serait comme tirer sur quelqu'un. Ma main descend, et pourquoi pas, je pourrais déboutonner, et puis… Mais c'est trop dangereux, il le sait, nous nous repoussons l'un l'autre, pas loin. Trop de confiance, trop de risques, trop, trop vite.

« Je vous cherchais », dit-il, souffle-t-il presque dans mon oreille. J'ai envie de tendre la main, de goûter sa peau, il me donne faim. Ses doigts bougent, palpent mon bras sous la manche de la chemise de nuit comme si sa main ne voulait pas entendre raison. C'est si bon, d'être touchée par quelqu'un, d'être tâtée avec tant de convoitise, de se sentir si avide. Luke, tu saurais, tu comprendrais. C'est toi qui es là, dans un autre corps.

Conneries.

Je demande : « Pourquoi ? » Est-ce si dur, pour lui, qu'il prendrait le risque de venir dans ma chambre, la nuit ? Je pense aux hommes pendus, accrochés au Mur. Je peux à peine me tenir debout. Il faut que je me sauve, retrouve l'escalier, avant de me dissoudre complètement. Il a la main sur mon épaule, maintenant, et l'y garde encore, pesant sur moi comme du plomb chaud. Est-ce là ce pour quoi je mourrais ? Je suis lâche, je déteste l'idée de la douleur.

« Il me l'a ordonné, dit Nick. Il veut vous voir. Dans son bureau. »

« Qu'est-ce que vous voulez dire ? » Le Commandant, ce doit être lui. Me voir ? qu'entend-il par voir ? Est-ce qu'il ne m'a pas assez eue ?

« Demain », dit-il, à peine audible. Dans le parloir obscur nous nous éloignons l'un de l'autre, lentement, comme attirés l'un vers l'autre par une force, un courant, et en même temps écartés par des mains tout aussi puissantes.

Je trouve la porte, tourne la poignée, doigts sur la porcelaine fraîche, ouvre. C'est tout ce que je peux faire.

VII. Nuit

18.

Je suis couchée dans mon lit, encore tremblante. On peut mouiller le bord d'un verre, faire courir le doigt tout autour, et il émettra un son. C'est ainsi que je me sens : je suis ce son de verre. Je me sens comme le mot *briser*. J'ai envie d'être avec quelqu'un.

Au lit, avec Luke, sa main sur mon ventre arrondi. Nous trois, au lit ; elle à donner des coups de pied, à se retourner à l'intérieur de moi. Un orage, de l'autre côté de la fenêtre, c'est pourquoi elle est éveillée, ils entendent, ils dorment, ils peuvent être effrayés, même là, dans le sein apaisant. Cela fait comme des vagues, sur le rivage qui les entoure. Un éclair, tout près. Les yeux de Luke virent au blanc un instant.

Je n'ai pas peur. Nous sommes tout à fait éveillés, la pluie crépite à présent, nous serons lents et prudents.

Si je pensais que cela n'arriverait plus jamais, je mourrais.

Mais j'ai tort, personne ne meurt d'être privé de rapports sexuels. C'est du manque d'amour que nous mourons. Il n'y a personne ici que je puisse aimer, tous ceux que je pouvais aimer sont morts ou ailleurs. Qui sait où ils sont et comment ils s'appellent maintenant. Ils pourraient aussi bien n'être nulle part, comme c'est mon cas pour eux. Moi aussi je suis une personne disparue.

De temps à autre, je vois leurs visages qui se détachent sur le noir, tremblotants comme les images des saints dans les anciennes cathédrales de pays étrangers, à la lueur des cierges qu'on allumait pour prier près de leur flamme, à genoux, le front contre le balustre de bois, dans l'espoir d'une réponse. Je peux les évoquer mais ce ne sont que des mirages, ils ne durent pas. Peut-on me blâmer de désirer un corps réel, à entourer de mes bras ? Sans lui, je suis moi aussi désincarnée. Je peux écouter les battements de mon propre cœur contre les ressorts du sommier, je peux me caresser, par-dessous les draps blancs et secs, mais moi aussi je suis sèche et blanche, dure, grenue, c'est comme si j'effleurais de la main une platée de riz sec. C'est comme de la neige. Cela donne l'impression de quelque chose de mort, de quelque chose d'abandonné. Je suis comme une chambre où il se passait jadis des choses et où il n'arrive plus rien sauf le pollen des herbes folles qui poussent à l'extérieur de la fenêtre et que le vent souffle à travers le plancher comme de la poussière.

Voici ce que je crois.

Je crois que Luke est couché face contre terre dans un fourré, un enchevêtrement de fougères, les frondes brunes de l'année dernière sous les vertes à peine déroulées, ou des ifs du Canada, peut-être, quoiqu'il soit trop tôt pour les baies rouges. Ce qui reste de lui : ses cheveux, les os, la chemise à carreaux en laine verte et noire, la ceinture de cuir, les bottes. Je sais exactement ce qu'il portait. Je vois ses vêtements dans ma tête, éclatants comme une lithographie ou une publicité en couleurs d'une ancienne revue, mais pas son visage, pas aussi bien. Son visage commence à s'estomper, peut-être parce qu'il n'était pas toujours le même : son visage avait différentes expressions ; ses vêtements, pas.

Je prie pour que le trou, ou les deux ou trois trous – il y a eu plus d'un coup de feu, ils étaient rapprochés – je prie pour qu'au moins un trou ait proprement, rapidement et définitivement traversé le crâne, percé l'endroit où étaient toutes les images, pour qu'il n'y ait eu qu'un éclair, d'obscurité ou de douleur, sourde je l'espère, comme le mot *mat*, un seul, puis le silence.

Cela, je le crois.

Je crois aussi que Luke est assis quelque part dans un rectangle, ciment gris, sur une saillie ou le bord de quelque chose, un lit, une chaise. Dieu sait ce qu'il porte. Dieu sait dans quoi ils l'ont mis. Dieu n'est pas le seul à savoir, alors peut-être y aurait-il un moyen de trouver. Il ne s'est pas rasé depuis un an, mais ils lui ont coupé les cheveux court, chaque fois qu'ils en ont eu envie, contre les poux, prétendent-ils. Il me faudra revoir cela : s'ils coupent les cheveux contre les poux, ils couperaient la barbe aussi. C'est ce qu'on croirait.

De toute façon, ce n'est pas bien fait, les cheveux sont hachurés, la nuque est niquetée, et c'est loin d'être le pire, il a l'air d'avoir dix ans de plus, vingt, il est courbé comme un vieil homme, il a les yeux pochés, de petites veines pourpres ont éclaté dans ses joues, il y a une cicatrice, non, une blessure, elle n'est pas encore cicatrisée, de la couleur des tulipes, près du bout de leur tige, à travers le côté gauche de son visage, là où la chair s'est fendue récemment. Le corps est si facilement endommagé, si facilement détruit, de l'eau et des produits chimiques, c'est tout, guère plus qu'une méduse, à se dessécher sur le sable.

Cela le fait souffrir de remuer les mains, de bouger. Il ne sait pas de quoi il est accusé. Problème. Il faut qu'il y ait quelque chose, une accusation. Sinon, pourquoi le gardent-ils, pourquoi n'est-il pas déjà mort ? Il doit savoir quelque chose qu'eux-mêmes veulent savoir. Je ne peux pas imaginer quoi. Je ne peux pas imaginer qu'il ne l'ait pas dit, peu importe ce que c'est. Moi, je l'aurais fait.

Il est entouré d'une odeur, la sienne, le fumet d'un animal parqué dans une cage sale. Je l'imagine se reposant, parce que je ne peux pas supporter de l'imaginer à aucun autre moment, de même que je ne peux rien imaginer entre son col et ses revers de pantalon. Je ne veux pas penser à ce qu'ils ont fait à son corps. A-t-il des chaussures ? Non, et le sol est froid et humide. Sait-il que je suis ici, vivante, et que je pense à lui ? Je dois le croire. Dans une situation de pénurie, il faut croire toute espèce de choses. Je crois à la transmission de pensée, à présent, aux vibrations dans l'éther, à ce genre d'idioties. Je n'y avais jamais cru avant.

Je crois aussi qu'ils ne l'ont pas attrapé, ou rattrapé, après tout, qu'il a réussi, a atteint la rive, a traversé la rivière à la nage, s'est hissé sur la berge opposée, une île, claquant des dents ; s'est frayé un chemin jusqu'à une ferme voisine, qu'on lui a ouvert, avec méfiance d'abord, mais ensuite, quand ils ont compris qui il était, ils se sont montrés amicaux, pas du genre à le dénoncer, peut-être était-ce des Quakers ; ils le feront passer à l'intérieur des terres, d'une maison à l'autre, la femme lui a fait du café chaud et lui a donné des vêtements de son mari. Je me représente les vêtements. Cela me réconforte de l'habiller chaudement.

Il a pris contact avec les autres, il doit y avoir une résistance, un gouvernement en exil. Il doit y avoir quelqu'un, là-bas, pour prendre les choses en main. Je crois en la résistance de la même façon que je crois qu'il ne peut y avoir de lumière sans ombre. Ou plutôt, pas d'ombre à moins qu'il n'y ait aussi de la lumière. Il doit y avoir une résistance, sinon, d'où viendraient tous ces criminels, à la télévision ?

D'un jour à l'autre un message de lui peut arriver. Il viendra de la manière la plus inattendue, par l'intermédiaire de la personne la plus improbable, quelqu'un que je n'aurais jamais soupçonné. Sous mon assiette, sur le plateau du dîner ? Glissé dans ma main pendant que je pose les tickets sur le comptoir, à Tout Viandes ?

Le message dira que je dois m'armer de patience : tôt ou tard, il me fera sortir, nous la trouverons, où qu'ils l'aient emmenée. Elle se souviendra de nous et nous serons tous les trois ensemble. Entre-temps je dois supporter, rester en sécurité pour plus tard. Ce qui m'est arrivé, ce qui m'arrive maintenant lui est égal, il m'aime envers et contre tout, il sait que ce n'est pas ma faute. Le message dira aussi cela. C'est ce message, qui peut ne jamais arriver, qui me maintient en vie. Je crois en ce message.

Les choses que je crois ne peuvent pas toutes être vraies, mais l'une d'elles doit l'être. Mais je les crois toutes, les trois versions de Luke, toutes en même temps. Cette manière contradictoire de croire me semble, juste maintenant, la seule façon de pouvoir croire quoi que ce soit. Quelle que soit la vérité, j'y serai préparée.

Cela fait aussi partie de mes croyances. Il se peut que ce soit faux également.

L'une des pierres tombales du cimetière près de la plus ancienne église porte une ancre, et un sablier, et les mots *Ayons espoir.*

Ayons espoir. Pourquoi avoir mis cela sur une personne morte ? Était-ce le corps qui espérait, ou ceux qui restaient en vie ?

Est-ce que Luke espère ?

VIII. Jour de naissance

19.

Je rêve que je suis éveillée.

Je rêve que je sors du lit et traverse la chambre, pas cette chambre et sors par la porte, mais pas cette porte. Je suis chez moi, l'un de mes chez-moi, et elle court à ma rencontre, dans sa petite chemise de nuit verte avec un tournesol sur le devant, pieds nus, et je la soulève et sens ses bras et ses jambes m'entourer et je me mets à pleurer, parce que je sais alors que je ne suis pas éveillée. Je suis de nouveau dans ce lit, à essayer de me réveiller et je m'éveille, et ma mère m'apporte un plateau et me demande si je me sens mieux. Quand j'étais malade, enfant, elle devait s'absenter de son travail et rester à la maison. Mais je ne suis pas éveillée cette fois-ci non plus.

Après ces rêves je me réveille vraiment et je sais que je suis vraiment éveillée parce qu'il y a la couronne, au plafond, et mes rideaux qui pendent comme une chevelure blanche de noyée. Je me sens droguée. Je réfléchis à cela : peut-être est-ce qu'ils me droguent ; peut-être la vie que je crois vivre est-elle un délire paranoïaque.

Vain espoir. Je sais où je suis, qui je suis, et le jour que nous sommes : tels sont les tests, et je suis saine d'esprit. La santé mentale est un bien précieux. Je l'économise comme les gens économisaient jadis de l'argent, pour en avoir suffisamment, le moment venu.

Une grisaille pénètre à travers les rideaux, une luminosité voilée, pas beaucoup de soleil aujourd'hui. Je sors du lit, vais à la fenêtre, m'agenouille sur le rebord, sur le petit coussin dur, FOI, et regarde au-dehors. Il n'y a rien à voir.

Je me demande ce que sont devenus les deux autres coussins. Il a dû y en avoir trois, un jour. ESPOIR et CHARITÉ, où les a-t-on rangés ? Serena Joy est une personne d'ordre. Elle n'irait pas jeter quelque chose qui ne soit pas complètement usé. Un pour Rita, un pour Cora ?

La cloche sonne, je suis levée avant elle, en avance. Je m'habille, sans regarder en bas.

Je m'assieds sur la chaise et pense au mot *Chaise. Chaire*. On dit « le professeur est en chaire ». La chaise, c'est aussi un moyen d'exécution capitale. En français, on peut confondre chaire et chair. Et les premières lettres sont celles de charité. Aucun de ces faits n'a de rapport avec les autres.

Voilà le genre de litanies dont je me sers, pour me rasseoir l'esprit. Devant moi il y a un plateau, et sur le plateau, un verre de jus de pomme, un comprimé de vitamines, une cuiller, une assiette contenant trois tranches de pain grillé, une coupelle de miel, et une autre assiette sur laquelle est posé un coquetier, de ceux qui ressemblent à un torse de femme, revêtu d'une jupe. Sous la jupe, il y a le deuxième œuf, au chaud. Le coquetier est en porcelaine blanche avec une bande bleue.

Le premier œuf est blanc. Je déplace un peu le coquetier, pour qu'il se trouve maintenant dans le rayon de soleil délavé qui entre par la fenêtre, et tombe, tour à tour brillant, puis pâlissant, sur le plateau. La coquille de l'œuf est lisse, mais aussi grenue. Le soleil accuse de petits grains de calcium, comme des cratères sur la lune. C'est un paysage aride, et cependant parfait ; c'est le genre de désert dans lequel les saints se retiraient pour éviter que leur esprit ne soit distrait par l'abondance. Je pense que c'est à cela que Dieu doit ressembler : un œuf. Il se peut que la vie sur la lune ne se passe pas à la surface mais à l'intérieur.

L'œuf irradie maintenant, comme s'il avait une énergie propre. Regarder l'œuf me procure un plaisir intense.

Le soleil s'en va et l'œuf s'éteint.

Je retire l'œuf du coquetier et le palpe un instant. Il est chaud. Les femmes portaient des œufs pareils à celui-là entre leurs seins, pour les faire incuber. Cela devait être agréable.

La vie minimaliste. Le plaisir est un œuf. Bénédictions que l'on peut compter, sur les doigts d'une seule main. Mais peut-être est-ce ainsi que l'on s'attend à me voir réagir. Si j'ai un œuf, que puis-je désirer de plus ?

Dans une situation de pénurie, le désir de vivre s'attache à d'étranges objets. Je voudrais avoir un animal, un oiseau, par exemple, ou un chat. Un animal familier. N'importe quoi de familier. Un rat ferait l'affaire, quand on manque de tout, mais c'est exclu. La maison est trop propre.

Je tranche le bout de l'œuf avec la cuiller, et mange son contenu.

Alors que je suis en train de manger le deuxième œuf, j'entends la sirène, d'abord très loin, serpentant dans ma direction entre les grandes maisons et les pelouses tondues, un son grêle comme un bourdonnement d'insecte, puis plus proche, s'épanouissant comme une fleur sonore qui s'ouvre, devient trompette. Une proclamation, cette sirène. Je pose ma cuiller, mon cœur bat plus vite, je vais de nouveau à la fenêtre : sera-t-elle bleue, et pas pour moi ? Mais je la vois tourner le coin, prendre ma rue, s'arrêter devant la maison, toujours hurlante, et elle est rouge. Joie et allégresse, assez rares aujourd'hui. Je laisse le deuxième œuf à demi consommé, me précipite pour prendre mon manteau, j'entends déjà des pas dans l'escalier, et des voix qui appellent.

« Vite, dit Cora, ils ne vont pas attendre toute la journée. Elle m'aide à passer le manteau, elle sourit réellement.

J'enfile le couloir presque au pas de course, l'escalier est comme une descente à skis, la porte d'entrée est grande ouverte, aujourd'hui, je peux la franchir et le Gardien est là qui salue. Il a commencé à pleuvoir, une bruine, et une odeur gravide de terre et d'herbe emplit l'air.

La Natomobile rouge est garée dans l'allée. Sa portière arrière est ouverte et je grimpe dedans. Le tapis de sol est rouge, des rideaux rouges sont tirés devant les fenêtres. Il y a déjà trois femmes là-dedans, assises sur les banquettes qui occupent la longueur du fourgon, des deux côtés. Le Gardien ferme et verrouille les doubles portes et grimpe devant à côté du chauffeur ; à travers la vitre grillagée nous voyons leurs nuques. Nous démarrons dans une embardée, tandis qu'au-dessus de nous la sirène hurle : dégagez, dégagez !

Je demande à ma voisine : « Qui est-ce ? » Je parle dans son oreille, ou là où doit se trouver son oreille sous la coiffure blanche. Il me faut presque hurler, tant le vacarme est grand.

« Dewarren », répond-elle à tue-tête. Impulsivement, elle me saisit la main, la serre, tandis que nous tournons le coin en cahotant ; elle se tourne vers moi et je vois son visage, des larmes lui coulent sur les joues, mais des larmes de quoi ? Envie, déception ?

mais non, elle rit, jette les bras autour de moi, je ne l'ai jamais vue de ma vie, elle m'étreint, elle a de gros seins sous la robe rouge, elle s'essuie le visage avec sa manche. Un jour comme celui-ci nous pouvons faire tout ce que nous voulons.

Je me corrige : dans certaines limites.

En face de nous, sur l'autre banquette, une femme prie, les yeux clos, les mains sur la bouche. Ou peut-être ne prie-t-elle pas. Peut-être se ronge-t-elle les ongles. Peut-être essaie-t-elle de garder son calme. La troisième femme est déjà calme. Elle est assise les bras croisés, légèrement souriante. La sirène hurle, hurle. C'était le bruit de la mort, pour les ambulances, ou les incendies. Il se peut que ce soit le bruit de la mort aujourd'hui aussi. Nous le saurons bientôt. À quoi Dewarren va-t-elle donner naissance ? À un bébé, comme nous l'espérons toutes ? Ou à autre chose, un non-bébé, avec une tête comme une tête d'épingle, ou un museau de chien, ou deux corps ou un trou dans le cœur ou des mains et des pieds palmés. On ne peut pas le savoir. On le pouvait, jadis, avec des machines, mais c'est maintenant interdit. À quoi cela servirait-il de savoir, de toute façon ? On ne peut pas les faire passer ; dans tous les cas, il faut mener la chose à terme.

Les chances sont d'une sur quatre, nous l'avons appris au Centre. L'atmosphère est devenue trop saturée, un jour, de produits chimiques, rayons, radiations ; l'eau grouillait de molécules toxiques, tout cela prend des années à se purifier, et entre-temps cela vous rampe dans le corps, assiège vos cellules graisseuses. Qui sait, votre chair elle-même peut être polluée, sale comme une plage huileuse, mort certaine pour les oiseaux du littoral et les bébés pas encore nés. Peut-être un vautour mourrait-il s'il vous mangeait ; peut-être êtes-vous lumineuse dans le noir, comme une horloge démodée. L'horloge de la mort : c'est une espèce de scarabée ; il enterre les charognes.

Parfois je ne peux penser à moi-même, à mon corps, sans voir mon squelette : ce que je suis, vue par un électron. Un berceau de vie, fait d'os ; et à l'intérieur dangers, protéines déformées, cristaux ratés, ébréchés comme du verre. Les femmes prenaient des médicaments, des pilules, les hommes aspergeaient les arbres, les vaches mangeaient l'herbe, toute cette pisse épicée a coulé dans les rivières. Sans parler des explosions d'usines atomiques, le long de la faille de San Andreas, sans défaillance humaine, au moment des tremblements de terre, et la souche mutante de syphilis, qu'aucune moisissure ne pouvait arrêter. Certaines l'ont fait elles-mêmes, se sont fait coudre hermétiquement au catgut, ou ravager avec des produits chimiques. Comment ont-elles pu ? disait Tante Lydia, oh, comment ont-elles pu faire une chose pareille ? Jézabels ! Mépriser les dons de Dieu ! Elle se tordait les mains.

C'est un risque que vous prenez, disait Tante Lydia, mais vous êtes les troupes de choc, vous serez les avant-coureurs, à pénétrer sur des territoires dangereux. Plus grand est le risque, plus grande sera la gloire. Elle joignait les mains, radieuse devant notre courage factice. Nous baissions les yeux sur les couvercles de nos pupitres. Supporter tout cela, et donner naissance à un déchet : l'idée n'avait rien de plaisant. Nous ne savions pas exactement ce qui arriverait aux bébés qui ne passaient pas l'examen, qui étaient déclarés non-bébés. Mais nous savions qu'on les faisait disparaître, quelque part, rapidement.

Il n'y a pas eu de cause unique, dit Tante Lydia. Elle est debout devant la classe, dans sa robe kaki, une baguette à la main. Recouvrant le tableau noir, là où il y aurait jadis eu une carte, il y a un graphique qui montre les taux de natalité par mille, sur des années et des années : une courbe glissante, qui descend au-dessous de la ligne de remplacement zéro, et continue à descendre et à descendre.

Bien sûr, certaines femmes pensaient qu'il n'y aurait pas d'avenir ; elles croyaient que le monde allait exploser. C'est le prétexte qu'elles invoquaient, dit Tante Lydia. Elles disaient que cela n'avait pas de sens de procréer. Les narines de Tante Lydia se pincent : Quelle perversité ! C'étaient des femmes paresseuses, ajoute-t-elle. Des catins.

Sur le couvercle de mon pupitre il y a des initiales gravées dans le bois, et des dates. Les initiales sont parfois en deux groupes, réunis par le verbe *aime : J.H. aime B.P. 1954. O.R. aime L.T.* Elles me font penser aux inscriptions dont parlaient mes livres, gravées sur les parois de pierre de cavernes, ou dessinées avec un mélange de suie et de graisse animale. Elles me semblent incroyablement anciennes. Le couvercle du pupitre est en bois blond ; il est incliné, et il y a un accoudoir sur le côté droit, où s'appuyer pour écrire, sur du papier, avec un stylo. À l'intérieur du pupitre, on pouvait ranger des choses : livres, cahiers. Ces habitudes du temps passé me semblent maintenant dispendieuses, presque décadentes, immorales, comme les orgies des régimes barbares. *M. aime G. 1972.* Cette inscription, gravée avec un crayon enfoncé avec insistance dans le vernis usé du pupitre, a le pathétique de toutes les civilisations disparues. C'est comme une empreinte de main sur la pierre. Celui ou celle qui l'a faite a été un jour en vie.

Il n'y a plus de dates après le milieu des années quatre-vingt. Nous devons être dans l'une des écoles qui ont été fermées, faute d'enfants.

Des erreurs ont été commises, dit Tante Lydia. Nous n'avons pas l'intention de les reproduire. Sa voix est hypocrite, condescendante, la voix de ceux qui ont pour devoir de nous dire des choses désagréables, pour notre propre bien. J'ai envie de l'étrangler. Je ravale cette pensée presque aussi vite qu'elle m'est venue à l'esprit.

Une chose n'est estimée, dit-elle, que si elle est rare et difficile à obtenir. Nous voulons que vous soyez estimées, mesdemoiselles. Elle abonde en pauses, qu'elle savoure dans sa bouche. Imaginez que vous êtes des perles. Assises en rangs, les yeux baissés, nous la faisons saliver moralement. Elle peut nous définir à sa guise, nous devons subir ses adjectifs.

Je pense à des perles. Les perles sont de la bave d'huître congelée. Voilà ce que je dirai à Moira, plus tard ; si j'y arrive.

Nous sommes toutes là pour vous dégrossir, dit Tante Lydia, avec une bonne humeur satisfaite.

Le fourgon s'arrête, les portes arrière sont ouvertes, le Gardien nous fait sortir en troupeau. À la porte d'entrée il y a un autre Gardien, avec l'une de ces mitraillettes camardes suspendue à l'épaule. Nous avançons en rangs vers la porte, sous le crachin, les Gardiens font le salut militaire. Le grand fourgon Urgo, celui avec les machines et les médecins mobiles, est garé plus loin dans l'allée circulaire. Je me demande ce qu'ils peuvent faire là-dedans, à attendre. Jouer aux cartes, très probablement, ou lire ; quelque occupation masculine. La plupart du temps on n'a pas besoin d'eux : on ne les autorise à entrer que si c'est inévitable.

C'était différent, avant, c'est eux qui étaient responsables. C'était une honte, disait Tante Lydia. Honteux.

Elle venait de nous projeter un film, tourné dans un hôpital des jours anciens : une femme enceinte, reliée par des fils à une machine, avec des électrodes qui lui sortent du corps de tous les côtés, ce qui la fait ressembler à un robot brisé, une aiguille à perfusion plantée dans le bras. Un homme armé d'une torche l'examine entre les jambes, là où elle a été rasée, pitoyable fille imberbe, un plateau de couteaux stérilisés brillants, tout le monde porte des masques. Une patiente très coopérative. Jadis, ils droguaient les femmes, provoquaient le travail, les ouvraient au scalpel, les recousaient. Fini, cela. Même plus d'anesthésiques. Tante Élisabeth disait que cela valait mieux pour l'enfant, mais aussi : *Je multiplierai les peines de ta grossesse, tu enfanteras tes fils dans la douleur*. Au déjeuner, on nous servait cela, du pain bis et des sandwiches à la laitue.

Tandis que je gravis le perron, de larges marches avec une urne de pierre de chaque côté, le Commandant de Dewarren doit avoir un statut supérieur à celui du nôtre, j'entends une autre sirène. C'est la Natomobile bleue, celle des Épouses. Ce doit être Serena Joy qui arrive en grande pompe. Pas de banquettes pour elles, elles ont droit à de vrais sièges, capitonnés. Elles sont assises dans le sens de la marche et ne sont pas enfermées derrière des rideaux. Elles savent où elles vont.

Serena Joy est probablement déjà venue ici, dans cette maison, prendre le thé. Dewarren, ex-Janine, cette garce pleurnicharde, a probablement été exhibée devant elle, elle et les autres Épouses, pour qu'elles puissent voir son ventre, le tâter peut-être, et féliciter l'Épouse. Une fille solide, de bons muscles. Pas d'Agent Orange dans la famille, nous avons vérifié les dossiers, on ne saurait jamais prendre trop de précautions. Et peut-être, l'une des plus bienveillantes : Voulez-vous un petit biscuit, ma chère ?

Oh non, cela lui fera du mal, trop de sucre n'est pas bon pour elles !

Un tout petit, ça ne peut pas lui faire de mal, une fois n'est pas coutume, Mildred.

Et cette sucrée de Janine : Oh, oui, je peux, M'dame, s'il vous plaît ?

Tellement, oh, tellement bien élevée, pas désagréable comme le sont certaines, à faire leur travail un point c'est tout. Plutôt comme si c'était votre fille, en quelque sorte. Quelqu'un de la famille. Gloussements généreux des matrones. C'est bien, ma chère, vous pouvez regagner votre chambre.

Puis, après son départ : De petites traînées, toutes autant qu'elles sont mais, que voulez-vous, on ne peut pas être trop difficile. Il faut prendre ce qu'on vous donne, pas vrai, mes amies ? Cela, de la bouche de l'Épouse du Commandant.

Oh, mais vous êtes tellement bien tombée ! Certaines, eh bien, elles ne sont même pas propres. Et jamais un sourire, à se morfondre dans leur chambre, ne se lavent pas les cheveux, l'odeur ! Il faut que je le fasse faire par les Marthas, il faut presque les maintenir au fond de la baignoire, il faut pratiquement la soudoyer pour obtenir qu'elle prenne un bain, et même il faut la menacer.

J'ai dû prendre des mesures sévères avec la mienne, et maintenant elle ne mange plus comme il faut ; et quant à l'autre chose, pas une touche, et nous avons parfaitement suivi les règles ; mais la vôtre, elle vous fait honneur. Et d'un jour à l'autre, à présent, oh vous devez être tellement impatiente, elle est grosse comme une maison, je pense que vous n'en pouvez plus d'attendre.

Un peu de thé ? Changeant de sujet avec modestie.

Je sais comment se passent ces réunions.

Et Janine, là-haut dans sa chambre, que fait-elle ? Elle est là, le goût de sucre encore dans la bouche, à se lécher les lèvres. Regarde vaguement par la fenêtre. Inspire, expire. Caresse ses seins gonflés. Ne pense à rien.

20.

L'escalier principal est plus large que le nôtre, avec une rampe incurvée de part et d'autre. Là-haut, j'entends la mélopée des femmes qui sont déjà arrivées. Nous gravissons l'escalier à la queue leu leu, en prenant garde de ne pas marcher sur les ourlets traînants les unes des autres. À gauche, les doubles portes de la salle à manger sont repliées, et à l'intérieur je vois la longue table recouverte d'une nappe blanche et garnie d'un buffet : jambon, fromage, oranges. (Il y a des oranges !) Pains et gâteaux tout frais sortis du four. Quant à nous, nous aurons du lait et des sandwiches, sur un plateau, plus tard. Mais pour elles il y a une fontaine à café et des bouteilles de vin, car pourquoi les Épouses ne se griseraient-elles pas un peu à l'occasion d'un jour aussi triomphal ? D'abord, elles attendront les résultats ; puis elles se goinfreront. Elles sont maintenant réunies dans le salon, de l'autre côté de l'escalier, à encourager l'Épouse du Commandant des lieux, l'Épouse de Warren. C'est une petite femme fluette, elle gît par terre, vêtue d'une chemise de nuit en coton blanc, ses cheveux grisonnants répandus comme du mildiou sur le tapis : elles massent son ventre menu, comme si elle était vraiment sur le point d'accoucher.

Le Commandant, bien sûr, n'est nulle part en vue. Il s'est retiré là où vont les hommes en pareille occasion, dans quelque cachette. Probablement est-il à se demander quand sa promotion va être annoncée. Il est sûr d'en obtenir une, à présent.

Dewarren est dans la chambre à coucher des maîtres, qui porte bien son nom ; c'est là où le Commandant et son Épouse se couchent tous les soirs. Elle est assise sur leur lit grand format, soutenue par des oreillers : Janine, enflée, mais réduite, amputée de son ancien nom. Elle porte une chemise de coton blanc, retroussée sur ses cuisses ; ses longs cheveux couleur de genêt sont tirés en arrière et attachés sur la nuque pour ne pas la gêner. Elle a les yeux étroitement fermés, et telle qu'elle est, je peux presque l'aimer. Après tout, elle est l'une des nôtres ; qu'a-t-elle jamais voulu d'autre que vivre sa vie aussi agréablement que possible ? Que souhaitons-nous de plus, les unes et les autres ? Le mot *possible*, c'est là le piège. Elle ne se débrouille pas trop mal, compte tenu des circonstances.

Deux femmes que je ne connais pas sont debout à ses côtés, à lui étreindre les mains, ou elle les leurs. Une troisième soulève la chemise de nuit, verse de l'huile pour bébé sur son ventre en tumulus, masse vers le bas. À ses pieds se tient Tante Élisabeth, vêtue de sa robe kaki à poches militaires sur la poitrine. C'est elle qui faisait le cours de Gynéco. Je n'aperçois d'elle que le côté de sa tête, son profil, mais je sais que c'est bien elle, ce nez proéminent et ce beau menton, sévère. À côté d'elle est posée la Chaise d'Accouchement avec son double siège, celui de l'arrière dominant l'autre comme un trône. Elles n'y placeront pas Janine avant qu'il soit temps. Les couvertures sont prêtes, le petit baquet pour le bain, le bol de glaçons à sucer, pour Janine.

Les autres femmes sont assises en tailleur sur le tapis. Il y en a une foule, toutes celles du District sont censées être là. Elles doivent être vingt-cinq, trente. Tous les Commandants n'ont pas de Servante. Certaines de leurs épouses ont des enfants. *À chacun selon ses capacités*, dit le slogan. *À chacun selon ses besoins.* Nous récitions cela, à trois reprises, après le dessert. C'était tiré de la Bible, du moins l'affirmaient-ils. Saint Paul, encore, dans les Actes des Apôtres.

Vous êtes une génération de transition, disait Tante Lydia. C'est pour vous que c'est le plus dur. Nous savons quels sacrifices sont attendus de vous. C'est dur quand les hommes vous humilient. Pour celles qui viendront après vous, ce sera plus facile. Elles accepteront leurs devoirs de bon cœur.

Elle ne disait pas : parce qu'elles n'auront pas de souvenirs, de quoi que ce soit d'autre.

Elle disait : parce qu'elles ne désireront pas ce qu'elles ne peuvent pas avoir.

Une fois par semaine nous avions du cinéma, après le déjeuner et avant notre sieste. Nous étions assises sur le sol de la salle d'Économie Ménagère, sur nos petites nattes grises, à attendre, tandis que Tante Héléna et Tante Lydia bataillaient avec l'appareil de projection. Si c'était un jour de chance, elles ne bobineraient pas le film à l'envers. Cela me rappelait les cours de géographie, au lycée où j'allais il y a des milliers d'années, où l'on nous projetait des films sur le reste du monde : femmes en longues jupes, ou en robes de coton imprimé bon marché, transportant des fagots de brindilles ou des paniers ou des seaux en plastique pleins d'eau, puisés à quelque rivière, portant des bébés en bandoulière, retenus contre elles par un châle ou une élingue en filet et qui nous regardaient depuis l'écran en louchant d'un air apeuré, parce qu'elles savaient qu'on leur faisait quelque chose avec une machine à œil de verre unique, mais ne savaient pas quoi. Ces films étaient réconfortants et légèrement ennuyeux. Ils me donnaient sommeil, même lorsque des hommes apparaissaient à l'écran, les muscles nus, à piocher des terres dures à l'aide de houes et de pelles. Je préférais les films avec des danses, des chants, des masques de cérémonie, des instruments sculptés pour faire de la musique : plumes, boutons de cuivre, coquillages, tambours. J'aimais observer ces gens quand ils étaient heureux, pas quand ils étaient misérables, affamés, émaciés, à s'escrimer à mort à un travail simple, le creusement d'un puits, l'irrigation des terres, problèmes que les nations civilisées avaient depuis longtemps résolus. Je pensais que quelqu'un devrait juste leur donner la technique, et les laisser s'en servir.

Tante Lydia ne montrait pas ce genre de films.

Parfois elle projetait un vieux film porno des années soixante-dix ou quatre-vingt. Femmes agenouillées à sucer des pénis ou bites, femmes attachées ou enchaînées ou portant des colliers de chien autour du cou, femmes suspendues à des arbres, ou la tête en bas, nues, jambes écartées, des femmes qu'on violait, battait, tuait. Une fois nous avons dû assister au spectacle d'une femme que l'on découpait lentement en morceaux, à qui l'on tranchait les doigts et les seins avec des cisailles de jardinier, dont on ouvrait le ventre pour en extraire les intestins.

Réfléchissez à l'autre option, disait Tante Lydia. Vous voyez ce qui se passait ? Voilà ce qu'ils pensaient des femmes, dans ce temps-là. Sa voix tremblait d'indignation.

Moira disait plus tard que ce n'était pas réel, que c'était tourné avec des mannequins, mais c'était difficile de voir la différence.

Parfois le film était ce que Tante Lydia appelait un documentaire sur les Antifemmes. Imaginez, disait Tante Lydia, perdre leur temps ainsi alors qu'elles auraient dû s'occuper à quelque chose d'utile. En ce temps-là, les Antifemmes perdaient toujours leur temps. On les y encourageait. Le Gouvernement leur donnait de l'argent précisément dans ce but. Attention, certaines de leurs idées étaient assez bonnes, poursuivait-elle, avec dans la voix la suffisance autoritaire de quelqu'un qui est en mesure de juger. Mais attention, seulement certaines, disait-elle en minaudant, levant l'index et le trémoussant dans notre direction. Mais c'étaient des sans-Dieu, et cela peut faire toute la différence, n'est-ce pas ?

Je suis assise sur ma natte, les mains croisées, Tante Lydia fait un pas de côté pour dégager l'écran, la lumière s'éteint et je me demande si je peux, dans le noir, me pencher loin vers la droite sans être vue et chuchoter à ma voisine ; qu'est-ce que je chuchoterai ? Je dirai : As-tu vu Moira ? parce que personne ne l'a vue. Elle n'a pas assisté au petit déjeuner. Mais la pièce, quoique obscurcie, n'est pas assez sombre, alors je branche mon esprit sur le circuit d'attente qui passe pour retenir l'attention des spectateurs. Ils ne jouent pas la bande sonore, pour des films comme celui-ci, mais nous y avons droit pour les films porno. Ils veulent que nous entendions les cris, les grognements et les hurlements de ce qui est supposé être le comble de la douleur, ou du plaisir, ou des deux à la fois, mais ils ne veulent pas que nous entendions ce que disent les Antifemmes.

D'abord apparaît le titre et quelques noms, caviardés sur le film au crayon gras pour que nous ne puissions pas les lire, puis je vois ma mère. Ma jeune mère, plus jeune que dans mon souvenir, aussi jeune qu'elle a dû l'être un jour, avant ma naissance. Elle porte le genre de tenue qui, d'après Tante Lydia, était typique des Antifemmes de ces temps-là, une salopette en jean, sur une chemise à carreaux verts et mauves, et des baskets. Le genre de vêtements que Moira portait jadis, et que je me souviens avoir porté moi-même, il y a bien longtemps ; ses cheveux sont fourrés dans un foulard mauve noué sur la nuque. Elle a le visage très jeune, très sérieux, voire joli. J'ai oublié que ma mère avait été un jour aussi jolie et aussi décidée. Elle est dans un groupe d'autres femmes, habillées dans le même style qu'elle ; elle tient un bâton, non, cela fait partie d'une banderole, c'est un manche. La caméra remonte en panoramique et nous voyons l'inscription, à la peinture, sur ce qui a dû être un drap de lit : REPRENEZ LA NUIT. Ceci n'a pas été caviardé, même si nous ne sommes pas censées le lire. Les femmes autour de moi retiennent leur souffle, il y a un mouvement dans la pièce, comme un friselis de vent dans l'herbe. Est-ce un oubli, est-ce que nous avons réussi à rafler quelque chose ? ou est-ce quelque chose qu'on veut nous montrer, pour nous rappeler l'insécurité des jours anciens ?

Derrière cette pancarte il y en a d'autres, et la caméra les balaie rapidement : LIBERTÉ DE CHOISIR. CHAQUE ENFANT DOIT ÊTRE DÉSIRÉ. RECONQUÉRONS NOS CORPS. CROYEZ-VOUS QUE LA PLACE D'UNE FEMME SOIT SUR LA TABLE DE LA CUISINE ? Sous ce dernier slogan il y a un dessin au trait d'un corps de femme, couché sur une table, avec du sang qui en dégouline.

Maintenant ma mère avance, elle sourit, elle rit, elles avancent toutes, et brandissent le poing en l'air.

La caméra se déplace sur le ciel, où montent des centaines de ballons, suivis de leur ficelle, des ballons rouges, avec un cercle peint dessus, un cercle qui a une queue comme une queue de pomme, la queue est une croix. Retour sur terre, ma mère est perdue dans la foule à présent et je ne la vois plus.

Je t'ai eue à l'âge de trente-sept ans, me disait ma mère. C'était un risque, tu aurais pu être malformée, ou autre chose. Tu étais un enfant désiré, cela, oui, et si tu savais les saloperies que j'ai dû entendre dans certains milieux ! Ma plus vieille amie, Tricia Foreman, m'a accusée d'être nataliste, la connasse. Par jalousie, j'ai pensé ; certaines des autres étaient correctes. Mais quand je me suis trouvée enceinte de six mois, il y en a plein qui se sont mis à m'envoyer des articles qui expliquaient que le taux de malformations congénitales monte en flèche après trente-cinq ans. J'avais bien besoin de cela. Et des trucs sur la difficulté d'être une mère célibataire. Mettez-vous ça où je pense, je leur ai dit, j'ai entrepris quelque chose et j'irai jusqu'au bout. À l'hôpital ils ont inscrit « Primipare âgée » sur ma fiche, je les ai vus faire. C'est comme cela qu'on vous désigne quand vous avez un premier enfant à plus de trente ans, trente ans, nom d'un chien ! Conneries, je leur ai dit, sur le plan biologique j'ai vingt-deux ans, je pourrais vous battre à la course quand je voudrais. Je pourrais avoir des triplés et sortir d'ici sur mes deux jambes pendant que vous en seriez encore à essayer de vous sortir du lit.

Quand elle disait cela, elle pointait le menton en avant. Je me souviens d'elle ainsi, le menton en avant, un verre posé devant elle sur la table de la cuisine ; non pas jeune et décidée, comme elle l'était dans le film, mais sèche, irascible, le genre de vieille femme qui ne laisse personne lui carotter sa place dans la file d'attente au supermarché. Elle aimait venir chez moi et prendre un verre pendant que Luke et moi préparions le dîner, et nous dire ce qui n'allait pas dans sa vie, qui glissait invariablement vers ce qui n'allait pas dans la nôtre. Elle avait alors les cheveux gris, bien sûr. Elle refusait de les teindre. Pourquoi faire semblant ? disait-elle. De toute façon, à quoi bon, je ne veux pas d'un homme chez moi, à quoi servent-ils en dehors des dix secondes qu'il faut pour faire la moitié d'un bébé ? Un homme, c'est juste une stratégie de femme pour fabriquer d'autres femmes. Ce n'est pas que ton père n'ait pas été un type gentil, et tout, mais il n'était pas fait pour la paternité. D'ailleurs je ne me faisais pas d'illusions là-dessus. Fais juste le boulot, et puis tu peux te tirer, j'ai dit, je gagne correctement ma vie, je peux payer la garderie. Alors il est parti sur la Côte, et il envoyait une carte à Noël. Il avait de beaux yeux bleus, pourtant ; mais il leur manque quelque chose, même aux gars bien. C'est comme s'ils étaient constamment distraits, comme s'ils n'arrivaient pas tout à fait à se rappeler qui ils sont. Ils regardent trop le ciel. Ils perdent le contact avec leurs pieds. Ils n'arrivent pas à la cheville des femmes, sauf qu'ils savent mieux réparer les voitures et jouer au football, tout ce qu'il nous faut pour améliorer la race humaine, pas vrai ?

C'est ainsi qu'elle parlait, même devant Luke. Cela ne le dérangeait pas, il la taquinait en jouant les machos, il lui disait que les femmes étaient incapables de pensée abstraite ; elle se servait un autre verre et lui lançait un sourire.

Sale macho, disait-elle.

Ce qu'elle est cocasse, me disait Luke, et ma mère prenait l'air rusé, presque sournois.

C'est mon droit, disait-elle. Je suis assez vieille, j'ai déjà donné, j'ai l'âge d'être cocasse si ça me plaît. On te presserait le nez, qu'il en sortirait encore du lait. Cochonnet, j'aurais dû dire.

Quant à toi, me disait-elle, tu es juste un retour de flamme. Un feu de paille. L'histoire m'absoudra.

Mais elle ne tenait pas de pareils propos avant d'avoir bu son troisième verre.

Vous les jeunes, vous n'appréciez rien, disait-elle. Vous ne savez pas ce que nous avons dû subir, juste pour vous amener où vous êtes. Regarde-le, à couper ses carottes ! Est-ce que vous savez sur combien de vies de femmes, sur combien de corps de femmes les chars d'assaut ont dû rouler juste pour arriver où nous sommes ?

Faire la cuisine est mon passe-temps, disait Luke. Cela m'amuse.

Passe-temps, passe-partout, disait ma mère. Pour moi, tu n'as pas besoin de trouver des excuses. Il fut un temps où tu n'aurais pas eu le droit d'avoir ce genre de passe-temps, on t'aurait traité de pédale.

Allons, Mère, disais-je. Ne nous disputons pas pour des riens.

Des riens, disait-elle avec amertume. Tu appelles cela rien ; tu ne comprends pas, n'est-ce pas. Tu ne comprends absolument pas de quoi je parle.

Parfois, elle pleurait. J'étais si seule, disait-elle. Tu n'as pas idée à quel point j'étais seule. Et j'avais des amis, c'était une chance, mais j'étais seule quand même.

J'admirais ma mère à certains égards, quoique les relations entre nous n'aient jamais été faciles. Elle attendait trop de moi, me semblait-il. Elle s'attendait à ce que je fasse l'apologie de sa vie et des choix qu'elle avait faits. Je ne voulais pas vivre ma vie selon ses exigences. Je ne voulais pas être le rejeton modèle, l'incarnation de ses idées. Nous nous disputions là-dessus. Je ne suis pas la justification de ton existence, lui ai-je dit un jour.

Je veux qu'elle revienne. Je veux que tout revienne, tel que c'était. Mais cela ne sert à rien, de le vouloir.

21.

Il fait chaud ici dedans, et il y a trop de bruit. Les voix des femmes montent autour de moi, en une mélopée douce qui est encore trop forte pour moi, après des jours et des jours de silence. Dans un coin de la pièce il y a un drap taché de sang, roulé en boule et jeté là quand elle a perdu les eaux. Je ne l'avais pas encore remarqué. La chambre sent aussi l'air confiné, il faudrait ouvrir une fenêtre. L'odeur est celle de notre propre chair, des effluves organiques, de sueur avec un relent de fer, à cause du sang sur le drap, et une autre odeur, plus animale, qui provient, certainement, de Janine : odeur de tanière, de grotte habitée, l'odeur de la couverture écossaise du lit quand la chatte a mis bas dessus, une fois, avant d'être castrée. Odeur de matrice.

Inspirez, inspirez, psalmodions-nous, comme on nous l'a appris. Retenez, retenez. Soufflez, soufflez, soufflez. Nous chantons sur un rythme à cinq temps. Inspirez, de un à cinq ; retenez, jusqu'à cinq, soufflez, de un à cinq. Janine, les yeux fermés, essaie de ralentir sa respiration. Tante Élisabeth la palpe pour sentir les contractions.

Maintenant Janine est agitée, elle veut marcher. Les deux femmes l'aident à se lever du lit, la soutiennent de chaque côté tandis qu'elle marche de long en large. Une contraction l'assaille, elle se plie en deux. L'une des femmes s'agenouille et lui masse le dos. Nous sommes toutes expertes à cela, nous avons pris des leçons. Je reconnais Deglen, ma compagne de commissions, assise à deux personnes de moi. La douce mélopée nous enveloppe comme une membrane.

Entre une Martha, portant un plateau : une cruche de jus de fruits, celui qu'on fabrique à partir de poudre, du raisin dirait-on, et une pile de gobelets en papier. Elle pose le tout sur le tapis devant les femmes qui chantent, Deglen, sans manquer un temps, verse, et les gobelets passent de main en main.

Je reçois un gobelet, me penche de côté pour le faire passer, et ma voisine me dit tout bas à l'oreille : « Est-ce que vous cherchez quelqu'un ? »

Je réponds, tout aussi bas : « Moira. Cheveux noirs, taches de rousseur. »

« Non, dit la femme. Je ne la connais pas, elle n'était pas avec moi au Centre mais je l'ai vue, au marché. Je la guetterai pour vous. »

« Vous êtes… ? »

« Alma, répond-elle. Quel est votre vrai nom ? »

Je veux lui dire qu'il y avait une Alma au Centre avec moi. Je veux lui dire mon nom, mais Tante Élisabeth lève la tête, lance un regard alentour, elle doit avoir entendu un blanc dans la mélopée, alors je n'ai plus le temps. Parfois on peut découvrir des choses, les Jours de Naissance. Mais cela n'aurait pas de sens de demander après Luke. Il ne pourrait être nulle part où l'une de ces femmes serait susceptible de le voir.

La mélopée résonne toujours, cela commence à me gagner. Cela demande des efforts, il faut se concentrer. Identifiez-vous à votre corps, disait Tante Élisabeth. Déjà je ressens de légères douleurs, au ventre, et mes seins sont lourds. Janine crie, un cri faible, à mi-chemin entre le cri et le gémissement.

« C'est le travail qui commence », dit Tante Élisabeth.

L'une des assistantes éponge le front de Janine avec un linge humide. Janine transpire à présent, ses cheveux s'échappent par mèches de la bande élastique, elle en a qui lui collent au front et au cou. Sa chair est moite, saturée, lustrée.

« Haletez, haletez, haletez », chantons-nous.

« Je veux sortir, dit Janine. Je veux aller me promener. Je me sens très bien. Il faut que j'aille aux chiottes. »

Nous savons toutes qu'elle est en travail, elle ne sait pas ce qu'elle fait. Laquelle de ces déclarations est vraie ? probablement la dernière. Tante Élisabeth fait un signe, deux femmes se placent à côté des W.-C. portatifs, on y fait asseoir Janine doucement. Dans la pièce une autre odeur vient s'ajouter aux précédentes. Janine gémit encore, la tête penchée en avant de sorte que nous ne voyons que ses cheveux. Ainsi ramassée, elle est comme une poupée, une vieille poupée qu'on aurait saccagée et rejetée dans un coin, les poings sur les hanches.

Janine s'est relevée, elle marche. « Je veux m'asseoir », dit-elle. Depuis combien de temps sommes-nous là ? des minutes, des heures ? Je transpire, ma robe est trempée sous les bras, je sens le goût du sel sur ma lèvre supérieure, les fausses douleurs me tenaillent, les autres les ressentent aussi, je le sais à les voir se balancer. Janine suçote un cube de glace. Puis, après cela, à des centimètres ou des kilomètres de distance, elle crie : « Non ! oh, non ! oh, non ! oh, non ! » C'est son second bébé, elle a eu un autre enfant, un jour. Je l'ai su au Centre, où elle le pleurait la nuit, comme nous toutes, mais plus bruyamment. Alors elle devrait se souvenir de ceci, de ce que cela fait, de ce qui l'attend. Mais qui arrive à se rappeler la douleur, une fois qu'elle est passée ? Tout ce qu'il en reste est une ombre, pas même dans l'esprit mais dans la chair. La douleur marque, mais trop profondément pour que cela se voie. Loin des yeux, loin du cœur.

Quelqu'un a corsé le jus de raisin. Quelqu'un a subtilisé une bouteille, en bas. Ce ne sera pas la première fois à ce genre de réunion mais ils fermeront les yeux. Nous aussi avons besoin de nos orgies.

« Baissez les lumières, dit Tante Élisabeth ; dites-lui qu'il est temps. »

Quelqu'un se lève, va vers le mur, la lumière dans la chambre devient tamisée et tourne au crépuscule, nos voix faiblissent et se transforment en un chœur de grincements, de murmures rauques, comme des sauterelles, la nuit dans un champ. Deux quittent la pièce, deux autres conduisent Janine à la Chaise d'Accouchement où elle s'assied sur le plus bas des deux sièges. Elle est plus calme à présent, l'air passe régulièrement dans ses poumons ; nous nous penchons en avant, crispées, les muscles du dos et du ventre endoloris par la tension. Cela vient, cela vient, comme un clairon, un appel aux armes, comme un mur qui s'effondre, nous le sentons comme une lourde pierre qui se meut vers le bas, attirée vers le bas à l'intérieur de nous, nous croyons que nous allons éclater. Nous nous étreignons les mains, nous ne sommes plus uniques.

L'Épouse du Commandant fait irruption, dans sa ridicule chemise de nuit en coton, d'où dépassent ses jambes maigrichonnes. Deux des Épouses, en robes et voiles bleus, la soutiennent par les bras, comme si elle en avait besoin. Son visage arbore un petit sourire pincé, comme une hôtesse lors d'une soirée qu'elle aurait préféré ne pas donner. Elle escalade la Chaise d'Accouchement, s'assied sur le siège qui est derrière

Janine et la surplombe, de sorte que Janine se trouve encadrée par elle : ses jambes décharnées pendent de chaque côté comme les accoudoirs d'un fauteuil biscornu. Chose saugrenue, elle porte des chaussettes de coton blanc et des pantoufles d'intérieur, bleues, faites d'une matière pelucheuse comme les housses de sièges de W.-C. ; mais nous n'accordons aucune attention à l'Épouse, c'est à peine si nous la voyons, nos regards sont fixés sur Janine. Dans la lumière tamisée, vêtue de sa robe blanche, elle miroite comme une lune ennuagée.

Elle gémit maintenant, dans l'effort. « Poussez, poussez, poussez, murmurons-nous. Détendez-vous. Haletez. Poussez, poussez, poussez. » Nous sommes avec elle, nous sommes identiques à elle, nous sommes ivres. Tante Élisabeth s'agenouille, elle tient une serviette déployée pour recevoir le bébé, voici le couronnement, la gloire, la tête, violette et maculée de yoghourt, encore une poussée, et il glisse, luisant de liquide et de sang, dans notre attente. Ô joie.

Nous retenons notre souffle tandis que Tante Élisabeth l'examine : c'est une fille, pauvre petite, mais jusqu'à présent tout va bien, du moins il n'y a aucun défaut visible, mains, pieds, yeux, nous dénombrons en silence, tout est à sa place. Tante Élisabeth, le bébé dans les bras, lève les yeux vers nous et sourit. Nous sourions aussi, nous sommes un même sourire, les larmes coulent sur nos joues tant nous sommes heureuses.

Notre bonheur est en partie souvenir. Ce que je me rappelle, c'est Luke, avec moi à l'hôpital, debout près de ma tête, à me tenir la main, vêtu de la blouse verte et du masque blanc qu'on lui avait donnés. Oh, oh mon Dieu, disait-il, avec des soupirs émerveillés. Cette nuit-là, il n'a pas pu fermer l'œil, a-t-il dit, tellement il était surexcité.

Tante Élisabeth lave doucement le bébé ; il ne pleure pas beaucoup, il se tait. Aussi silencieusement que possible, pour ne pas l'effrayer, nous nous levons, nous massons autour de Janine, à la serrer, la caresser. Elle pleure, elle aussi. Les deux Épouses en bleu aident la troisième, l'Épouse de la maison, à descendre du tabouret et à gagner le lit où elles l'allongent et la bordent. Le bébé, maintenant baigné et tranquille, est posé cérémonieusement dans ses bras. Les Épouses arrivent d'en bas en foule à présent, se poussent au milieu de nous, nous écartent. Elles parlent trop fort, certaines d'entre elles tiennent encore leurs assiettes, leurs tasses à café, leurs verres de vin, certaines mastiquent encore, elles se groupent autour du lit, la mère et l'enfant, à roucouler et congratuler. L'envie irradie de leurs personnes, je sens son odeur, de légères bouffées acides, mêlées à leur parfum. L'Épouse du Commandant baisse les yeux sur le bébé comme si c'était un bouquet de fleurs, quelque chose qu'elle aurait gagné, un trophée.

Les Épouses sont là pour être témoins du baptême. Ce sont les épouses qui choisissent le nom, ici.

« Angela », annonce l'Épouse du Commandant.

« Angela, Angela, répètent les Épouses, gazouillantes. Quel joli nom, oh elle est parfaite ! oh elle est merveilleuse ! »

Nous nous sommes mises entre Janine et le lit, pour lui éviter de voir cela. Quelqu'un lui donne un verre de jus de raisin. J'espère qu'il y a du vin dedans, elle a encore des douleurs, pour le placenta, elle pleure faiblement, à larmes épuisées, misérables. Pourtant nous sommes jubilantes. C'est une victoire pour nous toutes. Nous avons réussi.

Elle sera autorisée à nourrir le bébé, quelques mois. Ils croient au lait maternel. Puis elle sera transférée pour voir si elle est capable de recommencer, avec quelqu'un d'autre, qui aura besoin de ses services. Mais elle ne sera jamais envoyée aux Colonies, elle ne sera jamais déclarée Antifemme. C'est sa récompense.

La Natomobile attend dehors, pour nous livrer à nos maisons respectives. Les médecins sont toujours dans leur fourgon, leurs visages apparaissent à la fenêtre, taches blanches, comme les visages d'enfants malades qu'on garde à la maison. L'un d'eux ouvre la porte et vient vers nous.

« Tout s'est bien passé ? » demande-t-il, inquiet.

Je réponds : « Oui. » À présent je suis lessivée, épuisée ; mes seins sont douloureux, ils coulent un peu. Du faux lait, cela arrive à certaines d'entre nous. Nous nous asseyons sur nos banquettes, face à face, pendant le transport ; nous sommes sans émotion maintenant, presque privées de sensibilité, nous pourrions aussi bien être des paquets de tissu rouge. Nous souffrons. Chacune de nous tient dans son giron un revenant, un bébé fantôme. Ce qui nous poursuit, une fois l'excitation retombée, c'est notre propre échec. Je pense, Mère, où que tu sois. Peux-tu m'entendre ? Tu voulais une culture de femmes. Eh bien, la voici. Ce n'est pas ce que tu voulais, mais elle existe ; soyons reconnaissants des moindres bienfaits.

22.

Quand la Natomobile arrive devant la maison, c'est déjà la fin de l'après-midi. Le soleil luit faiblement à travers les nuages, l'air est imprégné d'une odeur d'herbe mouillée, tiédissante. J'ai passé toute la journée à la Naissance ; on perd la notion du temps. Cora a dû faire les courses aujourd'hui, j'étais exemptée de toutes corvées. Je monte l'escalier en levant péniblement les pieds d'une marche à l'autre, cramponnée à la rampe. J'ai l'impression d'avoir veillé des jours entiers et d'avoir couru vite ; j'ai mal à la poitrine ; mes muscles sont pris de crampes comme s'ils manquaient de sucre. Pour une fois, la solitude est la bienvenue.

Je m'étends sur le lit. Je voudrais me reposer, m'endormir, mais je suis à la fois trop fatiguée et trop agitée, mes yeux refusent de se fermer. Je regarde au plafond, je suis des yeux le feuillage de la couronne. Aujourd'hui elle me fait penser à un chapeau, un de ces chapeaux à larges bords que portaient les femmes à une certaine époque, dans les temps anciens : des chapeaux semblables à d'énormes halos, festonnés de fruits et de fleurs, avec des plumes d'oiseaux exotiques, des chapeaux comme une idée du paradis, flottant juste audessus de leur tête, une pensée solidifiée.

Dans un instant la couronne va commencer à se colorer et je me mettrai à voir des choses : voilà le degré de fatigue où j'en suis. Comme lorsqu'on avait conduit toute la nuit, jusqu'à l'aube, pour une raison ou une autre, ça n'a aucune importance pour l'instant, chacun gardant l'autre éveillé par des histoires, à se relayer au volant, et qu'au moment où le soleil commençait à se lever on voyait des choses se dessiner au bord de son champ de vision : des animaux pourpres, dans les buissons sur les côtés de la route, des silhouettes d'hommes, qui disparaissaient quand on les regardait de face.

Je suis trop fatiguée pour continuer cette histoire. Je suis trop fatiguée pour penser à l'endroit où je suis. Voici une autre histoire, meilleure. C'est le récit de ce qui est arrivé à Moira.

J'en connais moi-même une partie, et je tiens l'autre d'Alma, qui l'avait entendue de Dolorès, à qui Janine l'avait racontée. Janine la tenait de Tante Lydia. Il peut y avoir des alliances même dans ce genre d'endroit, même dans pareilles circonstances ; c'est quelque chose sur quoi on peut compter : il y aura toujours des alliances sous une forme ou une autre.

Tante Lydia avait appelé Janine dans son bureau.

Béni soit le fruit, Janine, a dû dire Tante Lydia sans lever les yeux de son bureau où elle écrivait quelque chose. Car à chaque règle il existe toujours une exception : cela aussi, on peut en être sûr. Les Tantes sont autorisées à lire et à écrire.

Que le Seigneur ouvre, aura répondu Janine, d'une voix atone, sa voix transparente, sa voix de blanc d'œuf cru.

Je crois pouvoir vous faire confiance, Janine, a dû dire Tante Lydia, en levant enfin les yeux de sa page, et en fixant Janine de son regard particulier, à travers ses lunettes, un regard qui arrivait à être menaçant et suppliant tout à la fois. Aidez-moi, disait ce regard, nous sommes toutes dans le même bain. Vous êtes une fille digne de confiance, a-t-elle poursuivi, à la différence de certaines.

Elle croyait que toutes les pleurnicheries et repentirs de Janine voulaient dire quelque chose, elle croyait que Janine avait été matée, que c'était une véritable croyante. Mais, en ce temps-là, Janine était comme un chiot qui a reçu trop de coups de pied venant de trop de gens au hasard : elle se serait roulée par terre pour n'importe qui, aurait dit n'importe quoi, juste pour un instant d'approbation.

Alors Janine a dû dire : Je l'espère, Tante Lydia. J'espère être devenue digne de votre confiance. Ou quelque chose d'analogue.

Janine, a dit Tante Lydia, il s'est passé quelque chose de terrible.

Janine regardait le plancher. De quoi qu'il pût s'agir, elle savait qu'elle n'en porterait pas le blâme, elle était irréprochable. Mais à quoi cela lui avait-il servi par le passé, d'être irréprochable ? Alors elle se sentait quand même coupable, et sur le point d'être punie.

Êtes-vous au courant, Janine ? a demandé doucement Tante Lydia.

Non, Tante Lydia, a dit Janine. Elle savait qu'à ce moment-là il fallait lever son visage, regarder Tante Lydia droit dans les yeux. Au bout d'un instant, elle y parvint.

Parce que si vous l'étiez, vous me décevriez beaucoup, dit Tante Lydia.

Le Seigneur m'est témoin ! dit Janine dans un étalage de ferveur.

Tante Lydia s'octroya l'une de ses pauses. Elle tripotait son stylo. Moira n'est plus des nôtres, dit-elle enfin.

Oh, dit Janine. Elle était indifférente à cette nouvelle. Moira n'était pas de ses amies. Est-elle morte ? questionna-t-elle un instant plus tard.

Alors Tante Lydia lui a raconté l'histoire. Moira avait levé la main pour aller aux toilettes pendant les Exercices. Elle était sortie. Tante Élisabeth était de service aux toilettes ; elle se tenait devant la porte, comme d'habitude. Moira est entrée. Un moment plus tard, elle a appelé Tante Élisabeth : la cuvette débordait, Tante Élisabeth pouvait-elle venir la réparer ? Il est vrai que les W.-C. débordaient parfois. Des personnes anonymes y fourraient des paquets de papier hygiénique précisément pour obtenir ce résultat. Les Tantes s'étaient ingéniées à trouver un moyen à toute épreuve pour éviter cela, mais les crédits manquaient et elles n'avaient pas réussi à imaginer comment garder le papier hygiénique sous clef. Peut-être faudrait-il le placer sur une table à l'extérieur des toilettes et distribuer une ou plusieurs feuilles à chaque personne, à l'entrée. Mais cela, c'était pour l'avenir. Il faut un moment pour corriger les failles, dans tout ce qui est nouveau.

Tante Élisabeth, sans soupçonner le danger, est entrée dans les toilettes. Tante Lydia dut reconnaître que c'était un peu irréfléchi de sa part. Et pourtant elle y était allée pour réparer les W.-C. à plusieurs occasions, sans subir de mésaventure.

Moira n'avait pas menti, de l'eau ruisselait sur le sol, ainsi que plusieurs morceaux de matière fécale en désagrégation. Ce n'était pas agréable et Tante Élisabeth était contrariée. Moira s'est écartée poliment et Tante Élisabeth s'est précipitée dans le cubicule indiqué par Moira et s'est penchée sur le fond de la cuvette. Elle comptait soulever le couvercle de porcelaine et tripoter le mécanisme intérieur, flotteur et bonde. Elle avait les deux mains sur le couvercle lorsqu'elle a senti un objet dur et pointu, et peut-être métallique, lui piquer les côtes par-derrière. Ne bougez pas, a dit Moira, sinon je l'enfonce jusqu'au bout, je sais où, je vous percerai le poumon.

Elles ont découvert par la suite qu'elle avait démonté l'intérieur de l'un des W.-C. et retiré le long levier effilé, la pièce qui est fixée à la poignée par un bout et à la chaîne par l'autre ; ce n'est pas trop difficile à faire si l'on sait s'y prendre, et Moira avait des connaissances de mécanique, elle réparait elle-même sa voiture en cas de pannes mineures. Peu après ces événements les toilettes furent équipées de chaînes pour maintenir les couvercles, et quand elles débordaient il fallait longtemps pour les ouvrir. Cela nous a valu plusieurs inondations.

Tante Élisabeth ne pouvait pas voir ce qui lui piquait le dos, dit Tante Lydia. C'est une femme courageuse…

Oh, oui ! fit Janine.

… mais pas téméraire, acheva Tante Lydia en fronçant légèrement les sourcils. Janine s'était montrée trop enthousiaste, ce qui est parfois une autre façon de nier. Elle a fait ce que Moira disait, poursuivit Tante Lydia. Moira s'est emparée de son aiguillon de bétail et de son sifflet qu'elle l'a obligée à décrocher de sa ceinture. Puis elle lui a fait dégringoler l'escalier jusqu'au sous-sol. Elles étaient au premier étage, donc il n'y avait que deux volées d'escalier à négocier. Les classes étaient en cours, si bien qu'il n'y avait personne dans les couloirs. Elles ont vu une autre Tante, mais elle était à l'autre bout du couloir et ne regardait pas de leur côté à ce moment-là. Tante Élisabeth aurait pu crier, mais elle savait que Moira ferait ce qu'elle avait dit. Moira avait mauvaise réputation.

Oh, oui, fit Janine.

Moira a entraîné Tante Élisabeth au long du corridor des vestiaires vides, elle lui a fait dépasser la porte du gymnase et pénétrer dans la chaufferie. Elle a dit à Tante Élisabeth de retirer tous ses vêtements…

Oh ! fit Janine faiblement, comme pour protester contre ce sacrilège.

… et Moira a ôté ses propres habits et a revêtu ceux de Tante Élisabeth, qui ne lui allaient pas tout à fait, mais suffisamment bien. Elle n'a pas été trop cruelle envers Tante Élisabeth, elle lui a permis de mettre sa robe rouge. Elle a déchiré le voile en lanières, elle a ficelé Tante Élisabeth avec, et l'a attachée derrière la chaudière. Elle lui a fourré un bout de tissu dans la bouche, et l'a maintenu en place avec une autre bandelette. Elle lui a noué une bandelette autour du cou, et lui a attaché les pieds avec l'autre extrémité, par-derrière. C'est une femme rusée et dangereuse, dit Tante Lydia.

Janine demanda : Puis-je m'asseoir ? comme si tout cela avait été trop pour elle. Elle avait enfin quelque chose à échanger, au moins contre un ticket.

Oui, Janine, dit Tante Lydia, surprise, mais consciente qu'elle ne pouvait lui refuser cela maintenant. Elle avait besoin de l'attention de Janine, de sa coopération. Elle a désigné une chaise, dans le coin. Janine l'a approchée.

Je pourrais vous tuer, vous savez, a dit Moira quand Tante Élisabeth fut solidement arrimée hors de vue, derrière la chaudière. Je pourrais vous faire une si vilaine blessure que vous ne vous sentiriez plus jamais bien dans votre corps. Je pourrais vous descendre avec ceci, ou vous le fourrer dans l'œil. Souvenez-vous que je ne l'ai pas fait, si jamais ça devait tourner mal.

Tante Lydia n'a rien répété de ce passage à Janine, mais je présume que Moira a dit quelque chose de semblable. De toute manière elle n'a ni tué ni mutilé Tante Élisabeth, qui, quelques jours plus tard, une fois remise des sept heures passées derrière la chaudière, et probablement de l'interrogatoire (car la possibilité d'une collusion n'avait certainement pas été écartée par les Tantes ni par personne), avait repris ses fonctions au Centre.

Moira s'était redressée et avait regardé résolument devant elle ; elle avait rejeté les épaules en arrière, raidi l'échine et pincé les lèvres. Ce n'était pas notre maintien habituel. D'ordinaire nous marchions la tête baissée, les yeux fixés sur nos mains, ou sur le sol. Moira ne ressemblait pas beaucoup à Tante Élisabeth, même le visage encadré de sa guimpe brune, mais sa démarche guindée avait apparemment suffi à convaincre les Anges de garde, qui ne regardaient jamais aucune de nous de très près, et peut-être encore moins les Tantes. En effet, Moira avait passé la porte principale d'un pas ferme, avec l'air de quelqu'un qui sait où il va ; on l'avait saluée, puis elle avait présenté le laissez-passer de Tante Élisabeth, qu'ils n'avaient pas pris la peine de vérifier, car qui infligerait pareil affront à une Tante ? Et elle avait disparu.

Oh ! dit Janine. Comment savoir ce qu'elle ressentait ? Peut-être avait-elle envie d'applaudir. Si c'était le cas, elle le cacha bien.

Eh bien, Janine, dit Tante Lydia, voici ce que je vous demande de faire.

Janine ouvrit de grands yeux et s'efforça de paraître innocente et attentive.

Je veux que vous ouvriez vos oreilles. Peut-être l'une des autres était-elle complice.

Oui, Tante Lydia, répondit Janine.

Et venez me faire un rapport, n'est-ce pas, mon petit ? Si vous entendez quelque chose.

Oui, Tante Lydia, dit Janine. Elle savait qu'elle n'aurait plus à s'agenouiller devant la classe, et à nous entendre toutes lui crier que c'était sa faute. Maintenant, ce serait quelqu'un d'autre, pendant un temps. Elle était, provisoirement, tirée d'affaire.

Le fait qu'elle ait raconté à Dolorès le détail de cette entrevue dans le bureau de Tante Lydia ne voulait rien dire. Cela ne signifiait pas qu'elle s'abstiendrait de témoigner contre nous, contre n'importe laquelle d'entre nous, si elle en avait l'occasion. Nous le savions. Dès lors nous nous sommes mises à la traiter comme les gens traitaient les culs-de-jatte qui vendaient des crayons au coin des rues. Nous l'évitions quand nous le pouvions, nous nous montrions charitables quand il n'y avait pas moyen de faire autrement. Elle représentait pour nous un danger, et nous le savions.

Dolorès lui a probablement tapoté l'épaule en lui disant que c'était une chic fille de nous l'avoir raconté. Où cette conversation a-t-elle eu lieu ? Dans le gymnase, tandis que nous nous préparions à nous coucher. Dolorès avait le lit voisin de celui de Janine.

Le récit s'est propagé parmi nous cette nuit-là, dans la demi-obscurité, à voix basse, d'un lit à l'autre.

Moira était dehors, quelque part. Elle était en liberté, ou morte. Qu'allait-elle faire ? L'idée de ce qu'elle ferait gonfla jusqu'à emplir la pièce. À tout moment il risquait d'y avoir une explosion fracassante, les vitres des fenêtres tomberaient à l'intérieur, les portes s'ouvriraient toutes seules… Moira avait maintenant un pouvoir, elle avait été libérée, elle s'était libérée. C'était maintenant une femme libre.

Je crois que nous trouvions cela effrayant.

Moira était comme un ascenseur ouvert sur les côtés. Elle nous donnait le vertige. Déjà nous perdions le goût de la liberté, déjà nous trouvions ces murs rassurants. Dans les couches supérieures de l'atmosphère, nous nous serions défaites, volatilisées, il n'y aurait pas eu de pression pour nous maintenir d'une seule pièce.

Pourtant Moira était notre fantasme. Nous l'étreignions contre nous, elle était avec nous en secret, comme un rire étouffé, elle était la lave sous la croûte de la vie quotidienne. À la lumière de Moira, les Tantes étaient moins terrifiantes, et plus absurdes. Leur pouvoir avait une faille. Elles pouvaient se faire kidnapper dans les toilettes. C'est l'audace de la chose qui nous plaisait.

Nous nous attendions d'un instant à l'autre à la voir ramenée de force comme cela lui était déjà arrivé. Nous ne parvenions pas à imaginer ce qu'ils pourraient lui faire cette fois-ci. En tout cas, ce serait très méchant.

Mais rien ne se passa. Moira ne réapparut pas. On ne l'a toujours pas revue.

23.

Ceci est une reconstitution. C'est une reconstitution d'un bout à l'autre. C'est une reconstitution en ce moment même, dans ma tête, alors que je suis étendue à plat sur mon lit à une place, à réviser ce que j'aurais dû ou n'aurais pas dû dire, ce que j'aurais dû ou n'aurais pas dû faire, comment j'aurais dû jouer la scène. Si jamais je sors d'ici...

Suffit. J'ai l'intention de sortir d'ici. Cela ne peut pas durer éternellement. D'autres se sont fait les mêmes réflexions, dans les temps difficiles précédant celui-ci, et ils ont toujours eu raison, ils s'en sont sortis d'une manière ou d'une autre, et cela n'a pas duré éternellement. Quoique pour eux il se peut que cela ait duré toute l'éternité dont ils disposaient.

Quand je sortirai d'ici, si jamais je suis capable de mettre ceci par écrit, sous une forme quelconque, même celle d'une voix s'adressant à une autre, ce sera encore une reconstitution, à un degré d'écart de plus. Il est impossible de décrire une chose exactement telle qu'elle est, parce que ce que l'on dit ne peut jamais être exact, il faut toujours laisser quelque chose de côté, il y a trop d'éléments, d'aspects, de courants contraires, de nuances ; trop de gestes qui pourraient signifier ceci ou cela, trop de formes qui ne peuvent jamais être complètement décrites, trop de saveurs dans l'air ou sur la langue, de demi-teintes, trop. Mais s'il se trouve que vous êtes un homme, quelque part dans l'avenir, et que vous avez survécu jusque-là, surtout n'oubliez jamais ceci : vous ne serez jamais soumis à la tentation de croire que vous devez pardonner comme une femme se doit de le faire. C'est difficile d'y résister, croyez-moi. Mais souvenez-vous que le pardon est aussi un pouvoir. Le mendier est un pouvoir, le refuser ou l'accorder est aussi un pouvoir, peut-être le plus grand de tous.

Il se peut que rien de tout ceci n'ait à voir avec l'autorité. Il se peut qu'il ne s'agisse pas vraiment de savoir qui peut posséder qui, qui peut faire quoi à qui et s'en tirer indemne, même s'il y a eu mort. Il se peut qu'il ne s'agisse pas de savoir qui a le droit de s'asseoir et qui doit être à genoux, ou debout, ou couchée, jambes écartées et ouvertes. Peut-être s'agit-il de savoir qui peut faire quoi à qui, et être pardonné. N'allez pas me dire que cela revient au même.

Je voudrais que vous m'embrassiez, dit le Commandant.

Oh, bien sûr, il s'est passé quelque chose avant cela. Une telle requête ne tombe jamais du ciel.

J'ai fini par m'endormir, et j'ai rêvé que je portais des boucles d'oreilles, et que l'une d'elles était cassée ; rien de plus, juste le cerveau qui feuillette ses vieilles archives, j'ai été éveillée par Cora, avec le plateau du dîner, et le temps a repris son cours.

« C'est un bon bébé ? » demande Cora en déposant le plateau. Elle doit déjà être au courant, il y a une espèce de téléphone arabe, les nouvelles circulent de maison à maison ; mais cela lui fait plaisir d'en entendre parler, comme si mes paroles rendaient l'événement plus réel.

« Parfait. À garder. Une fille. »

Cora me sourit, un sourire de rapprochement ; ce sont les moments où elle doit avoir l'impression que ce qu'elle fait en vaut la peine.

« C'est tant mieux », dit-elle. Sa voix est presque nostalgique, et je pense, bien sûr : elle aurait aimé être là. C'est comme une fête à laquelle elle n'a pas pu assister.

« Peut-être qu'on en aura un, bientôt », dit-elle timidement. Par *on*, c'est moi qu'elle entend. Il m'appartient de payer l'équipe de retour, de justifier ma nourriture et mon entretien, comme une reine fourmi avec ses œufs. Il se peut que Rita me juge mal, mais pas Cora. Elle compte sur moi. Elle espère, et je suis le véhicule de son espoir. Son espoir est des plus simples. Elle veut un Jour de Naissance, ici, avec invités, nourriture et cadeaux, elle veut un petit enfant à gâter à la cuisine, pour qui repasser des vêtements, à qui glisser des biscuits quand personne ne regarde. C'est moi qui dois lui procurer ces joies. Je préfère la désapprobation, il me semble la mériter davantage. Le dîner est un ragoût de bœuf. J'ai quelque peine à le finir, parce qu'au milieu de mon repas je me rappelle ce que cette journée avait complètement gommé de mon esprit. Ce que l'on dit est vrai, donner naissance ou assister à une naissance provoque un état de transe, on perd le fil du reste de sa vie, on ne se concentre que sur cet unique instant. Mais maintenant cela me revient et je sais que je ne suis pas prête.

L'horloge du vestibule d'en bas sonne neuf heures. Je me colle les mains le long des cuisses, prends mon souffle, me mets en route, parcours le couloir et descends l'escalier sans bruit. Il se peut quc Serena Joy soit encore dans la maison où la Naissance a eu lieu ; c'est une chance, il ne pouvait pas le prévoir. Ces jours-là, les Épouses s'attardent des heures durant, à aider à déballer les cadeaux, à cancaner, à se saouler. Il leur faut faire quelque chose pour dissiper leur jalousie. Je suis le corridor d'en bas, dépasse la porte qui mène à la cuisine, arrive à la suivante, la sienne. Je suis plantée derrière cette porte avec les sentiments d'un enfant qui a été convoqué, à l'école, dans le bureau du directeur. Qu'ai-je fait de mal ?

Ma présence ici est illégale. Il nous est interdit de nous trouver en tête à tête avec les Commandants. Notre fonction est la reproduction ; nous ne sommes pas des concubines, des geishas ni des courtisanes. Au contraire : tout a été fait pour nous éliminer de ces catégories. Rien en nous ne doit séduire, aucune latitude n'est autorisée pour que fleurissent des désirs secrets, nulle faveur particulière ne doit être extorquée par des cajoleries, ni de part ni d'autre ; l'amour ne doit trouver aucune prise. Nous sommes des utérus à deux pattes, un point c'est tout : vases sacrés, calices ambulants.

Alors pourquoi veut-il me voir, de nuit, seule ?

Si je me fais prendre, c'est à la tendre merci de Serena que je serai livrée. Il n'est pas censé se mêler de ces questions de discipline ménagère, c'est là affaire de femmes. Ensuite, reclassement. Je pourrai devenir une Antifemme.

Mais refuser de le voir pourrait être pire. Il n'y a aucun doute sur la question de savoir qui détient le véritable pouvoir.

Il doit désirer quelque chose, de moi. Désirer, c'est avoir une faiblesse. C'est cette faiblesse, quelle qu'elle soit, qui m'attire. C'est comme une petite fissure dans un mur, jusqu'alors impénétrable. Si j'y colle mon œil, à cette seule faiblesse, je pourrai peut-être y voir plus clair.

Je veux savoir ce qu'il désire.

Je lève la main, frappe à la porte de cette chambre interdite où je ne suis jamais entrée, où les femmes ne pénètrent pas. Même Serena Joy n'y vient pas, et le ménage est fait par les Gardiens. Quels secrets, quels totems mâles y sont-ils détenus ?

On me dit d'entrer. J'ouvre la porte, la franchis.

Ce qu'il y a de l'autre côté est la vie normale. Je devrais dire, ce qu'il y a de l'autre côté ressemble à la vie normale. Il y a un bureau, avec bien sûr un Ordinaphone dessus et un fauteuil en cuir noir derrière. Il y a une plante verte sur le bureau, un porte-stylo, des papiers. Il y a un tapis d'Orient par terre, et une cheminée sans feu dedans. Il y a un petit canapé recouvert de peluche marron, un poste de télévision, une table d'angle, deux chaises.

Mais tout autour des murs il y a des rayonnages. Ils sont bourrés de livres. Des livres et des livres et encore des livres, bien en vue, pas de serrures, pas de caisses. Rien d'étonnant que nous n'ayons pas le droit de venir ici. C'est une oasis de l'interdit. J'essaie de ne pas regarder avec trop d'insistance.

Le Commandant est debout devant la cheminée sans feu, le dos au foyer, un coude appuyé sur la tablette de bois sculpté, l'autre main dans la poche. C'est une attitude extrêmement étudiée, à la châtelain de village, inspirée d'une vieille illustration de revue masculine de luxe. Il a probablement décidé à l'avance qu'il prendrait cette pose au moment où j'entrerais. Quand j'ai frappé il s'est probablement précipité à la cheminée pour se mettre en place. Il lui faudrait un bandeau noir sur un œil et un foulard décoré de fers à cheval.

Je me félicite de penser tout cela, allegro staccato, dans un trémoussement du cerveau. Une raillerie interne. Mais c'est la panique. En réalité je suis terrorisée.

Je ne souffle mot.

« Fermez la porte derrière vous », dit-il, assez aimablement.

Je m'exécute, et reviens.

« Bonjour », dit-il.

C'est l'ancienne forme de salut. Je ne l'ai pas entendue depuis longtemps, des années. Dans la situation présente cela paraît déplacé, voire comique, un petit tour de vol en arrière dans le temps, une acrobatie. Je ne trouve rien d'adéquat à répondre.

Je crois que je vais pleurer.

Il a dû s'en rendre compte, parce qu'il me regarde, intrigué, fronce légèrement le sourcil, ce que je préfère interpréter comme une marque d'intérêt, quoi qu'il puisse s'agir simplement d'irritation. « Tenez, dit-il. Vous pouvez vous asseoir. » Il m'avance une chaise, la place devant son bureau. Puis il fait le tour de ce dernier et s'assied, lentement, et, me semble-t-il, laborieusement. Ce geste me laisse entendre qu'il ne m'a pas fait venir pour me toucher d'aucune façon, contre mon gré. Il sourit. Ce sourire n'est ni menaçant ni rapace. C'est simplement un sourire, amical mais un peu distant ; comme si j'étais un chaton dans une vitrine. Un chaton qu'il regarderait, sans la moindre intention de l'acheter.

Je me tiens droite sur ma chaise, les mains croisées sur les genoux. J'ai l'impression que mes pieds dans leurs souliers rouges plats ne touchent pas tout à fait terre. Mais bien sûr c'est faux.

« Vous devez trouver ceci étrange », dit-il.

Je me borne à le regarder. Tu parles, Charles, c'est une expression de ma mère. C'était.

Je me sens comme de la barbe à papa : faite de sucre et d'air. Si l'on me serrait je me transformerais en un petit tas humide et souffreteux, rosâtre, larmoyant.

« J'imagine que c'est un peu étrange », dit-il, comme si j'avais répondu.

Je pense que je devrais porter un chapeau, attaché sous le menton par un ruban.

« Je veux… », dit-il.

J'essaie de ne pas me pencher en avant. Oui ? Oui, oui ? Quoi donc ? Que veut-il ? Mais je ne vais pas la trahir, cette impatience que j'éprouve. C'est une séance de négociations, des choses sont sur le point d'être échangées. Celle qui n'hésite pas est perdue. Je ne donne rien pour rien : je vends.

« Je voudrais…, reprend-il. Cela va vous paraître stupide. » Et il a vraiment l'air gêné, *désarmé* était le terme qui désignait l'air que prenaient les hommes, autrefois. Il est assez vieux pour se rappeler comment se donner cet air-là, et se rappeler aussi que les femmes le trouvaient attendrissant, jadis. Les jeunes ne connaissent pas ces trucs-là. Ils n'ont jamais eu à s'en servir.

J'aimerais que vous fassiez une partie de Scrabble avec moi, dit-il.

Je me tiens raide comme un piquet. Je garde un visage immobile. Voilà donc ce que renferme la chambre interdite ! un Scrabble ! j'ai envie de rire, de hurler de rire, de tomber de ma chaise. C'était jadis un jeu de vieilles dames, de vieux messieurs, pour l'été, ou les maisons de retraite, le recours des moments où il n'y avait rien à voir à la télévision, ou un jeu d'adolescents, jadis, il y a fort longtemps. Ma mère en possédait un, rangé au fond du placard du couloir, avec les décorations d'arbre de Noël dans leur boîte en carton. Elle a essayé de m'y intéresser une fois, quand j'avais treize ans, et que j'étais malheureuse et désœuvrée.

Maintenant bien sûr c'est une autre chose. Maintenant c'est interdit, pour nous. Maintenant, c'est dangereux. Maintenant c'est indécent. Maintenant, c'est quelque chose qu'il ne peut pas faire avec son Épouse. Maintenant c'est désirable. Maintenant il s'est compromis. C'est comme s'il m'avait offert des stupéfiants.

« Très bien », dis-je, feignant l'indifférence. En fait, je peux à peine parler.

Il ne dit pas pourquoi il a envie de jouer au Scrabble avec moi. Je ne lui pose pas la question. Il tire une boîte de l'un des tiroirs de son bureau, l'ouvre. Voici les jetons de bois plastifiés de mes souvenirs, le carton divisé en carrés, les petits supports pour poser les lettres. Il renverse les jetons sur son bureau et commence à les retourner. Un moment plus tard, je m'y mets à mon tour.

« Vous savez jouer ? » me demande-t-il.

Je fais signe que oui.

Nous faisons deux parties. J'épelle, *larynx, valence, coing, zygote*. Je manipule les jetons luisants, aux bords lisses, je tripote les lettres. Cette sensation est voluptueuse. C'est la liberté, un aperçu de liberté. J'épelle *Flasque, Gorge*. Quel luxe ! Les jetons sont comme des bonbons, à la menthe, aussi frais qu'elle. Ça s'appelait des bêtises de Cambrai. Je voudrais les mettre dans ma bouche. Ils auraient un goût de citron vert. La lettre c ; croquante, légèrement acide sur la langue, délicieuse.

Je gagne la première partie, je le laisse gagner la seconde. Je n'ai toujours pas découvert quelles sont les conditions, ce que je pourrais demander, en échange.

Enfin il me dit qu'il est temps de rentrer chez moi. Ce sont les termes qu'il utilise : *rentrer chez moi*. Il veut dire dans ma chambre. Il me demande si je ne crains rien, comme si l'escalier était une rue sombre ; je dis que non. Nous ouvrons la porte de son bureau, juste un petit creux, et épions les bruits dans le couloir.

C'est comme un rendez-vous galant. C'est comme se faufiler dans le dortoir après l'heure permise.

C'est une conspiration.

« Merci, dit-il, pour la partie. Puis il dit : Je veux que vous m'embrassiez. »

Je me demande comment je pourrais démonter l'arrière des W.-C., ceux de ma propre salle de bains, un soir de bain, vite et sans bruit pour que Cora, assise à l'extérieur, ne m'entende pas. Je pourrais retirer le levier pointu et le cacher dans ma manche et l'apporter subrepticement dans le bureau du Commandant, la prochaine fois, parce que, après pareille requête, il y a toujours une prochaine fois, que l'on dise oui ou non. Je me demande comment je pourrais m'approcher du Commandant, seul ici, pour l'embrasser, lui ôter sa veste, en signe de permission ou d'invite à aller plus loin, en préliminaire à l'amour véritable, l'enserrer de mes bras, tirer le levier de ma manche et lui enfoncer brusquement le bout pointu dans le corps, entre les côtes. Je pense au sang qui jaillirait de lui, chaud comme de la soupe, charnel, sur mes mains.

En fait, je ne pense à rien de tel. Je l'ai seulement rajouté après coup ; peut-être aurais-je dû y penser, sur le moment, mais je ne l'ai pas fait. Comme je l'ai dit, ceci est une reconstitution.

Je réponds : « D'accord. » Je vais vers lui et pose mes lèvres, serrées, sur les siennes ; je sens l'odeur d'après-rasage, celle de toujours, le relent d'antimite que je connais bien. Mais c'est comme s'il était quelqu'un que je viens de rencontrer.

Il s'écarte, baisse les yeux sur moi. Encore ce sourire, le sourire désarmé. Quelle candeur. « Pas comme cela, dit-il. Comme si vous m'embrassiez pour de vrai. »

Il était tellement triste.

Cela aussi est une reconstitution.

IX. Nuit

24.

À pas de loup, je parcours le couloir mal éclairé, gravis l'escalier ouaté, et regagne ma chambre. Là, je m'assieds sur la chaise, lumières éteintes, vêtue de ma robe rouge, agrafée et boutonnée. On ne peut penser clairement que tout habillée.

Ce qu'il me faut, c'est une perspective. L'illusion de profondeur, créée par un cadre, la disposition des formes sur une surface plane. La perspective est nécessaire. Autrement il n'y a que deux dimensions. Autrement l'on vit le visage écrasé contre un mur, tout n'est qu'un énorme premier plan, de détails, gros plans, poils, la texture du drap de lit, les molécules du visage, sa propre peau comme une carte, un diagramme de futilité, quadrillé de routes minuscules qui ne mènent nulle part. Autrement l'on vit dans l'instant. Et ce n'est pas là que j'ai envie d'être.

Mais c'est là où je suis, impossible d'y échapper. Le temps est un piège, je suis prise dedans ; je dois oublier mon nom secret, et tout ce qui était avant. Je m'appelle maintenant Defred, et c'est ici que je vis.

Vivre dans le présent, en profiter au maximum, c'est tout ce que nous avons.

Il est temps de faire le point.

J'ai trente-trois ans. J'ai les cheveux bruns. Je mesure un mètre soixante-huit sans chaussures. J'ai du mal à me rappeler de quoi j'avais l'air. J'ai des ovaires viables. Il me reste encore une chance. Mais quelque chose a changé, maintenant, ce soir. La situation s'est modifiée.

Je peux demander quelque chose ; peut-être pas grand-chose, mais quelque chose.

Les hommes sont des machines à copuler, disait Tante Lydia, et pas grand-chose de plus. Ils ne veulent qu'une chose. Vous devez apprendre à les manipuler, pour votre propre bien. À les mener par le bout du nez ; c'est une métaphore. C'est la voix de la nature. C'est le dessein de Dieu. Il en est ainsi.

Tante Lydia ne disait pas vraiment cela, mais c'était implicite dans tous ses propos. Cela planait au-dessus de sa tête comme les devises en lettres d'or au-dessus des saints du haut Moyen Âge. Comme eux, elle était anguleuse et décharnée.

Mais comment introduire là-dedans le Commandant, tel qu'il existe dans son bureau, avec ses jeux de mots, et son désir, de quoi ? d'avoir une partenaire de jeu, d'être embrassé gentiment, comme pour de vrai.

Je sais qu'il me faut le prendre au sérieux, ce désir ; cela pourrait être important, cela pourrait être un passeport, cela pourrait être ma chute. Il me faut en tenir compte, y réfléchir. Mais quoi que je fasse, assise ici dans le noir, avec les projecteurs qui illuminent le rectangle de ma fenêtre, de l'extérieur, à travers les rideaux diaphanes comme une robe de mariée, comme un ectoplasme, l'une de mes mains serrant l'autre, à me balancer légèrement d'avant en arrière quoi que je fasse, cela a quelque chose d'hilarant.

Il voulait que je joue au Scrabble avec lui et que je l'embrasse comme pour de vrai.

C'est l'une des choses les plus bizarres qui me soient arrivées, de tous temps.

Tout est dans le contexte.

Je me rappelle une émission de télévision que j'ai regardée un jour ; une reprise, tournée plusieurs années plus tôt ; je devais avoir sept ou huit ans, j'étais trop jeune pour la comprendre. C'était le genre de programme que ma mère aimait suivre : historique, éducatif. Elle essayait ensuite de me l'expliquer, de me dire que les événements que l'on montrait s'étaient réellement passés, mais pour moi ce n'était qu'une histoire. Je pensais que quelqu'un l'avait fabriquée. Je suppose que tous les enfants pensent la même chose, de toute histoire antérieure à la leur. Si ce n'est qu'une histoire, cela devient moins effrayant.

Cette émission était un documentaire, à propos d'une guerre. On interrogeait des gens et on montrait des extraits de films de l'époque en noir et blanc, et des photos. Je n'en ai pas retenu grand-chose, mais je me souviens de la qualité des images, de la façon dont tout en elles semblait recouvert d'un mélange de soleil et de poussière, et des ombres très noires sous les sourcils des gens et le long de leurs maxillaires.

Les entretiens avec des gens encore vivants étaient en couleurs. Celui dont je me souviens le mieux montrait une femme qui avait été la maîtresse d'un homme qui avait dirigé l'un des camps où l'on mettait les juifs, avant de les tuer. Dans des fours, disait ma mère. Mais il n'y avait pas d'images des fours, si bien que je m'étais fait une idée confuse selon laquelle ces morts avaient lieu dans des cuisines. Il y a quelque chose de particulièrement terrifiant dans cette idée, pour un enfant. Four évoque cuisinier, et cuisiner vient avant manger. Je pensais que ces gens avaient été mangés ; je suppose que d'une certaine manière c'est ce qui leur est arrivé.

D'après ce qu'ils disaient, l'homme s'était montré cruel et brutal. Sa maîtresse – ma mère m'avait expliqué *maîtresse*, elle était contre les mystifications, j'avais un livre avec des images en relief des organes sexuels dès l'âge de quatre ans –, sa maîtresse avait jadis été très belle. Il y avait une photo en noir et blanc d'elle, avec une autre femme, en maillot de bain deux-pièces, chaussures à semelle compensée, et chapeaux Gainsborough de l'époque ; elles arboraient des lunettes de soleil qui leur faisaient des yeux de chat, et étaient assises dans des chaises longues au bord d'une piscine. La piscine était à côté de leur maison, laquelle était voisine des camps avec les fours. La femme disait qu'elle n'avait pas remarqué grand-chose qui lui paraisse insolite. Elle niait connaître l'existence des camps.

À l'époque de l'entretien, quarante ou cinquante ans plus tard, elle se mourait d'emphysème. Elle toussait beaucoup et elle était très mince, presque émaciée, mais elle tirait encore vanité de son allure. (Regarde-moi ça, disait ma mère, mi-désapprobatrice, mi-admirative. Elle continue à tirer vanité de son allure.) Elle était soigneusement maquillée, une épaisse couche de mascara sur les cils, du rouge aux pommettes sur lesquelles la peau était tendue comme un gant de caoutchouc étroitement tiré. Elle portait des perles.

Ce n'était pas un monstre, affirmait-elle. Les gens disaient que c'était un monstre, mais ce n'est pas vrai…

À quoi pouvait-elle bien penser ? À pas grand-chose, j'imagine ; pas dans ces temps-là, pas sur le moment. Elle pensait à comment ne pas penser. Ce n'était pas une époque normale. Elle tirait vanité de sa figure. Elle ne croyait pas qu'il fût un monstre. Il n'était pas un monstre à ses yeux ; probablement avait-il quelque trait attachant : il sifflait, faux, sous la douche, il avait une passion pour les truffes, il appelait son chien Liebchen et le faisait se mettre sur son séant pour obtenir de petits morceaux de viande crue. Comme il est facile d'inventer un caractère humain, pour n'importe qui. Quelle tentation facile. Un grand enfant, devait-elle se dire. Son cœur avait dû fondre, elle repoussait la mèche qui lui tombait sur le front, lui posait un baiser sur l'oreille, et pas seulement pour obtenir quelque chose de lui. L'instinct d'apaiser, de soigner. Là, là, devait-elle dire quand il se réveillait d'un cauchemar. C'est tellement dur pour toi. Elle avait sûrement cru tout cela, car, autrement, comment aurait-elle pu continuer à vivre ? Elle était très banale sous cette beauté. Elle croyait au respect humain, elle était gentille avec la domestique juive, ou assez gentille, plus qu'il n'était nécessaire.

Quelques jours après le tournage de cet entretien, elle s'était suicidée. On le disait, là, à la télévision.

Personne ne lui avait demandé si elle l'avait aimé.

Ce dont je me souviens à présent, plus que du reste, c'est du maquillage.

Je me lève, dans l'obscurité, commence à me déboutonner. Puis j'entends quelque chose à l'intérieur de mon corps. J'ai cassé, quelque chose a craqué, c'est certainement cela. Un bruit monte, sort, par l'endroit fêlé de mon visage, sans avertissement. Je ne pensais ni à ici ni à là-bas, ni à quoi que ce soit. Si je laisse ce bruit se répandre dans l'air ce sera un rire, trop sonore, trop généreux, quelqu'un l'entendra forcément, et puis il y aura des pas précipités et des ordres, et qui sait ? Diagnostic : émotion inadaptée à la situation. L'utérus flottant, croyait-on jadis. L'hystérie. Puis une seringue, un cachet. Cela pourrait être fatal.

Je me colle les deux mains sur la bouche, comme si j'étais sur le point de vomir, tombe à genoux, avec ce rire qui bout comme de la lave dans ma gorge. Je rampe dans l'armoire, remonte les genoux, je vais m'étrangler. Les côtes me font mal à force de me retenir. Je tremble, je gonfle, sismique, volcanique, je vais éclater. Du rouge plein l'armoire, réjouissance rime avec naissance, oh, mourir de rire.

Je l'étouffe dans les plis du manteau qui pend là, serre les paupières d'où filtrent des larmes. J'essaie de me reprendre.

Après un moment cela passe, comme une crise d'épilepsie. Je suis dans le placard. *Nolite te salopardes exterminorum*. Je ne peux pas le voir dans l'obscurité, mais je retrace les minuscules lettres gravées du bout des doigts, comme si c'était un code en braille. Cela résonne dans ma tête maintenant moins comme une prière, plus comme un ordre ; mais ordre de faire quoi ? Sans utilité pour moi de toute façon, hiéroglyphe ancien dont on a perdu la clef. Pourquoi l'a-t-elle écrit, pourquoi s'est-elle donné ce mal ? Ce lieu n'a pas d'issue.

Je m'étends sur le sol, je respire trop vite, puis plus lentement, je régularise mon souffle comme dans les exercices, pour accoucher. Tout ce que j'entends maintenant c'est le bruit de mon propre cœur qui s'ouvre, se ferme, s'ouvre, se ferme, s'ouvre.

X. Parchemins de l'âme

25.

La première chose que j'aie entendue le lendemain matin, ce fut un cri suivi d'un fracas : Cora, qui laissait tomber le plateau du petit déjeuner. Cela m'a réveillée. J'étais toujours à mi-corps dans l'armoire, la tête sur le manteau bouchonné ; j'avais dû le tirer du cintre et m'endormir dessus. Pendant quelques instants, je ne pouvais pas me rappeler où j'étais. Cora était à genoux à côté de moi, je sentais sa main me toucher le dos. Elle a poussé un autre cri, quand j'ai remué.

J'ai dit : Qu'est-ce qui ne va pas ? J'ai roulé sur moi-même, me suis redressée.

Oh ! a-t-elle fait, j'ai pensé…

Elle a pensé quoi ?

… C'était comme…

Les œufs s'étaient brisés par terre, il y avait du jus d'orange et des éclats de verre.

Il faudra que j'en rapporte un autre. Quel gaspillage ! Qu'est-ce que vous faisiez par terre, comme ça ? Elle me tirait, pour me faire me lever, me tenir debout comme il faut sur mes pieds.

Je ne voulais pas lui dire que je ne m'étais pas mise au lit du tout. Il n'y aurait pas moyen d'expliquer cela. Je lui ai dit que j'avais dû m'évanouir. Ce n'était guère mieux, car elle a sauté sur l'occasion.

C'est un des premiers signes, a-t-elle dit, ravie. Ça et vomir. Elle aurait dû savoir que c'était beaucoup trop tôt, mais elle était pleine d'espoir.

J'ai répondu : Non, ce n'est pas cela. J'étais assise sur la chaise, je suis sûre que ce n'est pas cela. J'avais seulement la tête qui tourne. J'étais juste là et tout est devenu noir.

Ça doit être la fatigue, a-t-elle dit, hier, et tout ça. Ça vous vide.

Elle pensait à la Naissance et j'ai acquiescé. J'étais maintenant assise sur la chaise, et elle à genoux par terre, à ramasser les morceaux de verre brisé et d'œuf, à les rassembler sur le plateau. Elle a épongé une partie du jus d'orange avec la serviette en papier.

Il va falloir que j'apporte un chiffon. Ils voudront savoir pourquoi encore des œufs. À moins que vous ne puissiez vous en passer. Elle a levé les yeux vers moi, de biais, d'un air matois et j'ai vu qu'il vaudrait mieux que nous puissions faire semblant l'une et l'autre que j'avais bien pris mon petit déjeuner. Si elle disait qu'elle m'avait trouvée étendue par terre, il y aurait trop de questions. Il lui faudrait de toute façon expliquer le verre cassé ; mais cela mettrait Rita de mauvaise humeur de devoir préparer un deuxième petit déjeuner.

Je m'en passerai. Je n'ai pas tellement faim. C'était une bonne réponse, cela allait avec le vertige. Mais je mangerais volontiers le pain grillé. Je ne voulais pas être entièrement privée de petit déjeuner.

Mais il a été par terre.

Ça m'est égal. Je me suis mise à manger la tranche de pain grillé tandis qu'elle allait à la salle de bains et faisait disparaître dans les W.-C. la poignée d'œuf qui ne pouvait être récupérée. Puis elle est revenue.

Je dirai que j'ai laissé tomber le plateau en sortant, a-t-elle proposé.

Cela m'a fait plaisir de la voir prête à mentir pour moi, même à propos d'une chose aussi minime, même dans son propre intérêt. Cela créait un lien entre nous.

Je lui ai souri. J'ai dit : J'espère que personne ne vous a entendue.

Ça m'a fait un choc, a-t-elle dit, debout sur le seuil de la porte, le plateau entre les mains. D'abord, j'ai cru que c'était juste vos vêtements, comme qui dirait. Puis je me suis dit, qu'est-ce qu'ils font là par terre ? J'ai pensé que peut-être vous vous étiez…

Sauvée ?

… Eh bien, mais… mais c'était bien vous.

J'ai dit : Oui, en effet.

Et c'était bien moi, et elle est sortie avec le plateau, puis elle est revenue avec une serpillière pour le reste du jus d'orange, et Rita, cet après-midi-là, a fait une observation revêche à propos de gens à qui tout tombe des mains. Trop de choses dans la tête, ils ne regardent pas où ils mettent les pieds, a-t-elle grogné, et à partir de là nous avons continué comme si rien ne s'était passé.

C'était en mai. Le printemps est maintenant dépassé. Les tulipes ont eu leur heure de gloire et se meurent, elles laissent tomber leurs pétales un à un, comme des dents. Un jour, je suis tombée sur Serena Joy, agenouillée sur un coussin dans le jardin, sa canne posée dans l'herbe à côté d'elle. Elle était occupée à couper les gousses de graines avec un sécateur. Je l'ai observée à la dérobée, en passant avec mon panier d'oranges et de côtelettes d'agneau. Elle visait, positionnait les lames du sécateur, puis tranchait d'une secousse convulsive de ses mains. Était-ce l'arthrite, qui la gagnait ? ou quelque guerre éclair, un kamikaze, lancé contre les organes génitaux tumescents des fleurs ? Le corps fructifère. Couper les gousses de graines est censé amener le bulbe à emmagasiner de l'énergie.

Sainte Serena, à genoux, faisant pénitence.

Je me divertis souvent ainsi, par de petites plaisanteries méchantes et amères à son égard, mais pas longtemps. Cela ne se fait pas de s'attarder, à observer Serena Joy, par-derrière.

Ce que je convoitais, c'était le sécateur.

Bon. Puis nous avons eu les iris, dressés superbes et dignes sur leurs hautes tiges, comme du verre soufflé, comme de l'eau pastel momentanément gelée en éclaboussures de couleur, bleu pâle, mauve pâle, et les plus sombres, velours et pourpres, oreilles de chats noires au soleil, ombre indigo, et les cœurs de Jeannette, de forme si féminine que c'est surprenant qu'on ne les ait pas arrachés depuis longtemps. Il y a quelque chose de subversif qui se dégage du jardin de Serena, l'impression que des choses enterrées remontent et éclatent, sans paroles, à la lumière, comme pour montrer du doigt, et dire : Tout ce qui est réduit au silence clamera pour être entendu, même en silence. Un jardin à la Tennyson, lourd de senteurs, languide, le retour du mot *pâmoison*. La lumière du soleil se répand sur lui, certes, mais la chaleur monte aussi des fleurs elles-mêmes, on la sent : c'est comme si l'on tenait la main à deux centimètres au-dessus d'un bras, d'une épaule. Le jardin respire dans la chaleur, hume ses propres effluves. Le traverser, ces jours-ci, à l'époque des pivoines, des mignardises et des œillets, me fait tourner la tête.

Le saule a revêtu son plus beau plumage, et n'aide guère, avec ses murmures insinuants *Rendez-vous*, dit-il, *terrasses* ; les sifflantes me remontent l'échine comme un frisson de fièvre. La robe d'été bruisse contre la chair de mes cuisses, l'herbe pousse sous mes pieds, aux coins de mes yeux il y a des mouvements dans les branches : plumes, volettements, trilles, arbre devenant oiseau, métamorphose devenue délire. Les déesses peuvent exister et l'air exsude le désir. Même les briques de la maison s'adoucissent, deviennent tactiles. Si je m'appuyais contre elles elles seraient chaudes et élastiques. C'est surprenant, ce que la frustration peut faire. Est-ce que la vue de ma cheville l'a fait défaillir, hier, au poste de contrôle, quand j'ai fait tomber mon laissez-passer et que j'ai attendu qu'il me le ramasse ? Pas de mouchoir, pas d'éventail, je me sers de ce que j'ai.

L'hiver n'est pas aussi dangereux. J'ai besoin de dureté, de froid, de rigidité ; pas de cette lourdeur, comme si j'étais un melon sur une tige, de cette maturité liquide.

Le Commandant et moi avons conclu un arrangement. Ce n'est pas le premier arrangement de ce genre dans l'histoire, même si la forme qu'il a prise n'est pas la forme habituelle.

Je rends visite au Commandant deux ou trois soirs par semaine, mais seulement quand je reçois le signal ; le signal, c'est Nick. S'il est à lustrer la voiture quand je pars pour les courses, ou à mon retour, et qu'il porte sa casquette de travers, ou pas de casquette, j'y vais. S'il n'est pas là, ou qu'il porte sa casquette d'aplomb, je reste dans ma chambre, comme d'habitude. Les soirs de Cérémonie, bien sûr, rien de ceci ne s'applique.

Le problème, c'est l'Épouse, comme toujours. Après le dîner elle se rend dans leur chambre à coucher, d'où il n'est pas impossible qu'elle m'entende lorsque je me faufile le long du couloir, même si je prends soin de ne faire aucun bruit. Ou elle reste au salon, à tricoter ses éternelles écharpes pour les Anges, à produire de plus en plus de mètres de bonshommes de laine tarabiscotés et inutiles : sa forme de procréation à elle, sans doute. La porte du salon reste en général entrebâillée quand elle y est et je n'ose pas passer devant. Quand j'ai reçu le signal mais ne peux faire le trajet, descendre l'escalier, longer le couloir et passer devant le salon, le Commandant comprend. Il connaît ma situation, mieux que quiconque. Il connaît toutes les règles.

Quelquefois, pourtant, Serena Joy est sortie, en visite auprès d'une autre épouse de Commandant, souffrante ; c'est le seul endroit où il est concevable qu'elle se rende, toute seule, le soir. Elle emporte de la nourriture, une tarte ou une miche de pain fabriquée par Rita ou un pot de gelée confectionnée avec les feuilles de menthe qui poussent dans son jardin. Elles sont souvent malades, ces Épouses de Commandants. Cela ajoute du sel à leurs vies. Quant à nous, les Servantes, et même les Marthas, nous évitons la maladie. Les Marthas ne veulent pas prendre leur retraite, car qui sait où elles iraient. On ne voit plus tellement de vieilles femmes par ici. Quant à nous, toute maladie réelle, tout ce qui traîne, affaiblit, une perte de poids ou d'appétit, la chute des cheveux, une défaillance des glandes, serait fatal. Je me rappelle Cora, au début du printemps, qui était là à tituber malgré la grippe, à se cramponner au chambranle des portes quand elle pensait que personne ne la voyait, à faire attention de ne pas tousser. Un petit rhume, disait-elle, quand Serena lui posait la question.

Serena elle-même s'accorde parfois quelques jours de congé au fond de son lit. Alors c'est elle qui reçoit les visites, les Épouses qui froufroutent en montant l'escalier, caquetantes et joyeuses ; c'est à elle qu'elles apportent les gâteaux et les tartes, la gelée, les bouquets de fleurs de leurs jardins.

Elles prennent des tours. Il existe une espèce de liste, invisible, non dite. Chacune prend soin de ne pas accaparer plus que sa part d'attention.

Les soirs où Serena a prévu de sortir, je suis sûre d'être convoquée.

La première fois, j'étais tout embrouillée. Ses besoins me paraissaient obscurs, et ce que je pouvais en percevoir me semblait ridicule, risible, comme un fétichisme des bottines à lacets.

En plus, j'avais éprouvé une sorte de déception. À quoi m'étais-je attendue, derrière cette porte close, la première fois ? À quelque chose d'inqualifiable, à quatre pattes, peut-être, perversions, fouets, mutilations ? À tout le moins à une manipulation sexuelle mineure, quelque peccadille d'antan dont il serait maintenant privé, interdite par la loi et passible d'une amputation. Mais être invitée à jouer au Scrabble, comme si nous étions un vieux ménage, ou deux enfants, me semblait excentrique à l'extrême, et en même temps une forme de viol. En tant que requête, c'était opaque.

C'est pourquoi, en quittant la pièce, je ne comprenais pas bien ce qu'il désirait, ni pourquoi, ni si je pouvais combler une partie de ce désir. Pour qu'il y ait négociation, les conditions de l'échange doivent être fixées : c'est une chose qu'il n'avait de toute évidence pas faite. Je pensais qu'il jouait peut-être, un numéro de chat et de souris, mais je crois maintenant que ses motivations et ses désirs n'étaient pas clairs, même pour lui. Ils n'avaient pas encore atteint le niveau des mots.

La deuxième soirée a débuté de la même manière que la première. Je suis arrivée à la porte qui était fermée, j'ai frappé, j'ai été invitée à entrer. S'ensuivirent les mêmes deux parties avec les jetons beiges et lisses. *Prolixe, quartz, quadruplex, sylphe, rythme*, tous les vieux trucs avec consonnes que je pouvais imaginer ou me rappeler. Mes efforts pour épeler me donnaient l'impression d'avoir la langue épaisse. C'était comme utiliser un langage que j'avais su un jour, mais que j'avais presque oublié, un langage relatif à des coutumes qui avaient depuis longtemps disparu de ce monde : café au lait à une terrasse, avec une brioche, de l'absinthe dans un grand verre, ou des crevettes dans un cornet de papier ; des choses que j'avais lues autrefois, mais jamais vues. C'était comme essayer de marcher sans béquilles, comme ces scènes toquardes dans les vieux films de télé. *Vous pouvez y arriver. Je sais que vous le pouvez.* C'est ainsi que mon esprit titubait et trébuchait parmi les *r* et les *t* pointus, glissait sur les voyelles ovoïdes comme sur des galets.

Le Commandant se montrait patient quand j'hésitais ou lui demandais l'orthographe exacte d'un mot. Nous pouvons le chercher dans le dictionnaire, disait-il, il disait *nous*. La première fois, je m'en rendis compte, il m'avait laissée gagner.

Ce soir-là je m'attendais à ce que tout soit identique, y compris le baiser d'adieu. Mais quand nous avons terminé la deuxième partie, il s'est calé dans son fauteuil. Il a posé les coudes sur les bras du fauteuil, les bouts des doigts joints, et m'a regardée.

Il a dit : « J'ai un petit cadeau pour vous. »

Il souriait légèrement. Puis il a ouvert le tiroir supérieur de son bureau et en a tiré quelque chose. Il l'a tenu un instant, assez négligemment, entre le pouce et l'index, comme pour décider si oui ou non il allait me le donner. Cela avait beau être à l'envers, de là où j'étais assise, je l'ai reconnu. C'était jadis assez courant.

C'était une revue, apparemment une revue féminine, d'après l'illustration, un mannequin sur papier glacé, cheveux bruns, cou entouré d'un foulard, lèvres maquillées : la mode d'automne. Je croyais que ces revues avaient toutes été détruites, mais il en restait une, dans le bureau privé d'un Commandant, là où l'on se serait attendu le moins à trouver ce genre d'objet. Il a posé les yeux sur le mannequin, qui lui présentait le côté droit ; il continuait à sourire, de son sourire désenchanté. C'était le regard qu'on porterait sur un animal d'une race presque disparue, au zoo.

Les yeux rivés au magazine, qu'il balançait devant moi comme un hameçon, je le voulais. Je le voulais au point que j'en avais mal au bout des doigts. En même temps je considérais cette envie de ma part comme futile et absurde, parce que j'avais fait fort peu de cas de ces revues, naguère. Je les lisais dans la salle d'attente du dentiste, et quelquefois dans l'avion. Je les achetais et les emportais dans des chambres d'hôtel, pour occuper le temps vide pendant lequel j'attendais Luke. Après les avoir feuilletées, je les jetais, car elles étaient jetables à l'infini, et un jour ou deux plus tard j'étais incapable de me rappeler ce qu'elles contenaient.

Pourtant, je m'en souviens maintenant. Ce qu'elles contenaient était une promesse. Elles parlaient de transformations ; elles suggéraient une série infinie de possibilités qui se déployaient comme des reflets renvoyés par deux miroirs placés face à face, et se prolongeaient, un double après l'autre, jusqu'au point de fuite. Elles suggéraient une aventure après l'autre, une garde-robe après l'autre, une amélioration après l'autre, un homme après l'autre. Elles suggéraient le rajeunissement, la souffrance vaincue et transcendée, l'amour éternel. La véritable promesse qu'elles contenaient c'était l'immortalité.

Voilà ce qu'il tenait, sans le savoir. Il a feuilleté les pages. Je me suis sentie me pencher en avant.

C'est une vieille revue, a-t-il dit, une espèce d'objet rare. Des années soixante-dix, je pense. Un *Vogue*. Ceci comme un connaisseur de vins qui laisse tomber un nom. J'ai pensé que vous aimeriez peut-être y jeter un coup d'œil.

Je montrai peu d'empressement ; cela pouvait être une mise à l'épreuve, pour voir jusqu'à quel point j'avais été endoctrinée. J'ai dit : Ce n'est pas autorisé.

Ici, ça l'est, a-t-il dit calmement. Cela me parut juste. Après avoir rompu le tabou principal, pourquoi hésiterais-je devant un autre interdit, mineur. Ou un autre, puis un autre encore ; qui pourrait dire où cela s'arrêterait ? Derrière cette porte, les tabous étaient dissous.

Je lui ai pris la revue des mains, et l'ai retournée dans le bon sens. Elles étaient de retour, les images de mon enfance : hardies, marchant à grandes enjambées, confiantes, les bras ouverts comme pour revendiquer l'espace, jambes écartées, pieds solidement plantés sur le sol. La pose évoquait un peu la Renaissance, mais c'est à des princes que je pensais, et non pas à des jeunes filles coiffées et bouclées. Ces yeux candides, ombrés de maquillage, certes, mais semblables à des yeux de chat prêt à fondre sur une proie.

Pas de défaillance, pas d'attachement chez elles, pas avec ces capes et ces tweeds bourrus, ces bottes qui montaient jusqu'aux genoux. Des pirates, ces femmes, avec leurs sacoches bon genre pour le butin, et leurs dents chevalines, avides.

Je sentais que le Commandant m'observait tandis que je tournais les pages. Je savais que je faisais quelque chose que je n'aurais pas dû faire et qu'il prenait plaisir à me voir le faire. J'aurais dû me sentir mauvaise ; selon les lumières de Tante Lydia, je l'étais. Mais je ne me sentais pas mauvaise ; je me sentais plutôt comme une vieille carte postale edwardienne des bains de mer : *coquine*. Qu'allait-il me donner ensuite ? Un corset ?

Pourquoi gardez-vous ça ? lui ai-je demandé.

Certains d'entre nous, a-t-il répondu, conservent le goût des vieilles choses.

Mais, ai-je dit, elles étaient censées avoir été brûlées. Il y avait des perquisitions dans toutes les maisons, des feux de joie.

Ce qui est dangereux dans les mains des masses, observa-t-il, avec ce qui était peut-être, ou peut-être pas, de l'ironie, ne présente pas de risques pour ceux dont les mobiles sont…

Je terminai : … au-dessus de tout reproche.

Il a acquiescé de la tête, gravement. Impossible de savoir s'il parlait sérieusement ou pas.

J'ai demandé : Mais pourquoi me la montrer ? Puis je me suis sentie stupide. Que pouvait-il dire ? Qu'il s'amusait, à mes dépens ? Car il devait savoir combien c'était douloureux pour moi, de me voir rappeler le temps d'avant.

Je n'étais pas préparée à ce qu'il a répondu. À qui d'autre pourrais-je la montrer ? ; et elle était revenue, cette tristesse.

Je me suis dit : faudrait-il que j'insiste ? Je ne voulais pas le pousser trop loin, trop vite. Je savais qu'il pouvait se passer de moi. Pourtant j'ai dit : Et à votre Épouse ?

Il parut réfléchir. Non, dit-il, elle ne comprendrait pas. De toute façon, elle ne me parle plus guère. Il ne semble pas que nous ayons grand-chose en commun, à présent.

Donc voilà ce que c'était, le mot était dit : sa femme ne le comprenait pas.

Voilà donc pourquoi j'étais là. La même vieille histoire. C'était trop banal pour être vrai.

Le troisième soir je lui ai demandé de la lotion pour les mains. Je ne voulais pas avoir l'air de mendier, mais je voulais obtenir ce que je pouvais.

De la quoi ? a-t-il fait, toujours aussi courtois. Nous étions séparés par le bureau. Il ne me touchait guère, hormis cet unique baiser obligatoire. Pas de pelotage, pas de respiration haletante, rien de cela. Cela aurait été déplacé, pour ainsi dire, à ses yeux comme aux miens.

De la lotion pour les mains. Ou pour le visage. Notre peau devient très sèche. Pour une raison ou une autre, j'ai dit *notre* au lieu de *ma*. J'aurais voulu aussi demander de l'huile de bain, dans ces petits globules colorés qu'on pouvait acheter avant, ils me faisaient tellement penser à quelque chose de magique quand ils étaient là, dans une coupe ronde en verre, dans la salle de bains de ma mère, chez nous. Mais je me suis dit qu'il ne saurait pas de quoi je parlais. De toute façon, on n'en fabriquait probablement plus.

Sèche ? a repris le Commandant. Que faites-vous contre cela ?

Nous nous servons de beurre, quand nous pouvons en avoir. Ou de margarine. Le plus souvent c'est de la margarine.

De beurre ? a-t-il dit, songeur. C'est très astucieux. Du beurre ! Il rit.

Je l'aurais giflé.

Je pense que je pourrai vous en procurer, dit-il, comme cédant au désir d'un enfant pour du chewing-gum. Mais elle risque de sentir l'odeur sur vous.

Je me suis demandé si cette crainte lui venait d'une expérience passée. Passée depuis longtemps : rouge à lèvres sur le col, parfum sur les poignets de chemise, une scène, tard le soir, dans une cuisine ou une chambre à coucher. Un homme dénué de ce genre d'expérience ne penserait pas à cela. À moins qu'il ne soit plus roublard qu'il n'en a l'air.

J'ai dit : Je ferai attention. D'ailleurs elle n'est jamais si près de moi que cela.

Quelquefois, si, a-t-il dit.

J'ai baissé les yeux. J'avais oublié cela. Je me suis sentie rougir. Je ne m'en servirai pas ces soirs-là.

Le quatrième soir, il m'a donné la lotion pour les mains, dans un flacon de plastique sans étiquette. Elle n'était pas de très bonne qualité. Elle fleurait légèrement l'huile végétale. Pas de Muguet Sauvage pour moi. C'était peut-être ce qu'ils produisaient pour les hôpitaux, pour soigner les escarres. Mais je l'ai remercié quand même.

Mais le problème, c'est que je n'ai nulle part où la garder.

Dans votre chambre, a-t-il répondu, comme si c'était évident.

On la trouverait. Quelqu'un la trouverait.

Pourquoi ? a-t-il demandé, comme s'il n'était vraiment pas au courant. Peut-être ne l'était-il pas. Ce n'était pas la première fois qu'il donnait des preuves d'être vraiment dans l'ignorance des véritables conditions dans lesquelles nous vivions.

Elles cherchent. Elles fouillent toutes nos chambres.

Que cherchent-elles ?

Je crois qu'alors j'ai un peu perdu mon sang-froid. J'ai dit : Des lames de rasoir. Des limes, des lettres, des produits de marché noir. Tous les trucs que nous ne sommes pas censées avoir. Bon Dieu, vous devriez le savoir. Mon ton était plus irrité que je ne l'avais voulu mais il ne sourcilla même pas.

Il a dit : Alors il vous faudra la laisser ici.

C'est donc ce que j'ai fait.

Il m'observait m'en enduire les mains, puis le visage, avec le même air de regarder à travers des barreaux. J'avais envie de lui tourner le dos, comme s'il avait été dans les toilettes en même temps que moi, mais je n'osais pas.

Pour lui, il faut que je m'en souvienne, je ne suis qu'un caprice.

26.

Quand le soir de la Cérémonie revint, deux ou trois semaines plus tard, je constatai que quelque chose avait changé. Il y avait maintenant un malaise, qui n'existait pas auparavant. Avant, je considérais cela comme une tâche, une tâche désagréable à exécuter aussi rapidement que possible afin d'en être débarrassée. Aguerris-toi, me disait ma mère, avant des examens que je n'avais pas envie de passer, ou des baignades dans l'eau froide. Je n'avais jamais beaucoup réfléchi à l'époque à ce que signifiait cette expression, mais cela évoquait du métal, une cuirasse, et c'est ce que j'allais faire, m'aguerrir. Je ferais semblant de ne pas être présente, pas en chair et en os.

Cet état d'absence, d'existence séparée du corps, avait été ressenti également par le Commandant, je le sais maintenant ; probablement pensait-il à autre chose tout le temps qu'il était avec moi ; avec nous, car, bien sûr, Serena Joy était présente ces soirs-là. Il pensait peut-être à ce qu'il avait fait pendant la journée, ou à une partie de golf, ou à ce qu'il avait mangé au dîner. L'acte sexuel, quoiqu'il l'exécutât comme une machine, était probablement en grande partie inconscient pour lui, comme se gratter.

Mais ce soir-là, le premier depuis l'entrée en vigueur de cette espèce d'arrangement nouveau entre nous – je n'avais pas de terme pour le désigner –, il m'intimidait. Je sentais, en particulier, qu'il me regardait vraiment et je n'aimais pas cela. La lumière était allumée, comme d'habitude, car Serena Joy évitait systématiquement tout ce qui aurait pu créer un soupçon d'atmosphère romanesque ou érotique : éclairage vertical, brutal en dépit du baldaquin, c'était comme être sur une table d'opération, sous la lumière crue ; comme être sur une scène ; j'avais conscience d'avoir les jambes poilues, à la manière hirsute de jambes qui ont jadis été rasées, et où les poils ont repoussé. J'avais aussi conscience de mes aisselles, quoique, bien sûr, il ne pût pas les voir. Je me sentais rustaude. Cet acte de copulation, de fertilisation, peut-être, qui ne devait pas signifier davantage pour moi que pour une fleur, une abeille, était devenu inconvenant, un manque de savoir-vivre gênant, ce qui n'était pas le cas auparavant.

Il n'était plus pour moi un objet. Là était le problème. J'en ai pris conscience ce soir-là et cette conscience ne m'a plus quittée. Cela complique.

Serena Joy aussi avait changé pour moi. Avant, je me bornais à la haïr, à cause du rôle qu'elle jouait dans ce que j'avais à subir ; et parce qu'elle me haïssait aussi et que ma présence lui déplaisait et parce que ce serait elle qui élèverait mon enfant, à supposer que je sois capable d'en avoir un. Mais maintenant, tout en continuant à la haïr, et jamais autant que lorsqu'elle m'étreignait les mains si fort que ses bagues me mordaient la chair, et me tirait les bras en arrière, ce qu'elle faisait sûrement exprès pour me mettre dans une position aussi inconfortable que possible, la haine n'était plus pure et simple ; j'étais un peu jalouse d'elle ; mais comment pouvais-je être jalouse d'une femme aussi manifestement desséchée et malheureuse ? On ne peut jalouser quelqu'un que s'il possède une chose dont on pense qu'on devrait l'avoir soi-même. Et pourtant j'étais jalouse.

Mais je me sentais aussi coupable envers elle ; j'avais l'impression d'être une intruse, sur un territoire qui aurait dû être le sien. Maintenant que je voyais le Commandant en cachette, même si ce n'était que pour jouer à ses jeux et l'écouter parler, nos fonctions n'étaient plus aussi distinctes qu'elles auraient dû l'être en théorie ; je lui retirais quelque chose, même si elle ne le savait pas. Je chapardais. Peu importe qu'il s'agisse d'une chose dont apparemment elle ne voulait pas, pour laquelle elle n'avait pas d'usage, qu'elle avait même rejetée, elle lui appartenait pourtant, et si je le lui prenais, ce mystérieux quelque chose que je ne pouvais pas vraiment définir, puisque le Commandant n'était pas amoureux de moi – je me refusais à croire qu'il pût éprouver à mon égard un sentiment aussi extrême –, que lui resterait-il, à elle ?

Je me disais : qu'est-ce que cela peut me faire ? Elle ne m'est rien, elle me déteste, elle me chasserait de la maison sur l'heure, ou ferait pire, si elle pouvait imaginer le moindre prétexte. Si elle découvrait la chose, par exemple. Il ne pourrait pas intervenir, pour me sauver, les transgressions commises par les femmes de la maison, qu'il s'agisse d'une Martha ou d'une Servante, sont censées relever de la juridiction des seules Épouses. C'était une femme malveillante et vindicative, je le savais. Et pourtant je ne pouvais m'en défaire, de ce petit scrupule à son égard.

Et aussi : j'ai maintenant un pouvoir sur elle, d'un certain ordre, même si c'est à son insu. Et cela me faisait plaisir. Pourquoi feindre. Cela me faisait énormément plaisir.

Mais le Commandant pouvait me trahir si facilement, par un regard, un geste, un minuscule faux pas qui trahirait qu'il existait maintenant quelque chose entre nous. Il a failli le faire le soir de la Cérémonie. Il a levé la main comme pour me toucher le visage. J'ai détourné la tête, pour l'avertir de n'en rien faire, tout en espérant que Serena Joy n'avait pas remarqué. Il a retiré sa main ; s'est retiré en lui-même et a repris son voyage obstiné.

Ne faites plus jamais cela, lui ai-je dit la première fois où nous nous sommes retrouvés seuls.

Faire quoi ? a-t-il demandé.

Essayer de me toucher ainsi quand nous… quand elle est là.

J'ai fait cela ?

Vous pourriez me faire transférer. Aux Colonies. Vous le savez. Ou pis encore. Je pensais qu'il devait continuer à se comporter, en public, comme si j'étais un grand vase, ou une fenêtre, un élément du décor, inanimée, ou transparente.

Je suis désolé, a-t-il dit. Je ne l'ai pas fait exprès. Mais je trouve cela…

Comme il ne poursuivait pas, j'ai demandé : Quoi ?

... Impersonnel.

J'ai dit : Combien de temps vous a-t-il fallu pour découvrir cela ? On voit bien, à la manière dont je lui parlais, que nos rapports étaient déjà différents.

Pour les générations qui viendront plus tard, disait Tante Lydia, ce sera tellement mieux. Les femmes vivront ensemble en harmonie, elles formeront une seule famille : vous serez comme leurs filles, et quand le niveau de la population sera rééquilibré, nous n'aurons plus à vous transférer d'une maison à l'autre parce que tout le monde pourra être servi. Il peut se créer des liens d'affection véritable, disait-elle en battant des paupières de manière engageante, dans de telles conditions. Les femmes unies dans un but commun ! À s'aider l'une l'autre dans les corvées quotidiennes, tout en cheminant ensemble sur le sentier de la vie, chacune exécutant la tâche qui lui incombe. Pourquoi s'attendre à ce qu'une seule femme remplisse tous les rôles nécessaires au fonctionnement serein d'une maison ? Ce n'est ni raisonnable ni humain. Vos filles jouiront d'une plus grande liberté. Nous œuvrons pour que chacune, chacune d'entre vous possède son petit jardin, et – encore, les mains jointes, la voix haletante – et ce n'est qu'un exemple. Le doigt levé, brandi devant nous. Mais nous ne pouvons tout de même pas être des porcs avides et trop exiger avant l'heure, n'est-ce pas ?

Le fait est que je suis sa maîtresse. Les hommes haut placés ont toujours eu des maîtresses, pourquoi en irait-il autrement maintenant ? Les arrangements ne sont pas tout à fait les mêmes, d'accord : les maîtresses vivaient de leur côté, dans une petite maison ou un appartement, et maintenant ils ont amalgamé le tout. Mais au fond c'est la même chose. Plus ou moins. On les appelait *les femmes d'extérieur* dans certains pays ; je suis une femme d'extérieur. Mon rôle est de fournir ce qui manque par ailleurs. Même le Scrabble. C'est une position absurde et ignominieuse à la fois.

Quelquefois je me dis qu'elle sait. Quelquefois je crois qu'ils sont de connivence ; quelquefois je pense qu'elle l'a encouragé, et à présent se moque de moi, comme je me moque parfois, et avec ironie, de moi-même. Elle peut se dire « À elle de s'en charger ». Peut-être s'est-elle éloignée de lui, presque complètement, peut-être est-ce là sa version de la liberté.

Mais pourtant, et c'est assez stupide, je suis plus heureuse qu'avant. D'abord, c'est une occupation, quelque chose pour combler le temps, le soir, au lieu de rester seule dans ma chambre, c'est quelque chose d'autre à quoi penser. Je n'ai pas d'amour pour le Commandant, ni rien d'approchant, mais il m'intéresse, il occupe l'espace, il est plus qu'une ombre.

Et réciproquement. Pour lui je ne suis plus simplement un corps utilisable. Pour lui je ne suis pas juste un navire sans cargaison, un calice sans vin dedans, un four – pour être grossière – sans biscuit. Pour lui je ne suis plus simplement vide.

27.

Je chemine avec Deglen le long de la rue estivale. Il fait chaud, humide ; cela aurait été du temps à robe bain de soleil et sandales, autrefois. Dans nos deux paniers il y a des fraises, – c'est maintenant la saison des fraises, alors nous en mangerons et remangerons jusqu'à en être écœurées –, et du poisson préemballé. Nous avons acheté le poisson à la Boulangerie-Poissonnerie, avec son enseigne en bois, un poisson souriant, et qui a des cils. Mais ils ne vendent pas de pain. La plupart des ménages font leur pain eux-mêmes, mais on peut trouver des petits pains desséchés et des beignets ratatinés au Pain Quotidien, si l'on vient à en manquer. La Boulangerie-Poissonnerie n'est presque jamais ouverte. Pourquoi se donner la peine d'ouvrir alors qu'il n'y a rien à vendre ? La pêche en mer est défunte depuis plusieurs années ; les quelques poissons que l'on trouve maintenant viennent d'élevages et ont un goût de boue. D'après les informations, les régions côtières sont « mises au repos ». Les soles, je m'en souviens, et le haddock, l'espadon, les coquilles Saint-Jacques, le thon, les homards, farcis et grillés, le saumon, rose et gras, en darnes grillées, auraient-ils tous disparu, comme les baleines ? J'ai eu vent de cette rumeur, répercutée en mots silencieux, lèvres remuant à peine, tandis que nous faisions la queue dehors en attendant l'ouverture du magasin, alléchées par l'image, en vitrine, de succulents filets blancs. Ils mettent la photo en vitrine quand ils ont quelque chose à vendre, la retirent quand ils n'ont rien. Langage des signes.

Deglen et moi marchons lentement aujourd'hui ; nous avons chaud dans nos longues robes, nous sommes mouillées sous les bras, lasses. Au moins, par cette chaleur, nous ne portons pas de gants. Il y avait un marchand de glaces, quelque part dans ce pâté de maisons ; je ne me souviens pas de son nom. Les choses peuvent changer si vite, des bâtiments peuvent être démolis ou transformés en autre chose, il est difficile de les garder fidèlement en mémoire tels qu'ils étaient. On pouvait avoir deux boules de glace, et si on voulait ils mettaient dessus des grains de chocolat. Ces grains avaient un prénom d'homme. Des Johnnies ? Des Jackies ? Je ne m'en souviens plus.

Nous allions là quand elle était petite et je la soulevais pour qu'elle puisse voir à travers la plaque de verre du comptoir les bacs de glace, aux couleurs si délicates, orange pâle, vert pâle, rose pâle, et je lui lisais les noms des parfums pour qu'elle fasse son choix. Elle ne choisissait pas en fonction du nom, mais de la couleur. Ses robes et ses salopettes avaient aussi les mêmes couleurs. Pastels de crème glacée.

Des Jimmies, voilà comment cela s'appelait.

Deglen et moi sommes plus à l'aise ensemble, maintenant, nous sommes habituées l'une à l'autre. Des jumelles siamoises. Nous ne nous encombrons plus guère de formalités lorsque nous nous saluons ; nous sourions et nous nous mettons en route, en tandem, parcourons doucement notre trajet quotidien. De temps en temps nous changeons d'itinéraire ; rien ne l'interdit, pourvu que nous restions à l'intérieur des barrières. Un rat dans un labyrinthe est libre d'aller où il veut, à condition qu'il reste dans le labyrinthe.

Nous sommes déjà allées dans les boutiques et à l'église. Maintenant nous sommes au Mur. Il n'y a rien dessus aujourd'hui, ils ne laissent pas les corps pendus aussi longtemps l'été que l'hiver, à cause des mouches et de l'odeur. Ce pays était jadis celui des atomiseurs d'atmosphère, Pin et Floréal, et les gens en conservent le goût, surtout les Commandants, qui prêchent la pureté en toutes choses.

« Tu as tout ce qui était sur ta liste ? » me demande Deglen, alors qu'elle sait bien que j'ai tout. Nos listes ne sont jamais longues. Elle s'est un peu départie de sa passivité, ces derniers temps, de sa mélancolie. Souvent c'est elle qui m'adresse la parole la première.

Je réponds : « Oui. »

« Faisons le tour », propose-t-elle. Elle veut dire par en bas, par la rivière. Cela fait un moment que nous ne sommes pas allées par là.

« D'accord. » Je ne fais pas demi-tour tout de suite, pourtant, mais reste plantée là où je suis à regarder une dernière fois le Mur. Il y a les briques rouges, il y a les projecteurs, il y a les barbelés, il y a les crochets. En un sens le Mur est encore plus sinistre quand il est vide, comme aujourd'hui. Quand quelqu'un y est pendu, au moins on est informé du pire. Mais, désert, il est latent comme un orage qui menace. Quand je vois les corps, les corps réels, quand je peux deviner d'après leur taille et leur forme qu'aucun d'eux n'est Luke, je peux aussi croire qu'il est toujours en vie.

Je ne sais pas pourquoi je m'attends à le voir apparaître sur le Mur. Il y a des centaines d'autres endroits où ils pourraient l'avoir tué. Mais je ne peux pas me défaire de l'idée qu'il est là-dedans, maintenant, derrière les briques rouges sans expression.

J'essaie d'imaginer dans quel bâtiment il se trouve. Je me rappelle comment les bâtiments sont disposés à l'intérieur du Mur ; nous pouvions nous y promener librement, autrefois, quand c'était une université. Nous y allons encore de temps à autre pour les Rédemptions de femmes. La plupart des bâtiments sont aussi en briques rouges. Certains ont des portes voûtées, influence romane, du XIXe siècle. Nous n'avons plus le droit de pénétrer dans les bâtiments, mais qui voudrait y entrer ? Ces bâtiments appartiennent aux Yeux. Peut-être est-il dans la bibliothèque, quelque part dans les caves. Les archives.

La Bibliothèque est comme un temple. Il y a une longue volée de marches blanches, qui conduisent à une série de portes. Puis, à l'intérieur, un autre escalier qui monte encore. De part et d'autre, sur le mur, il y a des anges. Il y a aussi des hommes qui combattent ou qui se préparent à la bataille ; ils sont propres et nobles et non pas sales, souillés de sang et malodorants comme ils l'étaient sûrement. La Victoire est d'un côté de l'encadrement de la porte, elle les entraîne, et la Mort est de l'autre côté. C'est une fresque en l'honneur d'une guerre. Les hommes du côté de la Mort sont encore vivants. Ils vont au Paradis. La Mort est une belle femme avec des ailes et un sein presque nu. Ou est-ce la Victoire ? je ne m'en souviens plus.

Ils n'ont sûrement pas détruit cela.

Nous tournons le dos au Mur, partons vers la gauche. Ici il y a plusieurs devantures vides, les vitrines barbouillées de savon. J'essaie de me rappeler ce que l'on y vendait jadis. Des cosmétiques ? Des bijoux ? La plupart des boutiques qui proposent des articles pour hommes sont encore ouvertes ; c'est seulement celles qui faisaient le commerce de ce que l'on appelait des frivolités qui ont été fermées. Au coin, il y a le magasin connu sous le nom de Parchemins de l'Âme. C'est une succursale. Il y a des Parchemins de l'Âme au centre de chaque ville, dans chaque banlieue ; du moins, c'est ce que l'on dit. Cela doit être une affaire très rentable.

La vitrine de Parchemins de l'Âme est en verre incassable. Derrière la vitre on voit des machines à imprimer, des rangées et des rangées de machines ; elles sont connues sous le nom de Saints Rouleaux, mais seulement entre nous car c'est un sobriquet irrévérencieux. Ces machines impriment des prières ; rouleau après rouleau, des prières en sortent à l'infini. On les commande par Ordinaphone, j'ai entendu l'Épouse du Commandant le faire. Commander des prières aux Parchemins de l'Âme est réputé être un signe de piété et de fidélité au régime, alors bien sûr les Épouses des Commandants en usent abondamment. C'est bon pour la carrière de leurs maris.

Il y a cinq prières différentes : pour la santé, la richesse, un décès, une naissance, un péché. On choisit celle que l'on veut, on compose le numéro correspondant, puis son propre numéro pour que son compte soit débité, et enfin on marque le nombre de fois que l'on veut faire répéter la prière.

Les machines parlent tout en imprimant les prières ; si l'on veut, on peut entrer et les écouter, voix atones et métalliques qui répètent la même chose interminablement. Une fois les prières imprimées et dites, le papier est réenroulé à travers une autre fente et recyclé en papier vierge. Il n'y a pas d'opérateurs dans le bâtiment : les machines fonctionnent toutes seules. On ne peut pas entendre leurs voix de l'extérieur, seulement un murmure, un bourdonnement, comme une foule dévote, agenouillée. Chaque machine porte un œil peint en doré sur le côté, flanqué de deux petites ailes d'or.

J'essaie de me souvenir de ce que l'on vendait ici quand c'était un magasin, avant que cela ne devienne les Parchemins de l'Âme. Je crois que c'était de la lingerie. Cartons rose et argent, collants de couleurs, soutiens-gorge ornés de dentelle, foulards de soie ? Choses perdues.

Deglen et moi sommes plantées devant les Parchemins de l'Âme, à regarder dans la vitrine en verre incassable, à observer les prières jaillir des machines, puis disparaître par la fente, retourner au royaume du non-dit. Maintenant je déplace mon regard ; ce que je vois n'est plus les machines, mais Deglen, reflétée dans la vitre de la devanture. Ses yeux sont fixés droit sur moi.

Nous pouvons nous regarder dans les yeux. C'est la première fois que je vois le regard de Deglen, direct, ferme, pas de biais. Elle a un visage ovale, rose, dodu mais pas gras, des yeux plutôt ronds.

Elle soutient mon regard dans la vitrine avec sang-froid, résolument. Maintenant il est difficile de détourner les yeux. Cette vision est un choc ; c'est comme voir quelqu'un nu, pour la première fois. Il y a du danger, brusquement, dans l'air qui nous sépare, là où il n'y en avait pas avant. Même cette rencontre de regards comporte un risque. Quoiqu'il n'y ait personne en vue.

Enfin, Deglen parle : « Crois-tu que Dieu écoute ces machines ? » Elle chuchote : notre habitude, au Centre.

Par le passé, cette remarque aurait été assez anodine, une espèce de spéculation érudite. Maintenant c'est une trahison.

Je me cuirasse ; je réponds : « Non. »

Elle laisse filer son souffle, un long soupir de soulagement ; nous avons franchi la ligne invisible ensemble. « Moi non plus », dit-elle.

J'ajoute : « Mais je suppose que c'est une espèce de croyance. Comme les moulins à prières tibétains. »

« Qu'est-ce que c'est », demande-t-elle.

« Je n'en ai vu que dans des livres. C'est le vent qui les faisait tourner. Ils ont tous disparu, maintenant. »

« Comme tout le reste », dit-elle ; c'est seulement maintenant que nous cessons de nous regarder.

Je chuchote : « On ne risque rien, ici ? »

« Je crois que c'est l'endroit le plus sûr. Nous avons l'air de prier, voilà tout. »

« Et les tu-sais-quoi ? »

« Les machins, dit-elle, toujours chuchotant. On est toujours plus en sécurité dehors, pas de micros, et pourquoi en mettraient-ils ici ? Ils pensent que personne n'oserait. Mais nous sommes restées assez longtemps. Il vaut mieux ne pas nous mettre en retard. » Nous tournons les talons ensemble. « Garde la tête baissée, dit-elle, et penche-toi juste un petit peu vers moi. Comme cela je peux mieux t'entendre. Ne parle pas si quelqu'un vient. »

Nous marchons, la tête baissée comme d'habitude. Je suis tellement excitée que je peux à peine respirer, mais je conserve une allure égale. Maintenant plus que jamais, je dois éviter d'attirer l'attention sur moi.

« Je pensais que tu étais une vraie croyante », dit Deglen.

« Je pensais la même chose de toi. »

« Tu étais tellement puante de piété. »

« Toi aussi. » J'ai envie de rire, de crier, de l'embrasser.

« Tu peux te joindre à nous », dit-elle.

« Nous ? » Donc il y a un nous, il y a un pluriel. Je le savais.

« Tu ne pensais pas que j'étais la seule », dit-elle.

Je ne pensais pas cela. Il me vient à l'esprit qu'elle est peut-être une espionne, une moucharde mise en place pour me piéger ; le terrain où nous poussons est ainsi. Mais je ne peux le croire ; l'espoir monte en moi, comme la sève dans un arbre, le sang à une blessure. Quelque chose a commencé entre nous.

Je veux lui demander si elle a vu Moira, si quelqu'un peut découvrir ce qui est arrivé à Luke, à mon enfant, ma mère, même, mais nous n'avons plus beaucoup de temps ; trop vite, nous approchons de l'angle de la rue principale, celle qui précède la première barrière ; il y aura trop de monde.

Deglen me met en garde, mais ce n'est pas nécessaire : « Ne dis pas un mot. À personne. »

« Bien sûr que non. » À qui pourrais-je le dire ?

Nous parcourons la rue principale en silence, dépassons Le Lys, Tout Viandes. Il y a davantage de gens sur les trottoirs cet après-midi que d'habitude : c'est sûrement le beau temps qui les a fait sortir. Des femmes en vert, bleu, rouge, à rayures ; des hommes aussi, certains en uniforme, certains juste en civil ; le soleil est gratuit, il est encore là pour qu'on en jouisse ; pourtant personne ne prend plus de bains de soleil, pas en public.

Il y a aussi davantage de voitures, des Tourbillon avec chauffeurs et passagers installés sur des coussins, des voitures plus modestes conduites par des hommes plus modestes.

Il se passe quelque chose : il y a une agitation, une panique parmi les bancs de voitures ; certaines se rangent au bord du trottoir, comme pour dégager la voie. Je lève les yeux rapidement : c'est un fourgon noir, avec l'œil à ailes blanches sur le côté. La sirène n'est pas branchée mais les autres voitures s'écartent quand même. Il croise lentement au long de la chaussée, comme à la recherche de quelque chose : requin à l'affût.

Je me glace, le froid m'envahit jusqu'aux pieds. Il devait y avoir des microphones, ils nous ont entendues, après tout.

Deglen, par-dessous sa manche, me saisit le coude. « Continue à avancer, souffle-t-elle. Fais semblant de ne rien voir. »

Mais je ne peux m'empêcher de voir. Juste devant nous le fourgon s'arrête. Deux Yeux en uniforme gris bondissent des doubles portes qui s'ouvrent à l'arrière. Ils empoignent un homme qui marchait tranquillement, un homme qui porte une serviette, un homme à l'air ordinaire, lui flanquent le dos contre la paroi noire du fourgon. Il reste là un moment, écartelé contre le métal comme s'il y était collé. Puis l'un des Yeux s'approche de lui, fait un geste rapide et brutal qui le plie en deux, en fait un paquet de chiffons flasque. Ils le ramassent et le hissent à l'arrière du fourgon comme un sac postal ; puis ils sont à l'intérieur, les portes se ferment et le fourgon démarre.

Tout est terminé en quelques secondes, et la circulation reprend son cours, comme si rien ne s'était passé. Ce que j'éprouve, c'est du soulagement. Ce n'était pas moi.

28.

Je n'ai pas envie de faire la sieste cet après-midi, il y a encore trop d'adrénaline. Je suis assise sur le rebord de la fenêtre, à regarder au-dehors à travers la semi-transparence des rideaux. Chemise de nuit blanche. La fenêtre est aussi ouverte qu'elle peut l'être, il y a de la brise, chaude dans le soleil, et le tissu blanc me balaie la figure. De l'extérieur je dois ressembler à un cocon, un spectre, le visage voilé d'un linceul, ne laissant voir que les contours, le nez, la bouche bandée, les yeux aveugles. Mais j'aime cette sensation, le tissu doux qui me caresse la peau. C'est comme si j'étais dans un nuage.

On m'a donné un petit ventilateur électrique, fort utile par cette humidité. Il ronronne par terre, dans le coin, ses pales sont enfermées derrière un grillage. Si j'étais Moira je saurais le démonter, le réduire à ses arêtes tranchantes. Je n'ai pas de tournevis mais si j'étais Moira j'y parviendrais sans tournevis. Je ne suis pas Moira.

Que me dirait-elle, à propos du Commandant, si elle était là ? Elle serait probablement contre. Elle était contre Luke, dans le temps. Ce n'était pas Luke qu'elle critiquait, mais le fait qu'il soit marié. Elle disait que je braconnais sur le territoire d'une autre femme. Je répondais que Luke n'était pas un poisson, ni un tas de saleté, que c'était un être humain et qu'il pouvait prendre ses propres décisions. Elle disait que je rationalisais. Je répondais que j'étais amoureuse. Elle disait que ce n'était pas une excuse. Moira était toujours plus logique que moi.

Je lui disais qu'elle-même n'avait plus ce problème, puisqu'elle avait décidé de préférer les femmes, et qu'à ma connaissance elle n'avait aucun scrupule à les voler ou les emprunter quand elle en avait envie. Elle répondait que ce n'était pas la même chose, parce que le rapport de forces était équilibré entre femmes, de sorte que les relations sexuelles étaient une affaire entre jules. Je disais qu'une « affaire entre jules » était une expression sexiste, si elle voulait aller par là et que de toute façon cet argument était dépassé. Elle répondait que je banalisais le problème et que si je croyais qu'il était dépassé, c'est que je vivais la tête enfoncée dans le sable.

Nous disions tout cela dans ma cuisine, en buvant du café, et en parlant de cette voix basse, intense, que nous adoptions pour ce genre de discussions quand nous avions tout juste vingt ans ; un reste de l'université. La cuisine était dans un appartement délabré d'une maison en planches, près de la rivière, une de ces maisons à trois étages avec un escalier extérieur branlant à l'arrière.

J'occupais le deuxième étage et je bénéficiais donc des bruits du dessus et du dessous, deux maudits tourne-disques stéréo qui résonnaient jusqu'à une heure avancée de la nuit. Des étudiants, je le savais. J'en étais à mon premier boulot, qui n'était guère payé : j'étais opératrice d'ordinateur dans une compagnie d'assurances. C'est pourquoi les hôtels, avec Luke, ne représentaient pas seulement à mes yeux l'amour, ou même les rapports sexuels. Ils représentaient un moment loin des cafards, de l'évier qui gouttait, du linoléum qui s'écaillait par plaques, et même loin de mes propres tentatives d'égayer les lieux en collant des affiches sur le mur et en suspendant des prismes aux fenêtres. J'avais aussi des plantes, mais elles attrapaient toujours des acariens ou mouraient faute d'être arrosées ; je partais avec Luke, et je les négligeais.

J'ai dit qu'il y avait plus d'une façon de vivre la tête dans le sable et que si Moira croyait pouvoir créer l'Utopie en s'enfermant dans une enclave réservée aux femmes, elle se trompait lourdement. Les hommes n'allaient pas tout simplement disparaître. On ne pouvait pas feindre de les ignorer.

C'est comme si tu disais qu'il faut aller attraper la syphilis simplement parce qu'elle existe, a dit Moira.

Est-ce que tu traites Luke de maladie sociale ?

Moira a ri. « Tu nous entends ? Merde ! On dirait ta mère ! »

Alors nous avons ri ensemble et quand elle est partie nous nous sommes embrassées comme d'habitude. Il y a eu un moment où nous ne nous embrassions pas, quand elle m'avait dit qu'elle était lesbienne, puis elle m'a dit que je ne l'excitais pas, ce qui m'a rassurée, et nous avons repris nos habitudes. Nous pouvions nous disputer, nous chamailler et nous traiter de tous les noms, mais cela ne changeait rien au fond. Elle était toujours ma plus vieille amie. Elle l'est.

Après j'ai eu un appartement plus confortable, où j'ai vécu les deux années que cela a pris à Luke pour se décoller. Je le payais de ma poche grâce à mon nouveau job. Je travaillais dans une bibliothèque, pas la grande avec la Mort et la Victoire, une plus petite.

Mon travail consistait à transférer des livres sur des disques d'ordinateur, pour économiser l'espace de rangement et les coûts de remplacement, disait-on. Nous nous appelions des disqueurs. Nous appelions la bibliothèque discothèque, c'était une plaisanterie entre nous. Une fois transférés, les livres étaient censés aller à l'effilocheuse, mais quelquefois je les rapportais à la maison. J'aimais leur toucher, leur aspect.

Luke disait que j'avais une mentalité d'antiquaire. Cela lui plaisait, il aimait lui aussi les vieilles choses.

Cela fait bizarre, maintenant, de penser à avoir un job. *Job*. C'est un drôle de mot. C'est un job d'homme. Fais ton petit job, disait-on aux enfants, quand on leur apprenait à être propres. Ou, parlant d'un chien : il a fait un vilain job sur le tapis. Il fallait alors le frapper avec un journal roulé, disait ma mère. Je me souviens du temps où il y avait des journaux, mais je n'ai jamais eu de chien, seulement des chats.

Le Livre de Job.

Toutes ces femmes qui avaient un job : difficile à imaginer à présent, mais des milliers, des millions de femmes avaient un job. C'était considéré comme une chose normale. Maintenant c'est comme repenser au papier-monnaie, quand il existait encore. Ma mère conservait quelques billets collés dans son album avec les premières photos ; ils étaient déjà périmés, on ne pouvait rien acheter avec. Morceaux de papier, épais, graisseux au toucher, colorés de vert, avec des images des deux côtés, sur une face un vieux monsieur avec une perruque, et sur l'autre une pyramide surmontée d'un œil. C'était écrit : *Notre confiance est en Dieu*. Ma mère disait que certains commerçants mettaient des écriteaux à côté de leur caisse enregistreuse pour plaisanter : *Notre confiance est en Dieu. Tous les autres doivent payer comptant*. Ce serait un blasphème aujourd'hui.

Il fallait emporter ces bouts de papier avec soi quand on allait faire des courses, mais quand j'avais neuf ou dix ans les gens utilisaient des cartes en matière plastique ; pas encore pour l'épicerie, c'est venu plus tard. Cela semble si primitif, totémique même ; comme des cauris, ces coquillages qui servaient de monnaie. J'ai dû utiliser ce genre d'argent moi aussi, un peu, avant que tout ne passe sur l'Ordinabanque.

Je suppose que c'est pour cela qu'ils ont pu le faire, de la manière dont ils l'ont fait, tout d'un coup, sans que personne ne sache rien à l'avance ; s'il y avait encore eu de l'argent liquide, ç'aurait été plus difficile.

C'était après la catastrophe, quand ils ont abattu le Président, mitraillé le Congrès et que les militaires ont déclaré l'état d'urgence. Ils ont rejeté la faute sur les fanatiques islamiques, à l'époque.

Restez calmes, disait la télévision. La situation est entièrement maîtrisée.

J'étais abasourdie. Tout le monde l'était. Je le sais. C'était difficile à croire. Le gouvernement tout entier, disparu comme dans une trappe. Comment sont-ils entrés, comment cela s'est-il passé ? C'est à ce moment-là qu'ils ont suspendu la Constitution. Ils disaient que ce serait temporaire. Il n'y a même pas eu d'émeutes dans la rue. Les gens restaient chez eux le soir, à regarder la télévision, à chercher à s'orienter. Il n'y avait même pas un ennemi sur lequel mettre le doigt.

Attention, m'a dit Moira, au téléphone. Ça y est.

Ça y est, quoi ?

Attends un peu. Ça fait un moment qu'ils sont en train de monter ça. Toi et moi on a le dos au mur, ma belle. Elle citait une expression de ma mère, mais elle n'avait pas l'intention d'être drôle.

Tout s'est maintenu dans cette atmosphère d'animation suspendue pendant plusieurs semaines, quoiqu'il se soit passé un certain nombre de choses : les journaux ont été censurés, et certains ont cessé de paraître, pour des raisons de sécurité, a-t-on dit. Les barrages sur les routes ont commencé à apparaître, ainsi que les Identipasses. Tout le monde était pour, car il était évident que l'on ne pouvait être trop prudent. Ils ont dit qu'il y aurait de nouvelles élections, mais qu'il fallait un certain temps pour les préparer. Ce qu'il fallait faire, disaient-ils, c'était continuer à vivre comme d'habitude.

Pourtant, on a fermé les Pornomarchés et il n'y avait plus de Tripatoporteurs ni de Forniquettes à Roulettes qui rôdaient autour de la Place. Mais je n'étais pas triste de les voir disparaître. Tout le monde savait à quel point ç'avait été gênant.

Il était grand temps que quelqu'un fasse quelque chose, dit la femme qui tenait le comptoir dans le magasin où j'avais l'habitude d'acheter mes cigarettes. Il se trouvait au coin de la rue, c'était un stand de presse : journaux, bonbons, cigarettes ; c'était une femme assez âgée, aux cheveux gris ; de la génération de ma mère.

J'ai demandé : Est-ce qu'ils les ont juste fermés, ou quoi ?

Elle a haussé les épaules : Qui sait, qu'est-ce que ça peut faire ? Peut-être les ont-ils seulement déplacés ailleurs. Essayer de s'en débarrasser complètement, c'est comme essayer de détruire toutes les souris, voyez-vous. Elle a composé mon Ordinuméro sur la caisse enregistreuse, quasiment sans le vérifier. J'étais alors une cliente régulière. Les gens se plaignaient, a-t-elle ajouté.

Le lendemain matin, en partant travailler à la bibliothèque, je me suis arrêtée au même magasin pour acheter un autre paquet, car je n'en avais plus. Je fumais davantage à ce moment-là, c'était la tension. On pouvait la sentir, comme un bourdonnement souterrain, même si tout paraissait relativement calme. Je buvais davantage de café aussi, et j'avais du mal à dormir. Tout le monde était un peu nerveux. Il y avait beaucoup plus de musique à la radio que d'habitude, et moins de paroles.

Nous étions déjà mariés, depuis des années, semblait-il ; elle avait trois ou quatre ans ; elle était au jardin d'enfants.

Nous nous étions tous levés comme d'habitude et avions pris le petit déjeuner, des céréales, je m'en souviens, et Luke l'avait conduite à l'école, vêtue du petit ensemble que je venais de lui acheter quelques semaines plus tôt, une salopette rayée et un T-shirt bleu. Quel mois était-ce ? Ce devait être septembre.

Un car scolaire était censé les ramasser, mais pour certaines raisons, j'avais voulu que Luke l'emmène, même le car scolaire commençait à me faire peur. Aucun enfant ne se rendait plus à l'école à pied, il y avait eu trop de disparitions.

Quand je suis arrivée à la boutique du coin, la femme habituelle n'y était pas. À sa place il y avait un jeune homme, il ne pouvait pas avoir plus de vingt ans.

Elle est malade ? lui ai-je demandé en lui tendant ma carte.

Qui ? a-t-il fait, d'un ton qui m'a paru agressif.

La femme qui est là d'habitude.

Comment voulez-vous que je le sache. Il composait mon numéro en examinant chaque chiffre et pianotait d'un seul doigt. De toute évidence, il n'avait jamais fait cela de sa vie. Je tambourinais sur le comptoir, impatiente de fumer une cigarette, tout en me demandant si quelqu'un lui avait jamais dit que l'on pouvait faire quelque chose contre ces furoncles qu'il avait dans le cou ; je me souviens très nettement de son physique, grand, légèrement voûté, cheveux noirs coupés court, yeux marron qui semblaient converger quatre centimètres au-dessus de l'arête de mon nez, et cette acné. Je suppose que si je m'en souviens si nettement, c'est à cause de ce qu'il a dit après.

Désolé. Ce numéro n'est pas valable.

J'ai dit : C'est ridicule. Bien sûr, qu'il l'est. J'ai plusieurs milliers de dollars sur mon compte ; j'ai reçu mon relevé il y a juste deux jours. Essayez encore.

Il n'est pas valable, répétait-il avec obstination. Regardez le voyant rouge. Ça veut dire qu'il n'est pas valable.

Vous avez dû faire une erreur. Essayez encore une fois.

Il a haussé les épaules et m'a lancé un sourire las, mais il a encore essayé le numéro. Cette fois je surveillais ses doigts, à chaque chiffre, et vérifiais ceux qui apparaissaient sur l'écran. C'était bien mon numéro, mais le voyant rouge s'allumait toujours.

Vous voyez, a-t-il répété, toujours avec ce sourire, comme s'il était au courant d'une blague secrète qu'il n'avait pas l'intention de me dire.

Je leur téléphonerai du bureau. Il était déjà arrivé que le système se détraque, mais en général quelques coups de téléphone arrangeaient les choses. Pourtant j'étais en colère, comme si j'avais été accusée injustement de quelque chose dont je n'étais même pas informée. Comme si j'avais commis l'erreur moi-même.

Pourquoi pas ? a-t-il dit avec indifférence. J'ai laissé les cigarettes sur le comptoir, puisque je ne les avais pas payées. Je pensais que je pourrais en emprunter au bureau.

J'ai effectivement téléphoné du bureau, mais n'ai obtenu qu'un enregistrement. Les lignes sont surchargées, disait le disque. Veuillez rappeler plus tard.

Les lignes sont restées surchargées toute la matinée, d'après ce que j'ai pu constater. J'ai rappelé à plusieurs reprises, mais sans succès. Même cela n'était pas trop inhabituel.

Vers deux heures, après le déjeuner, le directeur est venu dans la salle des disques.

J'ai quelque chose à vous dire, a-t-il annoncé. Il avait une tête épouvantable, les cheveux en bataille, les yeux roses et vacillants comme s'il avait bu.

Nous avons tous levé les yeux, arrêté nos machines. Nous devions être huit ou dix dans la pièce.

Je suis désolé, a-t-il dit, mais c'est la loi. Je suis vraiment désolé.

De quoi ? a demandé quelqu'un.

Il faut que je vous lâche. C'est la loi, je suis obligé. Je dois toutes vous lâcher. Il a dit cela presque avec douceur, comme si nous étions des animaux sauvages, des grenouilles qu'il aurait attrapées, dans un bocal, et qu'il faisait preuve d'humanité.

Nous sommes renvoyées ? ai-je demandé. Je me suis levée. Mais pourquoi ?

Pas renvoyées, a-t-il dit, lâchées. Vous ne pouvez plus travailler ici. C'est la loi. Il s'est passé les mains dans les cheveux et j'ai pensé, il est devenu fou. La tension a été trop forte pour lui, et ses plombs ont sauté.

Vous ne pouvez pas *faire* une chose pareille, a dit la femme qui était assise à côté de moi. Sa phrase sonnait faux, invraisemblable, comme quelque chose que l'on dirait à la télévision.

Ce n'est pas moi, a-t-il dit. Vous n'avez pas compris. Je vous en prie, partez, tout de suite. Sa voix montait. Je ne veux pas de grabuge. S'il y a du grabuge, les livres risquent d'être perdus, il y aura de la casse... Il a jeté un regard par-dessus son épaule.

Ils sont dehors, a-t-il ajouté, dans mon bureau. Si vous ne partez pas maintenant, c'est eux qui vont venir. Ils m'ont accordé dix minutes. À présent il avait l'air plus fou que jamais.

Il est timbré, a dit quelqu'un tout haut, alors que nous pensions sûrement tous la même chose.

Mais je pouvais voir ce qui se passait dehors dans le couloir : deux hommes y étaient postés, en uniforme, avec des mitraillettes. C'était trop théâtral pour être vrai, et pourtant ils étaient bien là, apparitions subites, comme des Martiens. On aurait dit des personnages de rêve : ils étaient trop éclatants, contrastaient trop avec ce qui les entourait.

Laissez les machines, a-t-il dit tandis que nous rassemblions nos affaires, et sortions à la queue leu leu. Comme si nous avions pu les emporter.

Nous étions debout en groupe, sur les marches à l'extérieur de la bibliothèque. Nous ne savions pas quoi nous dire. Étant donné qu'aucun de nous ne comprenait ce qui s'était passé, nous ne pouvions pas dire grand-chose. Nous nous entre-regardions et voyions sur les visages les uns des autres l'effarement, et une certaine honte, comme si nous avions été pris à faire quelque chose que nous n'aurions pas dû faire.

C'est scandaleux, a dit une femme, mais sans conviction. Qu'y avait-il là pour nous donner l'impression que nous l'avions mérité ?

Quand je suis rentrée à la maison, il n'y avait personne. Luke était encore à son travail, ma fille à l'école. Je me sentais fatiguée, épuisée jusqu'à l'os mais dès que je m'asseyais je me relevais aussitôt, je ne pouvais pas rester tranquille. J'errais à travers la maison, d'une pièce à l'autre. Je me souviens que je touchais les objets, même pas tellement consciemment, en posant seulement les doigts sur eux ; des objets comme le grille-pain, le sucrier, le cendrier du salon. Ensuite j'ai ramassé le chat et je l'ai promené avec moi. J'avais envie que Luke rentre. Je pensais que je devrais faire quelque chose, me remuer, mais je ne savais pas quelles mesures je pouvais prendre.

J'ai encore essayé d'appeler la banque, mais seulement pour obtenir le même enregistrement. Je me suis versé un verre de lait, je me disais que j'étais trop agitée pour boire encore un café. Je suis allée au salon, je me suis assise sur le canapé et j'ai posé le verre de lait sur la table basse, soigneusement, sans en boire une goutte. Je serrais le chat contre ma poitrine pour l'entendre ronronner contre ma gorge.

Un peu plus tard j'ai téléphoné à ma mère chez elle, sans obtenir de réponse. À cette époque elle s'était un peu stabilisée, elle ne déménageait plus tous les deux ou trois ans ; elle habitait de l'autre côté de la rivière, à Boston. J'ai attendu un peu, puis j'ai appelé Moira. Elle n'était pas là non plus, mais quand j'ai fait une nouvelle tentative une demi-heure plus tard, elle était rentrée. Entre ces deux coups de fil, j'étais juste restée assise sur le canapé. J'avais pensé aux déjeuners que ma fille emportait à l'école. Je m'étais dit que peut-être je lui avais donné trop de sandwiches au beurre de cacahuète.

J'ai été renvoyée, ai-je annoncé à Moira quand je l'ai eue au téléphone. Elle a dit qu'elle allait venir. À ce moment-là, elle travaillait pour un collectif féminin, au service des publications. Elles éditaient des livres sur la contraception, le viol, des sujets de ce genre, mais il faut reconnaître qu'ils étaient moins demandés maintenant qu'ils ne l'avaient été.

Elle a dit : J'arrive. Elle avait dû sentir à ma voix que c'était ce que je souhaitais.

Au bout d'un moment, elle était là. « Alors ? » dit-elle. Elle a jeté sa veste, s'est affalée dans le grand fauteuil. Raconte. Mais d'abord on va prendre un verre.

Elle s'est levée, est allée à la cuisine et nous a versé deux scotches, est revenue, s'est assise, et j'ai essayé de lui raconter ce qui m'était arrivé. Quand j'ai eu terminé ; elle a demandé : As-tu essayé d'acheter quelque chose avec ton Ordinacarte aujourd'hui ?

Oui. Je lui ai raconté aussi cela.

Ils les ont gelées, a-t-elle dit. La mienne aussi. Celles du collectif aussi. Tous les comptes qui portent un F au lieu d'un M. Il leur suffit d'appuyer sur quelques boutons. Nous sommes coupées.

J'ai objecté : Mais j'ai plus de deux mille dollars à la banque ! comme si mon compte à moi était ce qui importait.

Les femmes n'ont plus droit à la propriété. C'est une nouvelle loi. As-tu regardé la télé aujourd'hui ?

Non.

On en parle. On ne parle que de ça. Elle n'était pas stupéfaite comme je l'étais. Elle était bizarrement triomphante, comme si elle s'attendait à tout ceci depuis un certain temps et que maintenant la preuve était faite qu'elle avait raison. Elle avait même l'air plus énergique, plus déterminée. Elle a dit : Luke peut utiliser ton Ordinacompte pour toi. Ils vont transférer ton numéro sur le sien, du moins c'est ce qu'ils disent ; sur celui du mari, ou du plus proche parent de sexe masculin.

J'ai demandé : Mais toi ? Elle n'avait personne.

J'entrerai dans la clandestinité. Certains des homos peuvent reprendre nos numéros et nous acheter ce dont nous avons besoin.

J'ai dit : Mais pourquoi ? Pourquoi ont-ils fait ça ?

Nous n'avons pas à connaître leurs raisons, a dit Moira. Il fallait qu'ils procèdent ainsi, les Ordinacomptes et les emplois en même temps. Tu t'imagines les aéroports, autrement ? Je te parie qu'ils ne veulent pas qu'on se tire ailleurs.

Je suis allée chercher ma fille à l'école. Je conduisais avec une prudence exagérée. Quand Luke est rentré à la maison j'étais assise à la table de la cuisine. Elle dessinait au crayon feutre à sa petite table à elle, dans le coin, là où ses dessins étaient affichés à côté du réfrigérateur.

Luke s'est agenouillé à côté de moi et m'a entourée de ses bras. J'ai entendu, à la radio de la voiture, a-t-il dit, en rentrant à la maison. Ne t'en fais pas, je suis sûr que c'est provisoire.

J'ai demandé : Est-ce qu'ils ont dit pourquoi ?

Il n'a pas répondu à ma question. Nous nous en tirerons, a-t-il dit, tout en m'embrassant.

J'ai repris : Tu ne sais pas l'effet que cela fait. J'ai l'impression qu'on m'a coupé les pieds. Je ne pleurais pas. Mais je ne pouvais pas le prendre dans mes bras.

Ce n'est qu'un job, a-t-il dit, pour essayer de m'apaiser.

J'imagine que tu vas récupérer tout mon argent. Et je ne suis même pas morte. J'essayais de plaisanter, mais ma blague a sonné macabre.

Il a fait : Chut. Il était toujours à genoux par terre. Tu sais que je prendrai toujours soin de toi.

J'ai pensé : Il commence déjà à prendre un ton protecteur. Puis j'ai pensé, tu commences déjà à devenir paranoïaque.

J'ai dit : Je sais. Je t'aime.

Plus tard, après l'avoir couchée, quand nous étions en train de dîner et que je me suis sentie moins flageolante, je lui ai raconté l'après-midi. J'ai décrit l'entrée du directeur, comment il avait lâché la nouvelle. J'ai dit : Ç'aurait été drôle si ça n'avait pas été si horrible. Je croyais qu'il était ivre. Il l'était peut-être. Les soldats étaient là, et tout.

Puis je me suis souvenue de quelque chose que j'avais vu et qui ne m'avait pas frappée sur le moment. Ce n'étaient pas les soldats. C'étaient d'autres soldats.

Il y eut des marches de protestation, bien sûr, avec beaucoup de femmes et quelques hommes. Mais elles étaient plus clairsemées qu'on n'aurait pu s'y attendre. J'imagine que les gens avaient peur. Et quand l'on sut que la police, ou l'armée, en tout cas les forces de l'ordre, ouvriraient le feu dès l'instant où les manifestants auraient commencé à se rassembler, il n'y eut plus de marches de protestation. Quelques endroits sautèrent, des bureaux de poste, des stations de métro. Mais on ne pouvait même pas savoir avec certitude qui en était responsable. Cela aurait pu être l'armée, pour justifier les recherches par ordinateur, et les autres perquisitions, à domicile.

Je ne participai à aucune des manifestations. Luke avait dit que ce serait inefficace et que je devais penser à eux, ma famille, lui et elle. Je pensais effectivement à ma famille. Je me mis à faire davantage de travaux ménagers, davantage de cuisine. J'essayais de ne pas pleurer pendant les repas. J'en étais au point où je me mettais à pleurer à l'improviste, et à rester assise près de la fenêtre de la chambre à coucher, à regarder fixement au-dehors. Je ne connaissais pas beaucoup de voisins, et quand nous nous croisions dans la rue, nous prenions soin de n'échanger que les salutations ordinaires. Personne ne voulait être dénoncé, pour félonie.

Me remémorer tout cela m'amène à penser à ma mère, des années plus tôt. Je devais avoir quatorze ou quinze ans, l'âge où les filles ont le plus honte de leur mère. Je me la rappelle revenant à l'un de nos nombreux appartements, avec un groupe d'autres femmes, qui faisaient partie de son cercle d'amies toujours renouvelé. Elles avaient participé à une manifestation ce jour-là ; c'était à l'époque des émeutes anti-porno, ou étaient-ce celles pour l'avortement, les deux se passaient à peu d'intervalle. Il y avait alors beaucoup d'attentats à la bombe : dans des cliniques, des magasins de vidéo ; il était difficile de suivre les événements.

Ma mère avait un bleu sur le visage, et des traces de sang. On ne peut pas flanquer la main à travers une vitrine sans se couper, fut l'explication qu'elle donna. Salauds de flics.

Salopes de saigneuses, dit l'une de ses amies. Elles appelaient leurs adversaires *saigneuses*, à cause des pancartes qu'elles portaient : *Laissez-les saigner*. Donc il devait s'agir des manifestations à propos de l'avortement.

Je suis allée dans ma chambre, pour ne pas les déranger. Elles parlaient trop et trop fort. Elles m'ignoraient, et je leur en voulais. Ma mère et ses amies tapageuses. Je ne voyais pas pourquoi il fallait qu'elle s'habille comme elle le faisait, en salopette, comme si elle était jeune, ni pourquoi jurer autant.

Tu es tellement prude, me disait-elle d'un ton plutôt satisfait. Cela lui plaisait d'être plus excessive que moi, plus rebelle. Les adolescents sont toujours tellement prudes.

Une partie de ma désapprobation venait de là, j'en suis sûre : elle était machinale, systématique. Mais aussi je lui demandais une vie plus formaliste, moins à la merci d'expédients et de levées de camp. Tu étais une enfant désirée, Dieu le sait, disait-elle à d'autres moments en s'attardant à contempler les albums de photos où j'étais encadrée : ces albums étaient bourrés de bébés, mais les reproductions de moi se raréfiaient au fur et à mesure que je grandissais, comme si la population de mes doubles avait été frappée de quelque fléau. Elle disait cela avec un peu de regret dans la voix, comme si je n'avais pas évolué exactement comme elle s'y attendait. Aucune mère ne correspond jamais, totalement, à l'idée que se fait un enfant de la mère parfaite, et je suppose que l'inverse est vrai également. Mais malgré tout, nous n'étions pas mal ensemble, nous nous entendions aussi bien que la plupart des mères et filles.

Je voudrais qu'elle soit ici, pour que je puisse lui dire que j'en suis enfin consciente.

Quelqu'un est sorti de la maison. J'entends le claquement lointain d'une porte, sur le côté de la maison, des pas sur le chemin. C'est Nick, je le vois maintenant ; il a quitté l'allée, et marche sur la pelouse, pour humer l'air humide qui empeste les fleurs, la croissance pulpeuse, le pollen jeté aux vents par poignées comme le naissain des huîtres dans la mer. Quelle profusion dans la reproduction. Il s'étire au soleil, je sens l'onde des muscles lui parcourir le corps comme chez un chat qui fait le gros dos. Il est en manches de chemise, ses bras nus sortent sans pudeur du tissu roulé. Où le hâle s'arrête-t-il ? Je ne lui ai pas parlé depuis cet unique soir, vision de rêve dans le salon inondé de lune. Il n'est que mon drapeau, mon sémaphore. Langage du corps.

Pour l'instant il porte sa casquette de travers. Donc je suis requise.

Qu'obtient-il en échange de son rôle de groom ? Qu'éprouve-t-il, à maquereauter pour le Commandant de cette manière ambiguë ? Est-ce que cela le remplit de dégoût, ou est-ce que cela lui fait désirer davantage de ma personne, me désirer davantage ? Parce qu'il n'a aucune idée de ce qui se passe réellement là-dedans, parmi les livres. Des actes de perversion, c'est tout ce qu'il sait. Le Commandant et moi, à nous enduire l'un l'autre d'encre, puis à nous débarbouiller avec la langue, ou à faire l'amour sur des piles d'imprimés interdits. Eh bien, il n'est pas tellement loin du compte.

Mais une chose est sûre, il y trouve son profit. Tout le monde a la main tendue d'une manière ou d'une autre. Un supplément de cigarettes ? Des libertés supplémentaires, non octroyées au tout-venant ? Quoi qu'il en soit, que peut-il prouver ? C'est sa parole contre celle du Commandant, à moins qu'il ne veuille organiser une descente de police. Un coup de pied dans la porte, et qu'est-ce que je vous disais ? Pris sur le fait, à commettre le péché de Scrabble. Vite, avalez ces mots !

Peut-être aime-t-il juste avoir la satisfaction d'être au courant d'un secret. Ou d'avoir quelque chose contre moi, comme on disait. C'est le genre de pouvoir qu'on ne peut utiliser qu'une fois.

J'aimerais avoir une meilleure opinion de lui.

Ce soir-là, le jour où j'avais perdu mon travail, Luke voulait faire l'amour. Pourquoi n'en avais-je pas envie ? Le désespoir seul aurait dû m'y inciter ; mais je me sentais encore engourdie. Je sentais à peine ses mains posées sur moi.

Qu'y a-t-il ? a-t-il demandé.

Je ne sais pas.

Il a dit : Nous avons encore... Mais il n'a pas poursuivi pour dire ce que nous avions encore. Il m'a semblé qu'il ne devrait pas dire *nous*, car, que je sache, on ne lui avait rien pris.

J'ai dit : Nous nous avons encore l'un l'autre. C'était vrai. Alors pourquoi ma voix sonnait-elle tellement indifférente, même à mes propres oreilles ?

Alors il m'a embrassée comme si, puisque j'avais dit cela, les choses pouvaient redevenir normales. Mais quelque chose, un équilibre, s'était déréglé. Je me sentais ratatinée, et quand il m'a entourée de ses bras et m'a serrée, j'étais aussi petite qu'une poupée. Je sentais l'acte d'amour se dérouler sans moi.

J'ai pensé, cela lui est égal. Cela lui est tout à fait égal. Peut-être même est-ce que cela lui plaît. Nous ne sommes plus l'un à l'autre, c'est fini. Maintenant je suis à lui.

Indigne. Injuste. Inexact. Mais c'est ce qui s'est passé.

Alors, Luke, la question que je veux te poser maintenant, ce que j'ai besoin de savoir, c'est ceci : avais-je raison ? parce que nous n'en avons jamais parlé. Quand j'aurais pu le faire, je n'ai pas osé. Je ne pouvais pas me permettre de te perdre.

29.

Je suis assise dans le bureau du Commandant, lui faisant face à sa table de travail, dans la position du client, comme si j'étais à la banque pour négocier un emprunt important. Mais excepté la façon dont je suis placée dans la pièce, ce genre d'étiquette n'a plus cours entre nous. Je ne suis plus assise la nuque raide, le dos droit, les pieds réglementairement côte à côte sur le sol, le regard au garde-à-vous. Je suis au contraire détendue, douillettement installée. Mes chaussures rouges sont ôtées, j'ai les jambes repliées sous moi sur le fauteuil, entourées d'un contrefort de jupe rouge, certes, mais repliées, comme devant un feu de camp, des jours anciens, et des pique-niques d'alors. S'il y avait du feu dans la cheminée, ses lueurs danseraient sur les surfaces polies et donneraient à la chair un chaud miroitement. J'ajoute la lumière du feu.

Quant au Commandant, il est décontracté à l'excès, ce soir. Sans veste, les coudes sur la table. Il ne lui manque qu'un cure-dents au coin de la bouche pour être une publicité pour la démocratie rurale comme sur une gravure. Marquée de souillures de mouche, dans un vieux livre brûlé.

Les cases du tablier posé devant moi se remplissent. Je joue mon avant-dernier tour de la soirée. J'épelle *Krach*, un mot utile, à une seule voyelle, et avec un K qui vaut cher.

« Ce mot existe ? » demande le Commandant.

« Nous pouvons le chercher. C'est archaïque. »

« Je vous l'accorde », dit-il. Il sourit. Le Commandant est content quand je me distingue, fais preuve de précocité, comme un animal de compagnie attentif, oreilles dressées et impatient de faire son numéro. Son approbation m'enveloppe comme un bain chaud. Je ne sens en lui aucune parcelle de l'animosité que je sentais jadis chez les hommes, même parfois chez Luke. Il ne se dit pas in petto *la garce*. En réalité il est tout à fait papa gâteau. Il aime penser que je suis choyée ; et je le suis, je le suis.

D'une main preste, il additionne nos points sur sa calculatrice de poche.

« Vous m'avez eu », dit-il. Je le soupçonne de tricher, de me flatter, pour me mettre de bonne humeur. Mais pourquoi ? Le point d'interrogation demeure.

Qu'a-t-il à gagner à me dorloter de la sorte ? Il faut qu'il y ait quelque chose.

Il se cale dans son fauteuil, le bout des doigts joints, geste qui m'est devenu familier. Nous nous sommes construit entre nous un répertoire de ces gestes, de ces familiarités. Il me regarde, non sans bienveillance, mais avec curiosité, comme si j'étais une énigme à résoudre.

« Qu'aimeriez-vous lire ce soir ? » demande-t-il. Cela fait maintenant partie de la routine. Jusqu'à présent j'ai parcouru un numéro de *Mademoiselle*, un vieux *Esquire* des années quatre-vingt, un *Ms.*, revue dont je me souviens vaguement car elle traînait dans les divers appartements de ma mère quand j'étais petite, et un *Reader's Digest*. Il a même des romans. J'ai lu un Raymond Chandler, et j'en suis maintenant à la moitié des *Temps difficiles*, de Charles Dickens. Je lis vite, avec voracité, presque en diagonale, pour essayer de m'en fourrer autant que je peux dans la tête avant la prochaine longue famine. S'il s'agissait de manger, ce serait la gloutonnerie de l'affamé, et s'il s'agissait de sexualité, ce serait une brève et furtive étreinte, debout quelque part dans une ruelle.

Pendant que je lis, le Commandant reste assis et me regarde faire, sans parler mais sans détacher les yeux de ma personne. Curieusement, cela me fait un effet sexuel, et je me sens déshabillée. Je voudrais qu'il me tourne le dos, arpente la pièce, lise lui aussi quelque chose. Alors peut-être pourrais-je mieux me détendre, prendre mon temps. Comme cela, ma lecture illicite prend une allure de performance.

Je dis : « Je crois que je préférerais juste parler. » Cela m'étonne de m'entendre dire cela.

Il sourit de nouveau. Il n'a pas l'air surpris. Peut-être s'y attendait-il, à cela ou à quelque chose d'approchant. Il fait : « Oh ? De quoi aimeriez-vous parler ? »

J'hésite : « De n'importe quoi, j'imagine. Eh bien, de vous, par exemple. »

« De moi ? Il continue à sourire. Oh, il n'y a pas grand-chose à dire de moi. Je suis juste un type ordinaire. »

La fausseté de cette réponse, et même la fausseté du terme « type », m'arrête net. Les types ordinaires ne deviennent pas Commandants. Je dis : « Vous êtes sûrement compétent en quelque chose. » Je sais que je le pousse, que je lui donne la réplique, que je l'encourage, et je m'en veux de le faire, en réalité c'est écœurant. Mais c'est une joute. Soit c'est lui qui parle, soit c'est moi qui parlerai. Je le sais, je sens les mots qui s'accumulent en moi, cela fait tellement longtemps que je n'ai pas vraiment parlé à quelqu'un. L'échange bref et chuchoté avec Deglen au cours de notre sortie d'aujourd'hui compte à peine ; mais c'était une amorce, un préliminaire, ces quelques mots m'ont procuré un tel soulagement que j'en veux davantage.

Et si je lui parle, je dirai ce qu'il ne faut pas, je révélerai quelque chose. Je la sens venir, cette trahison de moi-même ; je ne veux pas qu'il en sache trop.

« Oh, j'étais dans la recherche de marchés au départ, dit-il d'un ton hésitant. Ensuite, j'ai un peu changé d'orientation. »

Je m'aperçois que je sais bien qu'il est Commandant, mais que j'ignore de quoi il l'est. Qu'est-ce qu'il dirige, quelle est sa partie, comme on disait ? Ils n'ont pas de titre précis.

Je dis : « Oh ? », en essayant de faire celle qui comprend.

« On pourrait dire que je suis en quelque sorte un scientifique, dit-il, dans certaines limites, bien sûr. »

Après cela il ne souffle plus mot pendant un moment, et moi non plus. Nous jouons à qui tiendra le plus longtemps.

C'est moi qui craque la première : « Eh bien, peut-être pourriez-vous m'expliquer quelque chose qui m'intrigue depuis longtemps. »

Il manifeste de l'intérêt. « De quoi s'agit-il ? »

Je fonce vers le danger, mais je ne peux pas m'arrêter. « C'est une phrase que j'ai retenue de quelque part. (Mieux vaut ne pas dire où.) Je crois que c'est du latin, et je me disais que peut-être… » Je sais qu'il a un dictionnaire latin. Il a des dictionnaires de différentes sortes, sur l'étagère du haut, à gauche de la cheminée.

« Dites-la-moi. » Distant, mais plus éveillé, ou est-ce mon imagination ?

Nolite te salopardes exterminorum.

« Quoi ? »

Je n'ai pas prononcé correctement ; je ne sais pas comment le dire. « Je pourrais l'épeler. L'écrire. »

Il hésite devant cette nouvelle idée. Peut-être ne se souvient-il pas que je sais écrire. Je n'ai jamais tenu un stylo ni un crayon dans cette pièce, pas même pour additionner les points. Les femmes ne savent pas compter, a-t-il dit une fois, en plaisantant. Quand je lui ai demandé ce qu'il voulait dire, il a répondu : Pour elles, un plus un plus un plus un ne font pas quatre.

Qu'est-ce que cela fait, ai-je demandé, m'attendant à ce qu'il réponde cinq ou trois.

Il a dit : Seulement un plus un plus un plus un.

Mais cette fois il dit : « Pourquoi pas », et pousse son stylo à bille vers moi à travers le bureau, d'un geste presque provocant comme s'il me lançait un défi. Je cherche des yeux quelque chose sur quoi écrire et il me tend le bloc des points, un bloc-notes de bureau avec l'emblème d'un petit visage souriant imprimé en haut de la page. Ils continuent à fabriquer ces trucs-là.

J'inscris la phrase soigneusement, en la recopiant à partir de l'intérieur de ma tête, du fond de mon placard. *Nolite te salopardes exterminorum.* Ici, dans ce contexte, ce n'est plus une prière, ni un ordre, mais un triste graffiti, jadis griffonné, puis abandonné. Le stylo entre mes doigts est sensuel, presque vivant. Je sens son pouvoir, le pouvoir des mots qu'il contient. Stylo = Pénis = Envie (du), disait Tante Lydia, citant un autre slogan du Centre, qui nous mettait en garde contre de tels objets. Et c'était vrai, c'est bien de l'envie. Le seul fait de le tenir est de l'envie. J'envie son stylo au Commandant. C'est encore une des choses que je voudrais voler.

Le Commandant me reprend la page à l'emblème souriant, et la regarde. Puis il se met à rire, et rougirait-il ?

« Ce n'est pas du vrai latin, dit-il. C'est juste une blague. »

« Une blague ? » je suis ahurie. Cela ne peut pas n'être qu'une blague. Ai-je pris un tel risque, essayé de m'approprier un savoir pour une simple blague ? Quel genre de blague ?

« Vous connaissez les collégiens. » Son rire est nostalgique, je le comprends maintenant, le rire de l'indulgence envers celui qu'il a été. Il se lève, va à la bibliothèque, tire un livre de son trésor, mais ce n'est pas le dictionnaire. C'est un vieux livre, un manuel scolaire, aux coins cornés et taché d'encre. Avant de me le montrer, il le feuillette, rêveur, plongé dans ses souvenirs. Puis : « Voici », dit-il, en le posant ouvert sur le bureau, devant moi.

Ce que je vois d'abord c'est une image : la Vénus de Milo, une reproduction en noir et blanc. On lui a maladroitement dessiné une moustache, un soutien-gorge noir et la toison sous les aisselles. Sur la page opposée, il y a le Colisée de Rome, une légende en anglais, et en dessous une conjugaison : *sum es est, sumus estis sunt.* « Voilà », dit-il en me désignant un endroit, et dans la marge je vois, tracé de la même encre que celle qui a dessiné les poils de la Vénus : *Nolite te salopardes exterminorum.*

« C'est un peu difficile d'expliquer ce que cela a de drôle si vous ne savez pas le latin, dit-il. Nous avions l'habitude d'écrire toutes sortes de phrases comme celle-là. Je ne sais pas d'où nous les tenions, des élèves plus âgés, probablement. »

Oublieux de moi et de lui-même, il s'est mis à tourner les pages. « Regardez ceci », dit-il. L'illustration a pour titre « Les Sabines », et dans la marge on a griffonné : *pim pis pit, pimus pistis pants.* « Il y en avait un autre : *cim cis cit…* » Il s'interrompt, revient au présent, honteux. De nouveau il sourit, cette fois d'une oreille à l'autre. Je l'imagine avec des taches de rousseur, un épi de cheveux. En ce moment, je ne suis pas loin de l'aimer.

« Mais qu'est-ce que cela voulait dire ? »

« Laquelle ? demande-t-il. Oh, cela voulait dire : "Ne laissez pas les salauds vous tyranniser." J'imagine que nous nous trouvions très malins, dans ce temps-là. »

Je me force à sourire, mais tout est clair maintenant. Je comprends pourquoi elle a écrit cela sur la paroi de l'armoire, mais je comprends aussi qu'elle a dû l'apprendre ici, dans cette pièce même. Sinon, où ? Elle n'a jamais été collégien. Avec lui, pendant une période précédente de réminiscences d'adolescence, de confidences échangées. Je ne suis donc pas la première. À forcer son silence, à jouer à des jeux de mots d'enfant avec lui.

Je demande : « Qu'est-elle devenue ? »

Il marque à peine un temps : « L'avez-vous connue ? »

« Un peu. »

« Elle s'est pendue, dit-il, pensif, mais pas triste. C'est pour cela que nous avons fait supprimer le lustre. Dans votre chambre. » Il fait une pause. « Serena a su », ajoute-t-il, comme si c'était une explication. Et c'en est une.

Si votre chien meurt, remplacez-le.

Je demande : « Avec quoi ? »

Il ne veut pas me donner des idées. « Est-ce que cela a de l'importance. » Des draps de lit déchirés, j'imagine. J'ai étudié les possibilités.

« Je suppose que c'est Cora qui l'a trouvée. » Voilà pourquoi elle a crié.

« Oui, dit-il, la pauvre. » Il veut dire Cora.

« Peut-être ne devrais-je plus venir ici. »

« Je croyais que cela vous faisait plaisir », dit-il, sur un ton léger, mais tout en m'observant, les yeux vifs et brillants. Si je ne savais pas à quoi m'en tenir, je croirais qu'il a peur. « Je voudrais que ce soit le cas. »

« Vous voulez que la vie me soit supportable. » Ma phrase ne sonne pas comme une question, mais comme une plate constatation ; plate et sans dimension : si ma vie est supportable, peut-être est-ce qu'ils me traitent comme il faut, après tout.

« Oui, dit-il, en effet je préférerais qu'il en soit ainsi. »

Je dis : « Fort bien. » Les choses ont changé. J'ai un avantage sur lui, à présent. Cet avantage, c'est la possibilité de ma propre mort. Cet avantage, c'est sa culpabilité. Enfin !

« Que vous faudrait-il ? » demande-t-il, toujours avec cette même légèreté, comme si c'était une simple transaction financière, et qui plus est, mineure : bonbons, cigarettes.

« Vous voulez dire, en plus de la lotion pour les mains ? »

Il acquiesce : « En plus de la lotion pour les mains. »

« Je voudrais… Je voudrais savoir. » Cela sonne indécis, voire stupide. J'ai dit cela sans réfléchir.

« Savoir quoi ? »

Je dis : « Tout ce qu'il y a à savoir. » Mais c'est trop désinvolte. « Ce qui se passe. »

XI. Nuit

30.

La nuit tombe. Ou est tombée. Comment se fait-il que la nuit tombe au lieu de se lever, comme l'aube ? Et pourtant si l'on regarde vers l'est, au coucher du soleil, on peut voir la nuit se lever, et non pas tomber, l'obscurité monter dans le ciel depuis l'horizon, comme un soleil noir, derrière une couverture de nuages. Comme la fumée d'un feu invisible, un trait de feu juste au-dessus de l'horizon, feu de brousse ou ville en flammes. Peut-être la nuit tombe-t-elle parce qu'elle est lourde, un épais rideau remonté par-dessus les yeux. Couverture de laine. J'aimerais y voir dans le noir, mieux que je ne le puis.

Donc, la nuit est tombée ; je la sens peser sur moi comme une pierre. Pas un souffle d'air. Je suis assise près de la fenêtre en partie ouverte, rideaux tirés sur les côtés parce qu'il n'y a personne là-dehors, toute pudeur est inutile avec ma chemise de nuit, à manches longues même en été, pour nous garder des tentations de notre propre chair, pour nous retenir de nous enlacer de nos propres bras, nus. Rien ne bouge dans la double lumière de la lune et des projecteurs. Les effluves du jardin montent comme la chaleur d'un corps, il doit y avoir des fleurs qui s'épanouissent la nuit, tant l'odeur est forte. Je peux presque la voir, une radiation rouge, qui monte en tremblotant, comme le miroitement au-dessus du macadam des routes à midi.

En bas sur la pelouse, quelqu'un émerge de la coulée d'obscurité sous le saule, pénètre dans la lumière, une ombre étirée attachée aux talons. Est-ce Nick, ou est-ce quelqu'un d'autre, quelqu'un sans importance ? Il s'arrête, lève les yeux vers ma fenêtre, et je discerne l'ovale blanc de son visage. Nick. Nous nous regardons. Je n'ai pas de rose à lancer, il n'a pas de luth. Mais c'est le même genre de soif.

Que je ne peux assouvir ; je tire le rideau de gauche pour qu'il tombe entre nous, devant mon visage, et au bout d'un moment il s'éloigne, dans l'invisibilité du tournant.

Le Commandant disait vrai. Un plus un plus un plus un ne font pas quatre. Chaque un reste unique, il n'y a aucun moyen de les réunir. Ils ne peuvent être échangés l'un contre l'autre. Ils ne peuvent pas se remplacer l'un l'autre. Nick contre Luke ou Luke contre Nick. On ne peut pas se faire violence.

On ne peut pas commander à ses sentiments, disait un jour Moira, mais on peut commander à son comportement.

Ce qui est fort bien dit.

Tout est affaire de contexte ; ou est-ce de maturité ? l'un ou l'autre.

Le soir d'avant notre départ de la maison, pour ce dernier voyage, j'errais à travers les pièces. Rien n'était emballé, parce que nous n'emportions pas grand-chose, et que même alors il ne fallait pas que nous donnions le moindre signe d'un départ. Alors je parcourais juste les lieux, de-ci de-là, en regardant les objets, les aménagements que nous avions faits ensemble, pour y vivre ; j'avais vaguement dans l'idée qu'ainsi je serais capable de me souvenir, après, de comment c'était.

Luke était dans la salle de séjour. Il m'a entourée de ses bras. Nous étions tristes tous les deux. Comment pouvions-nous savoir que nous étions heureux, même alors ? puisque, au moins, nous avions cela : des bras, l'un autour de l'autre.

Il a dit, le chat.

J'ai répété, le chat ? contre la laine de son chandail.

Nous ne pouvons pas le laisser ici.

Je n'avais pas pensé au chat. Nous n'y avions pensé ni l'un ni l'autre. Notre décision avait été soudaine, et ensuite il avait fallu nous organiser ; j'avais dû penser qu'il partait avec nous. Mais ce n'était pas possible, on n'emmène pas un chat pour une excursion de la journée de l'autre côté de la frontière.

J'ai dit, Pourquoi pas dehors ? Nous pourrions juste le laisser dehors.

Il traînerait là et miaulerait à la porte. Quelqu'un remarquerait que nous sommes partis.

Nous pourrions le donner. À l'un des voisins. Tout en proposant cela je savais combien ce serait stupide.

Je vais m'occuper de ça. Et parce qu'il avait dit *ça* au lieu de *lui*, je sus qu'il voulait dire *tuer*. C'est ce qu'il faut faire avant de tuer, ai-je pensé. Il faut créer un ça, là où il n'y en avait pas auparavant. Cela se fait d'abord dans la tête, puis on en fait une réalité. Je me disais : c'est donc ainsi qu'ils font. Je crois que je ne m'en étais jamais rendu compte avant.

Luke a trouvé le chat, qui se cachait sous notre lit. Ils savent toujours. Il est allé au garage avec lui. Je ne sais pas ce qu'il a fait et je ne lui ai jamais demandé ; j'étais assise dans la salle de séjour, les mains croisées sur les genoux. J'aurais dû aller avec lui, prendre cette petite responsabilité ; j'aurais dû au moins lui poser la question après, pour qu'il n'ait pas à la porter seul, parce que ce petit sacrifice, cette extinction d'un amour, c'était aussi pour moi qu'il l'avait fait.

C'est une des choses qu'ils font. Ils vous forcent à tuer, à l'intérieur de vous-mêmes.

Inutile, comme l'a montré la suite. Je me demande qui les a informés ; peut-être un voisin, qui aurait vu notre voiture sortir au petit matin, et aurait été pris d'un soupçon, les aurait renseignés pour avoir son nom marqué d'un astérisque doré sur quelque liste. Peut-être même l'homme qui nous avait obtenu les passeports, pourquoi ne pas se faire payer deux fois ? Ce serait bien leur style, d'aposter eux-mêmes les falsificateurs de passeports, un filet pour les imprudents. Les Yeux de Dieu parcourent la terre entière.

Parce qu'ils étaient prêts pour nous, ils nous attendaient. Le pire c'est l'instant de la trahison, la seconde où l'on sait sans l'ombre d'un doute que l'on a été trahi : qu'un autre être humain a pu vous vouloir tant de mal.

C'était comme se trouver dans un ascenseur dont le câble s'est rompu. À tomber, tomber, sans savoir quand l'on va finir par buter.

J'essaie d'évoquer, de réveiller mes fantômes à moi, n'importe où ils sont. J'ai besoin de me rappeler à quoi ils ressemblent. J'essaie de les garder figés derrière mes paupières, leurs visages, comme des photos dans un album. Mais ils refusent de rester immobiles, ils bougent, il y a un sourire, puis il a disparu, leurs traits se recroquevillent et se plissent comme si le papier brûlait, le noir les dévore. Une vision fugitive, un pâle miroitement de l'air ; une lueur, aurore, danse d'électrons, puis de nouveau un visage, des visages. Mais ils s'estompent, alors que je tends les bras vers eux, ils m'échappent, fantômes au point du jour. Retournent là d'où ils viennent. Je veux leur dire : Restez avec moi. Mais ils ne veulent pas.

C'est ma faute. J'en viens à trop oublier.

Ce soir je vais dire mes prières.

Non plus à genoux au pied du lit, sur le bois dur du plancher du gymnase, avec Tante Élisabeth plantée devant les doubles portes, les bras croisés, l'aiguillon à bétail suspendu à la ceinture, tandis que Tante Lydia arpente les rangées de femmes agenouillées en chemise de nuit, et nous frappe légèrement le dos, ou les pieds, ou les fesses ou les bras, de sa baguette en bois, si nous nous laissons aller ou nous relâchons. Elle nous voulait la tête penchée juste ce qu'il faut, les orteils réunis et tendus, les coudes à l'angle adéquat. Une partie de l'intérêt qu'elle y portait était d'ordre esthétique : elle aimait ce spectacle. Elle voulait que nous ressemblions à quelque chose d'anglo-saxon, gravé sur une tombe ; ou à des anges de carte de Noël, enrégimentés dans nos robes candides. Mais elle connaissait aussi la valeur spirituelle de la rigidité corporelle, de la tension musculaire : un peu de souffrance purifie l'esprit, disait-elle.

Ce que nous demandions dans nos prières, c'était d'être vides, pour être dignes d'être remplies : de grâce, d'amour, d'abnégation, de sperme et de bébés.

Ô Dieu, Roi de l'Univers, merci de ne pas m'avoir faite homme !

Ô Dieu, efface-moi ! Rends-moi féconde. Mortifie ma chair, pour que je me multiplie. Fais que je me réalise…

Certaines se laissaient emporter par cela. L'extase de la mortification. Quelques-unes gémissaient et pleuraient.

Il n'y a pas lieu de vous donner en spectacle, Janine, disait Tante Lydia.

Je prie là où je suis, assise près de la fenêtre, en regardant à travers le rideau le jardin vide ; je ne ferme même pas les yeux. Là-dehors, ou dans ma tête, l'obscurité est la même. Ou la lumière.

Mon Dieu. Qui es au Royaume des Cieux, qui es intérieur.

Je voudrais que tu me dises Ton nom, je veux dire, le vrai. Mais Toi fera aussi bien l'affaire.

Je voudrais savoir ce que Tu avais en tête. Mais peu importe ce que c'était, aide-moi à le traverser, je T'en prie. Quoique Tu n'en sois peut-être pas responsable, je ne crois pas un seul instant que ce qui se passe autour de nous soit ce que Tu voulais.

J'ai suffisamment de pain quotidien, alors je ne perdrai pas de temps à en demander ; ce n'est pas le problème majeur. Le problème, c'est de l'avaler sans s'étrangler avec.

Maintenant nous arrivons au pardon ; ne prends pas la peine de me pardonner juste maintenant. Il y a plus important. Par exemple : Garde les autres en sécurité, s'ils sont saufs. Ne les laisse pas trop souffrir. S'ils doivent mourir, fais que ce soit rapide. Tu pourrais même leur fournir un Paradis. Nous avons besoin de Toi pour cela. L'Enfer, nous pouvons nous le fabriquer nous-mêmes.

Je suppose qu'il me faudrait dire que je pardonne à tous ceux qui ont organisé ceci, et que je leur pardonne pour ce qu'ils font maintenant. Je vais essayer, mais ce n'est pas facile.

Ensuite vient la tentation. Au Centre, la tentation était tout ce qui n'était pas manger et dormir. La connaissance était une tentation. Vous ne serez pas tentées par ce que vous ne connaissez pas, avait coutume de dire Tante Lydia.

Peut-être est-ce que je ne veux pas vraiment savoir ce qui se passe. Peut-être est-ce que je préfère ne pas savoir. Peut-être ne pourrais-je pas supporter de le savoir. La Chute a été celle de l'innocence à la connaissance.

Je pense trop au lustre, quoiqu'il ait maintenant disparu. Mais on pourrait se servir d'un crochet, dans la penderie ; j'ai réfléchi aux possibilités. Il suffirait, après s'être attachée, de porter son poids en avant et de ne pas se débattre.

Délivre-nous du mal.

Puis il y a le Royaume, le pouvoir et la gloire. C'est difficile de croire à tout cela en ce moment. Mais je vais essayer quand même. *Ayons espoir*, comme on lit sur les pierres tombales.

Tu dois te sentir plutôt roulé. J'imagine que ce n'est pas la première fois.

À Ta place, j'en aurais marre. Je serais vraiment écœurée. Je suppose que c'est ce qui fait la différence entre nous.

Je me sens très irréelle, à Te parler ainsi. J'ai l'impression de parler à un mur. Je voudrais que Tu me répondes. Je me sens si seule.

Toute seule à côté du téléphone, sauf que je ne peux pas utiliser le téléphone. Et si je le pouvais, qui appeler ?

Ô Dieu ! Ce n'est pas drôle. Ô Dieu ! Ô Dieu ! Comment puis-je continuer à vivre ?

XII. Chez Jézabel

31.

Tous les soirs en allant me coucher, je me dis : Demain, je me réveillerai dans ma maison à moi, et tout sera comme avant.

Cela n'est pas arrivé ce matin non plus.

Je mets mes vêtements, des vêtements d'été, c'est encore l'été ; il semble que le temps se soit arrêté à l'été. Juillet, ses journées suffocantes et ses nuits de sauna où il est difficile de trouver le sommeil. Je tiens à ne pas perdre le fil. Je devrais graver des marques sur le mur, une pour chaque jour de la semaine, et les relier d'un trait quand j'en aurais sept. Mais à quoi cela servirait-il, je ne purge pas une peine de prison ; il n'y a pas ici de durée qui puisse être liquidée et terminée. De toute façon, je n'ai qu'à demander, pour savoir quel jour nous sommes. Hier, c'était le 4 juillet, c'était autrefois la Fête de l'Indépendance, avant qu'on ne l'ait abolie. Le 1er septembre sera la Fête du Travail, elle existe encore. Avant, cela n'avait rien à voir avec les accouchements.

Mais c'est la lune qui m'indique le temps. Lunaire, et non pas solaire.

Je me penche pour lacer mes chaussures rouges, plus légères en cette saison, avec des découpes discrètes, mais rien d'aussi audacieux que des sandales. C'est un effort de me baisser ; malgré les exercices je sens petit à petit que mon corps se bloque, refuse. Être une femme dans cet état correspond à ce que je m'imaginais du très grand âge. J'ai l'impression que je marche même comme une vieille : courbée en avant, l'échine recroquevillée en point d'interrogation, les os vidés de calcium et poreux comme de la pierre à chaux. Quand j'étais plus jeune et que j'imaginais la vieillesse, je pensais, peut-être est-ce que l'on apprécie les choses davantage, quand on n'a plus beaucoup de temps devant soi ; j'oubliais la perte des forces. Certains jours j'apprécie davantage les choses, œufs, fleurs, mais alors je décide que ce n'est qu'une crise de sentimentalité, où mon cerveau prend des teintes pastel en Technicolor, comme les cartes de vœux avec de superbes couchers de soleil dont on produisait une telle quantité en Californie. Cœurs super-brillants.

Le danger c'est le brouillard gris.

Je voudrais avoir Luke avec moi, dans cette chambre, pendant que je m'habille, pour pouvoir me bagarrer avec lui. Absurde, mais c'est ce dont j'ai envie. Une dispute, pour savoir qui devrait mettre la vaisselle dans la machine à laver, à qui le tour de trier le linge, de nettoyer les toilettes ; une chose quotidienne et sans importance dans le grand ordre de la nature. Nous pourrions même nous quereller là-dessus, l'*important*, le *sans importance*. Quel luxe ce serait. Non pas que nous en étions coutumiers. Ces jours-ci, je compose des disputes entières dans ma tête, et les réconciliations qui s'ensuivent, aussi.

Je suis assise dans mon fauteuil, la couronne du plafond flotte au-dessus de ma tête comme un halo gelé, un zéro. Un trou dans l'espace là où une étoile a explosé. Un rond sur l'eau, là où une pierre a été jetée. Tout est blanc et rond. J'attends que la journée se déroule, que la terre tourne, selon la face ronde de l'implacable horloge. Les jours géométriques tournent et tournent, sans heurts, bien huilés. De la sueur déjà sur ma lèvre supérieure, j'attends l'arrivée de l'inévitable œuf à la coque qui sera tiède comme la chambre et aura une pellicule verte sur le jaune et un léger goût de soufre.

Aujourd'hui, plus tard, avec Deglen, pendant notre sortie au marché :

Nous allons à l'église, comme d'habitude, et regardons les tombes. Puis nous nous rendons au Mur. Deux seulement y sont pendus aujourd'hui, un Catholique, mais pas un prêtre, placardé d'une croix mise le haut en bas, et une autre secte que je ne reconnais pas. Le corps est seulement marqué d'un « J », rouge. Cela ne veut pas dire juif, pour eux, ce seraient des étoiles jaunes ; de toute façon, il n'y en a pas beaucoup. Comme ils ont été déclarés Fils de Jacob, et donc, cas d'espèce, on leur a donné le choix : ils pouvaient se convertir, ou émigrer en Israël. Beaucoup ont émigré, si l'on en croit les informations télévisées ; j'en ai vu une cargaison, à la télévision, penchés au bastingage, avec leurs redingotes et leurs chapeaux noirs, leurs longues barbes, essayant d'avoir l'air aussi juif que possible, dans des costumes repêchés du passé, les femmes la tête couverte de châles, à sourire et agiter la main, d'un geste un peu guindé, il est vrai, comme s'ils posaient ; et une autre image, où les plus riches d'entre eux se préparaient à monter dans les avions. Deglen dit que d'autres gens ont utilisé ce moyen pour sortir, en prétendant être juifs, mais que ce n'était pas facile à cause des examens qu'ils faisaient passer, et qu'ils sont devenus encore plus stricts maintenant.

Mais on n'est pas pendu uniquement parce qu'on est juif. On est pendu si on est un Juif tapageur qui refuse de choisir. Ou si on fait semblant de se convertir. Cela aussi on l'a vu à la télé : les rafles nocturnes, des trésors secrets d'objets juifs extirpés de sous des lits, Torahs, taleths, étoiles de David. Et leurs propriétaires le visage sombre, impénitents, poussés par les Yeux contre le mur de leur chambre à coucher tandis que la Voix chagrinée du commentateur nous informait, hors champ, de leur perfidie et de leur ingratitude.

Donc le « J » ne veut pas dire juif. Qu'est-ce que cela peut être ? Témoin de Jéhovah ? Jésuite ? Quoi qu'il en soit, il est bien mort.

Après cette inspection rituelle, nous poursuivons notre chemin et nous dirigeons comme d'habitude vers un espace découvert à traverser, pour pouvoir parler. Si l'on peut appeler cela parler, ces chuchotements hachés, projetés à travers l'entonnoir de nos ailes blanches. Cela ressemble davantage à un télégramme, un sémaphore verbal. Parole amputée.

Nous ne pouvons jamais rester longtemps au même endroit. Nous ne voulons pas nous faire ramasser pour vagabondage.

Aujourd'hui nous allons dans la direction opposée aux Parchemins de l'Âme, vers un endroit où il y a une espèce de jardin public, avec au milieu un grand bâtiment ancien, de style victorien tardif, surchargé, avec des vitraux. On l'appelait le Mémorial, mais je n'ai jamais su ce qu'il commémorait. Des gens morts, j'imagine.

Moira m'a raconté un jour que c'était là que les étudiants mangeaient dans l'ancien temps de l'université. Si une femme entrait, ils lui lançaient des petits pains, disait-elle.

J'avais demandé : Pourquoi ? Moira était devenue, au fil des années, de plus en plus versée dans ce genre d'anecdotes ; cela ne me plaisait guère, cette rancune entretenue contre le passé.

Pour la faire sortir, avait-elle répondu.

J'ai dit : C'était peut-être plutôt comme lancer des cacahuètes à un éléphant.

Moira a ri ; cela, elle en était toujours capable. « Monstres exotiques », a-t-elle dit.

Nous sommes là à regarder le bâtiment, qui a plus ou moins la forme d'une église, une cathédrale. Deglen dit : « Il paraît que c'est là que les Yeux tiennent leurs banquets. »

« Qui te l'a dit ? » Il n'y a personne alentour, nous pouvons parler plus librement, mais par habitude nous n'élevons pas la voix.

« Le téléphone arabe. » Elle s'interrompt, me regarde de biais, je sens le brouillard de blanc que fait le mouvement de ses ailes. Elle dit : « Il y a un mot de passe. »

« Un mot de passe ? Pour quoi faire ? »

« Pour qu'on sache. Qui en est et qui n'en est pas. »

Je ne vois pas à quoi cela peut me servir de le savoir, mais je demande : « Alors, qu'est-ce que c'est ? »

« C'est "Mayday". Je l'ai essayé une fois sur toi. »

Je répète : « Mayday ». Je me souviens de ce jour. *M'aidez.*

« Ne t'en sers qu'en cas de besoin, dit Deglen. Ce n'est pas bon pour nous d'en savoir trop sur les autres, dans le réseau ; si jamais on se faisait prendre. »

J'ai du mal à accorder foi à ces chuchotements, ces révélations ; et pourtant sur le moment, j'y crois toujours. Mais après coup, ils me semblent improbables, voire puérils, comme quelque chose que l'on ferait pour s'amuser, comme un club de filles, comme des secrets d'écolières. Ou comme les romans d'espionnage que je lisais, le week-end, au lieu de terminer mes devoirs, ou comme les émissions de la nuit à la télévision. Mots de passe, choses qu'il ne faut pas raconter, personnages à identité secrète, chaînons obscurs ; il ne me semble pas que cela soit nécessairement le vrai visage du monde. Mais c'est là mon illusion personnelle, le résidu d'une version de la réalité que j'ai apprise dans le temps d'avant.

Et les réseaux. *Réseauter*, l'une des vieilles expressions de ma mère, argot poussiéreux d'antan. Même à soixante ans passés, elle continuait à faire quelque chose qu'elle désignait ainsi, encore qu'apparemment cela ne signifiât rien d'autre que déjeuner avec une autre femme.

Je quitte Deglen au coin de la rue. « À bientôt », dit-elle. Elle s'éloigne comme une ombre sur le trottoir, et je remonte l'allée qui conduit à la maison. Nick est là, la casquette de travers. Aujourd'hui il ne me regarde même pas. Il devait pourtant traîner là à m'attendre, pour me transmettre son message muet, parce que dès qu'il sait que je l'ai vu, il administre un dernier coup de peau de chamois à la Tourbillon et se dirige d'un pas alerte vers la porte du garage.

Je marche le long du gravier, entre les plaques de gazon trop vert. Serena Joy est assise sous le saule, dans son fauteuil, la canne appuyée près du coude. Elle porte une robe de frais coton crêpé. Pour elle, c'est du bleu aquarelle, et pas ce maudit rouge qui absorbe la chaleur et l'irradie tout à la fois. Son profil est tourné vers moi ; elle tricote. Comment peut-elle supporter le contact de la laine, par cette chaleur ? Mais peut-être a-t-elle la peau engourdie. Il se peut qu'elle ne sente rien, comme quelqu'un qui a été ébouillanté.

Je baisse les yeux sur le chemin, passe à pas feutrés près d'elle avec l'espoir d'être invisible, la conviction que je serai ignorée. Mais pas cette fois-ci.

« Defred », dit-elle.

Je m'immobilise, indécise.

« Oui, vous. »

Je tourne vers elle un regard à œillères.

« Venez ici. J'ai besoin de vous. »

Je traverse la pelouse et reste debout devant elle, les yeux baissés.

« Vous pouvez vous asseoir, dit-elle. Tenez, prenez le coussin. J'ai besoin de vous pour me tenir cette laine. » Elle a une cigarette, le cendrier est sur l'herbe à côté d'elle, ainsi qu'une tasse d'une boisson quelconque, thé ou café. « Ça sent sacrément le renfermé, là-dedans. Vous avez besoin d'un peu d'air », dit-elle. Je m'assieds, dépose mon panier, encore des fraises, encore du poulet, et je note le gros mot : voilà du nouveau. Elle place l'écheveau de laine autour de mes deux mains tendues, commence à bobiner. Je suis en laisse, dirait-on, emmenottée, prise dans une toile d'araignée, c'est plutôt cela. La laine est grise et a absorbé la moiteur de l'air, elle est comme un lange de bébé mouillé, et sent légèrement le mouton humide. Au moins mes mains seront lanolinisées.

Serena enroule, la cigarette serrée au coin de la bouche, à se consumer tout en dégageant une fumée alléchante. Elle bobine lentement et avec peine, à cause de la paralysie qui gagne ses mains, mais avec détermination. Peut-être le tricot, pour elle, exige-t-il une espèce de force de volonté, il se peut même que cela lui fasse mal. Peut-être les médecins le lui ont-ils prescrit : dix rangs à l'endroit, dix rangs à l'envers tous les jours. Mais elle en fait sûrement davantage. Je vois ces arbres à feuilles persistantes, ces filles et ces garçons géométriques sous un jour différent : une preuve de sa ténacité, et pas entièrement méprisable.

Ma mère ne tricotait pas ni ne faisait rien de ce genre. Mais chaque fois qu'elle rapportait des vêtements de chez le teinturier, ses beaux corsages, son manteau d'hiver, elle gardait les épingles à nourrice et en faisait une chaîne. Puis elle épinglait la chaîne quelque part, sur son lit, son oreiller, le dossier d'une chaise, le moufle du four, dans la cuisine, pour ne pas la perdre. Puis elle les oubliait complètement. Je les retrouvais ici ou là dans la maison, les maisons, traces de sa présence, reste de quelque intention perdue comme des pancartes sur une route dont on découvre qu'elle ne mène nulle part. Renvois aux affaires domestiques.

« Eh bien », dit Serena. Elle cesse de bobiner, me laisse les mains enguirlandées de poil animal, et retire le mégot de sa bouche pour l'écraser. « Toujours rien ? »

Je sais de quoi elle parle. Il n'y a pas tellement de sujets qui peuvent être abordés entre nous. Il n'y a pas beaucoup de terrain commun, en dehors de cette unique chose mystérieuse et incertaine.

« Non. Rien. »

« Dommage. » Il est difficile de l'imaginer avec un bébé. Mais ce seraient surtout les Marthas qui s'en occuperaient. Elle me voudrait pourtant enceinte, mission accomplie et bon débarras, plus d'enchevêtrements humiliants et suants, plus de triangles de chair sous le baldaquin étoilé de fleurs d'argent. Paix et tranquillité. Je ne peux imaginer qu'elle me souhaite tant de chance, pour aucune autre raison que celle-là.

« Il ne vous reste pas beaucoup de temps. » Ce n'est pas une question, mais une constatation.

Je réponds : « Non », sur un ton neutre.

Elle allume une autre cigarette en manipulant maladroitement le briquet. De toute évidence, ses mains vont plus mal. Mais ce serait une erreur de lui offrir de l'aide, elle serait vexée. C'est une erreur de remarquer ses faiblesses.

« Peut-être qu'il ne peut pas », dit-elle. Je ne sais pas de qui elle parle. Est-ce qu'elle veut dire le Commandant, ou Dieu ? Si elle pense à Dieu, elle devrait dire ne « veut » pas. Dans les deux cas, c'est de l'hérésie. Ce sont seulement les femmes qui ne peuvent pas, qui restent obstinément closes, tarées, défectueuses.

Je dis : « Oui. Peut-être qu'il ne peut pas. »

Je lève les yeux sur elle. Elle baisse les siens sur moi. C'est la première fois que nous nous regardons dans les yeux depuis longtemps. Depuis que nous nous sommes rencontrées. Cet instant s'étire entre nous, froid et à l'horizontale. Elle essaie de voir si je suis capable ou non de faire face à la réalité.

Elle répète : « Peut-être » tout en tenant la cigarette qu'elle n'a pas réussi à allumer. « Peut-être devriez-vous essayer d'une autre manière. »

Veut-elle dire à quatre pattes ? « De quelle autre manière ? » Il faut que je garde mon sérieux.

« Un autre homme. »

Je dis : « Vous savez que je ne peux pas », en prenant garde de ne pas laisser transparaître mon irritation. « C'est contre la loi. Vous connaissez la sanction. »

« Oui », dit-elle. Elle s'est préparée à cette conversation, elle y a réfléchi à fond. « Je sais qu'officiellement vous ne pouvez pas. Mais cela se fait. Les femmes le font souvent. Tout le temps. »

« Vous voulez dire avec les médecins ? » Je revois les yeux bruns compatissants, la main dégantée. La dernière fois que j'y suis allée, c'était un autre médecin. Peut-être l'autre s'est-il fait prendre, ou une femme l'a-t-elle dénoncé. Pourtant, on ne l'aurait pas crue sur parole, sans preuves.

« Certaines le font », dit-elle, d'un ton presque affable à présent, quoique distant ; c'est comme si nous débattions du choix d'un vernis à ongles. « C'est ce qu'a fait Dewarren. L'Épouse était au courant, bien sûr. » Elle fait une pause pour que ses paroles se gravent en moi. « Je vous aiderais. Je m'assurerais que tout se passe bien. »

Je réfléchis. « Pas avec un médecin. »

« Non », acquiesce-t-elle, et à cet instant au moins nous sommes copines, ce pourrait être à une table de cuisine, nous pourrions être à discuter d'un galant, d'un stratagème d'adolescentes, fait de combines et de coquetteries. « Parfois ils font du chantage. Mais il ne faut pas nécessairement que ce soit un médecin. Ce pourrait être quelqu'un en qui nous avons confiance. »

« Qui ? »

« Je pensais à Nick, dit-elle, et sa voix est presque douce. Cela fait longtemps qu'il est chez nous. Il est loyal. Je pourrais organiser la chose avec lui. »

C'est donc lui qui se charge de lui faire ses petits achats au marché noir. Est-ce cela qu'il obtient, en échange ?

Je dis : « Et le Commandant ? »

« Eh bien », dit-elle avec fermeté, non, plus que cela, un regard crispé, comme un sac qu'on fermerait d'un coup sec, « on ne le mettra pas dans le secret, n'est-ce pas ? »

L'idée reste suspendue entre nous, presque visible, presque palpable, lourde, sans forme, noire ; mi-collusion, mi-trahison. Elle veut vraiment ce bébé.

« C'est un risque, dis-je. Pire que cela. » C'est ma vie qui est en jeu, mais elle le sera tôt ou tard, d'une manière ou d'une autre, quoi que je fasse. Nous le savons l'une et l'autre.

« Vous feriez aussi bien de le prendre », dit-elle. C'est ce que je pense aussi.

« D'accord. Oui. »

Elle se penche en avant. « Peut-être pourrais-je obtenir quelque chose pour vous », dit-elle. Parce que j'ai été sage. « Quelque chose dont vous avez envie », ajoute-t-elle, presque enjôleuse.

« Qu'est-ce que c'est ? » Je ne pense à rien dont j'ai vraiment envie et qu'elle serait en mesure ou capable de me donner.

Elle dit : « Une photo », comme si elle m'offrait une gâterie juvénile, un cornet de glace, une visite au zoo. Je la regarde de nouveau, intriguée.

« Une photo d'elle. De votre petite fille. Mais seulement peut-être. »

Donc elle sait où ils l'ont mise, où ils la gardent. Elle le sait depuis le début. Quelque chose s'étrangle dans ma gorge. La garce, qui ne m'a rien dit, pas donné de nouvelles, aucune nouvelle. Pas soufflé mot. Elle est de bois, de fer, elle n'a aucune imagination. Mais je ne peux pas dire cela, je ne peux pas perdre de vue une chose même aussi petite que celle-là, je ne peux pas lâcher cet espoir, je ne peux pas parler.

Elle sourit vraiment, et même, avec coquetterie : l'ombre de son ancienne allure de mannequin du petit écran lui voltige sur le visage comme un passage d'électricité statique. « On ne peut pas faire ça par cette sacrée chaleur, vous ne trouvez pas ? » Elle retire l'écheveau de mes deux mains, où je le tenais pendant tout ce temps. Puis elle prend la cigarette qu'elle a tripotée, et un peu gauchement me la fourre dans la main, en me refermant les doigts autour. « Trouvez-vous une allumette, dit-elle. Elles sont dans la cuisine, vous pouvez en demander une à Rita.

Dites-lui que c'est de ma part. Mais juste pour cette fois, ajoute-t-elle, espiègle. Nous ne voulons pas vous abîmer la santé. »

32.

Rita est assise à la table de la cuisine. Un bol de verre où flottent des glaçons est posé devant elle. Des radis transformés en fleurs, roses ou tulipes, y dansent. Sur la planche à découper, devant elle, elle en cisèle d'autres, avec un couteau de cuisine, ses grandes mains agiles, indifférentes. Le reste de son corps ne bouge pas, non plus que son visage ; c'est comme si elle le faisait en dormant, ce manège du couteau. Sur la surface émaillée blanche, il y a un tas de radis lavés mais non coupés. De petits cœurs aztèques.

Elle ne prend pas la peine de lever les yeux à mon entrée. Elle se contente de dire : « Vous avez tout, hein ? » tandis que je sors les paquets pour qu'elle les inspecte.

Je demande : « Pourrais-je avoir une allumette ? » Étonnant à quel point elle me fait me sentir comme un petit enfant qui mendie, juste à cause de son air renfrogné, son flegme, à quel point importune et geignarde.

« Allumettes ? dit-elle. Pour quoi faire, des allumettes ? »

J'explique : « Elle a dit que je pouvais en avoir une », en me gardant d'avouer la cigarette.

« Qui a dit ? » Elle continue à s'occuper des radis, sans changer sa cadence. « Aucune raison pour vous d'avoir des allumettes. Feriez brûler la maison. »

« Vous pouvez aller lui demander, si vous voulez. Elle est dehors, sur la pelouse. »

Rita lève les yeux au plafond, comme si elle y consultait en silence quelque divinité. Puis elle soupire, se lève lourdement et s'essuie ostensiblement les mains à son tablier, pour me montrer à quel point je dérange. Elle va au placard au-dessus de l'évier, en prenant son temps, cherche son trousseau de clefs dans sa poche, déverrouille la porte du placard. « J'les garde ici, l'été, dit-elle comme pour elle-même. Manquerait plus qu'un incendie par ce temps. » Je me rappelle qu'en avril c'est Cora qui allume les feux dans le salon et la salle à manger, quand il fait plus frais.

Ce sont des allumettes en bois, dans une boîte en carton à couvercle coulissant, du modèle que je convoitais pour en faire des tiroirs de poupée. Elle ouvre la boîte, en scrute le contenu, comme pour décider laquelle elle veut me donner. Elle marmonne : « Ça la regarde. Pas moyen de rien lui dire. » Elle plonge sa grande main dans la boîte, choisit une allumette, me la tend. « Mais allez pas mettre le feu à rien, dit-elle. Gare aux rideaux dans votre chambre. Fait déjà trop chaud comme ça. »

« Je ne mettrai pas le feu. Ce n'est pas pour ça que j'en ai besoin. »

Elle ne daigne pas me demander pour quoi faire alors : « Mangez-la, faites ce que vous voulez, je m'en fiche. Elle a dit que vous pouviez en avoir une, je vous en donne une, un point c'est tout. »

Elle se détourne de moi et se rassied à la table. Puis elle saisit un glaçon dans le bol et se le fourre dans la bouche. C'est un geste inhabituel de sa part. Je ne l'ai jamais vue grignoter pendant qu'elle travaille. « Vous pouvez en avoir un aussi, dit-elle. Si c'est pas malheureux de vous faire vous coller ces taies d'oreiller sur la tête par un temps pareil. »

Je suis étonnée : d'ordinaire, elle ne m'offre jamais rien. Peut-être sent-elle que si mon statut s'est élevé au point de me voir accorder une allumette, elle peut se permettre elle aussi un petit geste. Suis-je devenue, subitement, de celles qu'il convient de se concilier ?

« Merci. » Je transfère soigneusement l'allumette dans ma manche fermée par une glissière, là où j'ai mis la cigarette, pour qu'elle ne se mouille pas, et je prends un glaçon.

Je lui dis : « Ces radis sont bien jolis », en échange du cadeau qu'elle m'a offert, de son plein gré.

« J'aime faire les choses comme il faut, voilà tout, dit-elle, redevenue grincheuse ; autrement, ça n'a pas de sens. »

Je parcours le corridor, grimpe l'escalier, en hâte. Dans le miroir incurvé du vestibule, je passe comme une ombre, forme rouge au bord de mon propre champ de vision, filet de fumée rouge. C'est bien la fumée que j'ai en tête, je la sens déjà dans ma bouche, aspirée au fond des poumons, à me remplir d'un long soupir de cannelle, généreux et pollué, puis la galopade au moment où la nicotine pénètre dans le sang.

Après tout ce temps, cela pourrait me rendre malade. Cela ne m'étonnerait pas. Mais même cette pensée est la bienvenue.

J'avance le long du corridor. Où devrais-je le faire ? Dans la salle de bains, en faisant couler l'eau pour purifier l'air, dans la chambre, à bouffées asthmatiques soufflées par la fenêtre ? Qui va me prendre sur le fait ? Qui sait ?

Même tout en me grisant ainsi du futur, en goûtant cette attente dans ma bouche, je pense à quelque chose d'autre.

Je n'ai pas besoin de fumer cette cigarette.

Je pourrais la déchiqueter et la faire disparaître dans les toilettes. Ou je pourrais la manger, c'est un moyen de se défoncer, cela peut marcher aussi, un petit bout à la fois, économiser le reste.

Ainsi je pourrais conserver l'allumette. Je pourrais faire un petit trou dans le matelas, l'y glisser avec précaution. Un objet aussi menu ne serait jamais remarqué. Il serait là, la nuit, sous moi quand je suis au lit. À dormir dessus.

Je pourrais incendier la maison. Cette idée est si magnifique qu'elle me fait frissonner.

Une évasion, rapide, de justesse.

Je suis étendue sur mon lit, je feins de sommeiller.

Le Commandant, hier soir, les doigts réunis, à me contempler tandis que je m'enduisais les mains de lotion huileuse. Bizarre, j'ai pensé lui demander une cigarette, mais j'ai décidé de ne pas le faire. Je suis assez avertie pour ne pas trop demander d'un coup. Je ne veux pas qu'il pense que je l'utilise. Et je ne veux pas non plus l'interrompre.

Hier soir, il a bu un verre, un scotch à l'eau. Il a pris l'habitude de boire en ma présence, soi-disant pour se détendre à la fin de la journée. Je dois en déduire qu'il est sous pression. Il ne m'offre jamais à boire, pourtant, et je ne le demande pas : nous savons l'un et l'autre à quoi sert mon corps. Quand je l'embrasse pour lui souhaiter bonne nuit, son haleine sent l'alcool, et je l'inhale comme de la fumée. Je confesse que j'y prends plaisir, à ce coup de langue qui fleure la mauvaise vie.

Quelquefois, après quelques verres, il devient stupide et triche au Scrabble. Il m'encourage à faire de même, nous prenons des lettres supplémentaires et fabriquons des mots qui n'existent pas, comme *truche* et *cripe*, tout en riant sottement. Parfois il branche sa radio à ondes courtes et me régale d'une ou deux minutes de Radio America Libre, pour me montrer qu'il en est capable. Puis il l'éteint. Maudits Cubains, dit-il. Toutes ces obscénités sur les pouponnières pour tous.

Quelquefois, après les parties, il s'assied par terre à côté de ma chaise et me tient la main. Sa tête se trouve un peu plus bas que la mienne, si bien que lorsqu'il me regarde cela lui donne l'air juvénile. Cela doit l'amuser, cette fausse soumission.

C'est un grand ponte, dit Deglen. Il est tout en haut, vraiment au sommet.

À ces moments-là, c'est difficile à imaginer.

Parfois j'essaie de me mettre à sa place. C'est une tactique, pour deviner à l'avance comment il peut être manipulé dans son comportement à mon égard. Il m'est difficile de croire que j'ai un pouvoir sur lui, d'une sorte ou d'une autre, mais c'est pourtant le cas, même si ce pouvoir est d'un ordre équivoque. De temps à autre, je crois me voir, quoique confusément, telle qu'il me voit peut-être. Il y a des choses qu'il désire me prouver, des cadeaux qu'il désire m'offrir, des services qu'il veut rendre, des tendresses qu'il veut inspirer.

Il désire, c'est certain. Surtout après quelques verres.

Parfois ses propos prennent un tour plaintif, d'autres fois philosophique, ou il tente d'expliquer les choses, de se justifier. Comme hier soir.

Le problème ne se posait pas uniquement aux femmes. Le problème majeur concernait les hommes. Il ne leur restait plus rien.

Rien ? Mais ils avaient…

Ils n'avaient plus rien à faire, dit-il.

Je réponds, un peu méchamment : Ils pouvaient faire de l'argent. En ce moment, je n'ai pas peur de lui. C'est difficile d'avoir peur d'un homme qui est assis à vous regarder vous mettre de la crème sur les mains. Cette absence de peur est dangereuse.

Cela ne suffit pas. C'est trop abstrait. Je veux dire qu'ils n'avaient rien à faire avec les femmes.

Qu'est-ce que vous voulez dire ? Et tous les Pornosalons, il y en avait partout, il y en avait même qui étaient motorisés.

Je ne parle pas de sexe. C'était un des éléments du problème, les rapports sexuels étaient trop faciles. N'importe qui pouvait simplement les acheter. Il n'y avait rien pour quoi travailler, rien pour quoi se battre. Nous avons les statistiques de cette époque. Savez-vous de quoi les hommes se plaignaient le plus ? Incapacité d'avoir des sentiments. Ils étaient dégoûtés des relations sexuelles. Ils étaient dégoûtés du mariage.

Je demande : Est-ce qu'ils ont des sentiments, maintenant ?

Oui, dit-il, en me regardant. Ils ont des sentiments. Il se lève, fait le tour du bureau, s'approche du fauteuil où je suis assise. Il me pose les mains sur les épaules, par-derrière. Je ne peux pas le voir.

J'aimerais savoir ce que vous pensez, prononce sa voix, derrière moi.

Je dis, d'un ton léger : Je ne pense pas tellement. Ce qu'il désire, c'est une intimité, mais je ne peux pas lui donner cela.

Cela ne sert pas à grand-chose que je pense, n'est-ce pas ? Ce que je pense n'a pas d'importance.

C'est d'ailleurs la seule raison qui lui permette de me raconter des choses.

Voyons, dit-il, en appuyant ses mains un peu plus. Votre opinion m'intéresse. Vous êtes plutôt intelligente, vous devez bien avoir une opinion.

Sur quoi ?

Sur ce que nous avons fait. La manière dont les choses ont tourné.

Je me tiens parfaitement immobile. J'essaie de me vider l'esprit. Je pense au ciel, la nuit, quand il n'y a pas de lune, je dis : Je n'ai pas d'opinion.

Il soupire, desserre les mains mais les laisse sur mes épaules. Il sait fort bien ce que je pense.

On ne fait pas d'omelette sans casser des œufs, voilà ce qu'il dit. Nous pensions que nous pouvions faire mieux.

Je répète : Mieux ? d'une petite voix. Comment peut-il penser que ceci est mieux ?

Mieux ne veut jamais dire mieux pour tout le monde, dit-il. Cela veut toujours dire pire, pour certains.

Je suis couchée à plat ; l'air moite au-dessus de moi est comme un couvercle. Comme de la terre… Je voudrais qu'il pleuve. Mieux encore un orage, nuages noirs, éclairs, coups de tonnerre assourdissants. L'électricité pourrait sauter. Je pourrais alors descendre à la cuisine, dire que j'ai peur, m'asseoir avec Cora et Rita autour de la table de la cuisine. Elles admettraient ma peur, parce que, cette peur-là, elles la partagent, elles me laisseraient y participer. Il y aurait des bougies allumées, nous regarderions nos visages apparaître et disparaître au gré de leur flamme vacillante, des éclairs blancs de lumière déchiquetée à l'extérieur des fenêtres. Ô, Seigneur, dirait Cora. Ô Seigneur, protégez-nous.

L'air serait plus pur, après, et plus léger.

Je lève les yeux au plafond, vers le cercle de fleurs de plâtre. Dessinez un cercle, entrez-y, il vous protégera. Au centre il y avait le lustre, et du lustre pendait un lambeau tordu de drap. C'est là qu'elle se balançait, légère, comme un pendule ; comme on pouvait se balancer, enfant, suspendu par les mains à une branche d'arbre. Elle était en sécurité, alors, complètement protégée, au moment où Cora a ouvert la porte ; quelquefois je crois qu'elle est encore ici, avec moi.

Je me sens enterrée.

33.

Fin d'après-midi, ciel brumeux, soleil diffus mais pesant et omniprésent, comme une poussière de bronze. Je glisse sur le trottoir avec Deglen ; notre paire, et devant nous, une autre paire, et de l'autre côté de la rue, une autre encore. Nous devons faire un joli tableau, de loin : pittoresque comme des laitières hollandaises sur une frise de tapisserie, comme une étagère pleine de moulins à sel et poivre de céramique en costumes d'époque, comme une flottille de cygnes, ou toute autre chose qui se répète avec au moins un minimum de grâce et sans variations. Apaisant pour l'œil, les yeux, les Yeux, car c'est à eux que ce spectacle est destiné. Nous sommes en route pour la Festivoraison, pour y témoigner de notre obéissance et de notre piété.

Pas un pissenlit en vue ici, les pelouses sont soigneusement épilées. J'ai la nostalgie d'un pissenlit, un seul, poussé au hasard, dans son insolence d'ordure, difficile à éliminer et perpétuellement jaune comme le soleil. Gai et plébéien et brillant pareillement pour tous. Nous en faisions des bagues, et des couronnes et des colliers, nous tachant les doigts de son lait amer. Ou j'en tenais un sous son menton : *Est-ce que tu aimes le beurre ?* À les sentir, elle se mettait du pollen sur le nez (ou étaient-ce les boutons-d'or ?). Ou montés en graine : je la vois, courant à travers la pelouse, cette pelouse qui est là juste devant moi, à l'âge de deux, trois ans, brandissant un pissenlit comme une allumette japonaise, petite baguette de feu blanc, et l'air se remplit de minuscules parachutes. *Souffle, et tu pourras savoir l'heure.* Toutes ces heures envolées dans la brise d'été. C'étaient les marguerites pour lire l'amour, et nous les effeuillions à l'infini.

Nous faisons la queue pour être filtrées au poste de contrôle, nos éternels deux par deux en rangs comme une école privée de filles qui, sortie en promenade, se serait attardée trop longtemps. Des années et des années de trop, si bien que tout a grandi démesurément, jambes, corps, robes, tout. Comme enchantées. Un conte de fées, j'aimerais le croire. Mais au lieu de cela, nous nous faisons contrôler, deux par deux, et continuons à marcher.

Au bout d'un moment, nous tournons à droite, en direction du Lys et descendons vers la rivière. Je voudrais bien pouvoir aller jusque-là, jusqu'aux larges berges où nous nous étendions au soleil, où les ponts déploient leurs arches. Si l'on descendait la rivière assez loin, en suivant ses méandres sinueux, on arriverait à la mer, mais que pourrait-on y faire ? Ramasser des coquillages, paresser sur les galets gras.

Mais nous n'allons pas à la rivière, nous ne verrons pas les petites coupoles des bâtiments de ce quartier, blanches, rehaussées de bleu et d'or, si gaies et chastes. Nous nous arrêtons à un édifice plus moderne dont la porte est drapée d'un gigantesque calicot : AUJOURD'HUI FESTIVORAISON DE FEMMES. Ce calicot recouvre l'ancien nom de l'édifice, celui de quelque président mort qu'ils ont fusillé. Sous les lettres rouges, il y a une inscription en caractères plus petits, noirs, avec le dessin d'un œil ailé de chaque côté : DIEU EST UNE RESSOURCE NATIONALE. De part et d'autre de l'entrée se tiennent les inévitables Gardiens, deux paires, quatre au total, l'arme au pied, le regard fixé droit en avant. Ils sont presque comme des mannequins de vitrine avec leurs cheveux bien coupés, leurs uniformes repassés et leurs jeunes visages durs comme plâtre. Pas de boutonneux aujourd'hui. Chacun a une mitraillette en bandoulière, prête pour tout acte subversif ou dangereux auquel ils croient que nous pourrions nous livrer à l'intérieur.

La Festivoraison va se tenir dans la cour couverte, où il y a un espace rectangulaire, un plafond vitré. Ce n'est pas une Festivoraison pour toute la ville, qui se tiendrait alors sur le terrain de football. Celle-ci n'est que pour notre district. Des rangées de chaises pliantes en bois ont été disposées le long du côté droit, pour les Épouses et les filles des hauts fonctionnaires ou des officiers, ce qui ne fait pas tellement de différence. Les galeries du haut, avec leurs balustres de béton, sont pour les femmes des rangs les plus bas, les Marthas, les Éconofemmes affublées de leurs rayures multicolores. La présence aux Festivoraisons n'est pas obligatoire pour elles, surtout si elles sont de service ou si elles ont des enfants en bas âge, mais les galeries semblent se remplir quand même. Je pense que c'est une forme de distraction, comme un spectacle ou un cirque.

Un certain nombre d'Épouses sont déjà assises, vêtues de leur plus beau bleu brodé. Nous sentons leur regard sur nous tandis que nous marchons, en robes rouges, deux par deux, pour gagner le côté qui leur fait face. Nous sommes regardées, évaluées, commentées à voix basse ; nous le sentons, comme de minuscules fourmis à courir sur notre peau nue.

Ici il n'y a pas de chaises. Notre secteur est délimité par une corde tressée, soyeuse, écarlate, de celles qu'ils utilisaient dans les salles de cinéma pour contenir les spectateurs. Cette corde nous ségrège, nous démarque, évite aux autres d'être contaminées par nous, nous construit un corral ou un enclos ; alors nous y pénétrons, nous disposons en rangs, chose que nous savons très bien faire, puis nous agenouillons sur le sol en ciment.

« Vise le fond, chuchote Deglen à mon côté. On pourra mieux parler. » Et quand nous sommes agenouillées, la tête légèrement inclinée, j'entends tout autour de nous un susurrement, comme le bruissement d'insectes dans de l'herbe haute et sèche : un nuage de murmures. C'est l'un des endroits où nous pouvons échanger des nouvelles plus librement, nous les transmettre de proche en proche. Il leur est difficile de repérer l'une d'entre nous, ou d'entendre ce qui se dit. Et ils ne voudraient pas interrompre la cérémonie, pas devant les caméras de télévision.

Deglen enfonce son coude dans mes côtes pour attirer mon attention, et je lève les yeux lentement et furtivement. De là où nous sommes agenouillées, nous avons une bonne vue sur l'entrée de la cour où les gens continuent d'affluer. Ce doit être Janine, qu'elle voulait que je voie, car la voici, couplée avec une nouvelle femme, pas celle d'avant ; quelqu'un que je ne reconnais pas. Janine a donc dû être mutée, à une nouvelle maison, une nouvelle affectation. C'est tôt pour la transférer, est-ce que quelque chose se serait détraqué, pour l'allaitement au sein ? Ce serait la seule raison de l'avoir transférée, à moins qu'il n'y ait eu une bagarre à propos du bébé, ce qui arrive plus fréquemment qu'on ne le croit. Une fois qu'il était là, il se peut qu'elle ait fait des difficultés pour y renoncer. Je peux comprendre cela. Le corps sous la robe rouge semble très mince, presque maigre et elle a perdu cette radiance de la grossesse. Elle a le visage blanc et pincé, comme si elle avait été sucée de son jus.

« Il n'était pas bien, tu sais, dit Deglen près du côté de ma tête. Il était raté, en fin de compte. »

Elle veut dire le bébé de Janine, le bébé qui a transité par Janine en route vers un autre lieu. Le bébé Angela. C'était une erreur de la baptiser trop tôt. Je ressens un malaise au creux de l'estomac. Pas un malaise, un vide. Je ne veux pas savoir ce qui n'allait pas. Mon Dieu, passer par tout cela, pour rien. Pire que rien.

« C'est son second, dit Deglen. Sans compter le sien, avant. Elle a fait une fausse couche à huit mois, tu ne le savais pas ? »

Nous observons Janine qui entre dans l'enclos délimité par le cordon, sous son voile d'intouchabilité, de mauvaise chance. Elle me voit, elle ne peut pas ne pas me voir, mais son regard me passe à travers le corps. Pas de sourire de triomphe cette fois. Elle se détourne, s'agenouille, et tout ce que j'en aperçois maintenant c'est un dos et de frêles épaules courbées.

« Elle pense que c'est sa faute, souffle Deglen. Deux de suite. Pour avoir péché. Elle s'est servie d'un médecin, à ce que l'on dit, ce n'était pas du tout son Commandant. »

Je ne peux pas dire que je le sais, sinon Deglen va se poser des questions. À sa connaissance, c'est elle mon unique source pour ce genre d'information, dont elle possède une quantité étonnante. Comment a-t-elle pu découvrir la chose, pour Janine ? Les Marthas ? La compagne de commissions de Janine ? À écouter aux portes closes les Épouses filer leur toile autour de leur thé et de leur vin. Est-ce que Serena Joy parlera de moi ainsi, si je fais ce qu'elle veut ? *Elle a accepté d'emblée, vraiment ça lui est égal, n'importe quoi avec deux jambes et un bon vous-savez-quoi fait son affaire. Elles ne sont pas difficiles, elles n'ont pas les mêmes sentiments que nous.* Et toutes les autres à se pencher en avant sur leurs chaises, *Grands dieux*, pétries d'horreur et de lubricité. Comment a-t-elle pu ? Où ? Quand ?

Comme elles l'ont fait sans doute pour Janine. Je dis : « C'est terrible. » C'est bien Janine, pourtant, de prendre tout sur elle, de décider qu'elle seule est responsable des défauts du bébé. Mais les gens feront n'importe quoi plutôt qu'admettre que leur vie n'a pas de sens. C'est-à-dire pas d'utilité. Pas d'histoire.

Un matin, alors que nous étions en train de nous habiller, j'ai remarqué que Janine était encore en chemise de nuit de coton blanc. Elle était juste assise au bord de son lit.

J'ai regardé vers les doubles portes du gymnase, là où la Tante avait l'habitude de se tenir, pour voir si elle avait remarqué, mais la Tante n'était pas là. Avec le temps, elles avaient davantage confiance en nous ; quelquefois elles nous laissaient sans surveillance dans la salle de classe et même à la cafétéria, pendant plusieurs minutes. Probablement s'était-elle éclipsée pour fumer une cigarette ou boire une tasse de café.

Regarde, ai-je dit à Alma, qui occupait le lit voisin du mien.

Alma a regardé Janine. Puis nous sommes toutes les deux allées vers elle. Habille-toi, Janine, a dit Alma, s'adressant au dos blanc de Janine. Nous ne voulons pas de prières supplémentaires à cause de toi. Mais Janine ne bougeait pas.

Entre-temps Moira nous avait rejointes. C'était avant sa fugue, la seconde. Elle boitait encore à la suite de ce qu'ils lui avaient fait aux pieds. Elle a fait le tour du lit pour voir le visage de Janine.

Venez ici, a-t-elle dit, s'adressant à Alma et à moi. Les autres commençaient à se rassembler aussi, il y avait une petite foule. Ne restez pas là, a dit Moira. N'en faites pas une affaire, si jamais *elle* entrait.

Je regardais Janine. Elle avait les yeux ouverts mais ils ne me voyaient pas du tout. Ils étaient arrondis, immenses, et elle avait les dents découvertes en un sourire figé. À travers ce sourire, à travers ses dents, elle murmurait pour elle-même. J'ai dû me pencher près d'elle.

Bonjour, disait-elle, mais pas à moi. Je m'appelle Janine. C'est moi qui vais vous servir ce matin. Voulez-vous que je vous apporte du café pour commencer ?

Nom de Dieu, a dit Moira, à côté de moi.

Ne jure pas, a dit Alma.

Moira a pris Janine par les épaules et l'a secouée. Arrête cette comédie, Janine, a-t-elle dit brutalement. Et ne prononce pas ce mot.

Janine a souri. Elle a dit : Je vous souhaite une bonne journée.

Moira l'a giflée au visage, deux fois, un aller et retour. Reviens ici a-t-elle dit ; reviens ici tout de suite. Tu ne peux pas rester *là-bas*, tu n'es plus *là-bas*. C'est fini.

Le sourire de Janine s'est effacé. Elle a porté la main à sa joue. Pourquoi m'avez-vous frappée ? a-t-elle dit. Ce n'était pas bon ? Je peux vous en apporter un autre. Vous n'aviez pas besoin de me frapper.

Est-ce que tu ne sais pas ce qu'ils vont te faire ? a dit Moira. Elle parlait d'une voix basse, mais dure, intense. Regarde-moi. Je m'appelle Moira et nous sommes au Centre Rouge. Regarde-moi.

Les yeux de Janine ont commencé à accommoder. Elle a dit : Moira ? Je ne connais pas de Moira.

Ils ne t'enverront pas à l'infirmerie, alors ne te fais pas d'illusions, a dit Moira. Ils ne vont pas perdre leur temps à essayer de te guérir. Ils ne prendront même pas la peine de t'expédier aux Colonies. Si tu pars un peu trop loin, ils t'enverront juste au laboratoire de Chimie, et ils te fusilleront. Puis ils te brûleront avec les ordures, comme une Antifemme. Alors n'y pense plus.

Je veux rentrer à la maison, a dit Janine. Elle s'est mise à pleurer.

Bon Dieu de Bon Dieu, a dit Moira. Ça suffit. Elle sera là dans une minute, je te le garantis. Alors mets tes foutus vêtements et ferme-la.

Janine continuait à pleurnicher, mais elle s'est quand même levée et a commencé à s'habiller.

Si jamais elle recommence et que je ne suis pas là, m'a dit Moira, il faut juste que tu la gifles comme j'ai fait. On ne peut pas la laisser glisser par-dessus bord. C'est contagieux, ce truc-là.

Elle devait déjà, à ce moment-là, être en train d'imaginer comment elle allait sortir d'ici.

34.

Les places assises dans la cour sont maintenant toutes occupées ; nous bruissons et attendons. Enfin le Commandant responsable de ce service arrive. Il perd ses cheveux, il a les épaules carrées et ressemble à un entraîneur d'équipe de football sur le retour. Il est revêtu de son uniforme, noir strict avec les rangées d'insignes et de décorations. Il est difficile de ne pas se laisser impressionner, mais je fais un effort : j'essaie de l'imaginer au lit avec son Épouse et sa Servante, à fertiliser comme un fou, comme un saumon en rut, tout en prétendant n'y prendre aucun plaisir. Quand le Seigneur a dit : Croissez et multipliez-vous, est-ce qu'il pensait à cet homme ?

Le Commandant en question gravit les marches du podium, qui est drapé d'un tissu rouge, rebrodé d'un grand œil ailé de blanc. Son regard erre sur la salle, et nos voix assourdies se taisent. Il n'a même pas besoin de lever la main. Puis sa voix pénètre dans le micro et sort par les haut-parleurs, amputée de ses basses de sorte qu'elle est sèche et métallique, comme si elle était produite non pas par sa bouche, son corps, mais par les haut-parleurs eux-mêmes. Sa voix a la couleur du métal, la forme d'une trompette.

« Ce jour est l'occasion pour nous de rendre grâce », commence-t-il. C'est un jour de glorification.

Je décroche pendant le discours sur la victoire et le sacrifice. Puis il y a une longue prière, à propos de vases indignes, puis un hymne : « Il existe un baume à Gilead. »

Moira lui donnait pour titre : « Il existe à Gilead une bombe. »

Et maintenant vient le morceau de résistance. Les vingt Anges entrent fraîchement rapatriés du front, fraîchement décorés, accompagnés de leur garde d'honneur, et pénètrent au pas cadencé dans l'espace libre au centre. Garde-à-vous, Repos. Et maintenant les vingt filles voilées en blanc s'avancent timidement, le coude soutenu par leurs mères. Ce sont maintenant les mères, et non pas les pères, qui conduisent les fiancées à l'autel et qui s'occupent d'organiser les mariages. Les mariages sont, bien sûr, arrangés. Ces jeunes filles n'ont pas été autorisées à se trouver seules avec un homme depuis des années ; depuis autant d'années que nous sommes toutes à faire ce que nous faisons maintenant.

Sont-elles assez âgées pour se souvenir du temps d'avant, d'avoir joué au base-ball, en jeans et tennis, d'être montées à bicyclette ? D'avoir lu des livres, toutes seules ? Certaines d'entre elles n'ont guère plus de quatorze ans. *Démarrez-les de bonne heure*, ainsi le veut la politique, *Il n'y a pas un moment à perdre*, et pourtant elles ont des souvenirs. Et celles qui viendront après en auront aussi, pendant encore trois, quatre ou cinq ans ; mais ensuite, plus. Elles auront toujours été vêtues de blanc, en groupes de filles. Elles auront toujours été silencieuses.

Nous leur avons donné plus que nous ne leur avons pris, disait le Commandant. Pensez aux ennuis qu'elles avaient avant. Avez-vous oublié les bars pour célibataires, l'indignité des rendez-vous bouche-trou avec des collégiens inconnus ? Le marché de la viande. Avez-vous oublié le terrible fossé entre celles qui pouvaient facilement trouver un homme et celles qui ne le pouvaient pas ? Certaines étaient réduites au désespoir, elles se laissaient mourir de faim pour devenir minces, ou se gonflaient les seins de silicone, se faisaient couper le nez. Pensez à cette misère humaine.

Il désignait de la main sa pile de vieilles revues. Elles se plaignaient constamment. Problème de ceci, problème de cela. Souvenez-vous des petites annonces dans la rubrique « Personnel » : *Jolie femme intelligente, trente-cinq ans…* Avec notre méthode, elles trouvent toutes un homme, aucune n'est oubliée. Et puis, au cas où elles se mariaient, elles pouvaient se trouver abandonnées avec un gosse, ou deux ; le mari pouvait tout bonnement se lasser et partir, disparaître, et elles devaient vivre de l'assistance sociale. Ou alors il restait, et les battait. Ou si elles travaillaient, les enfants allaient à la garderie, ou étaient confiés à quelque femme brutale et ignorante, et elles devaient financer cela elles-mêmes, sur leurs misérables petits salaires. La valeur ne se mesurait qu'à l'argent, pour tout le monde, elles n'avaient droit à aucun respect en tant que mères. Pas étonnant qu'elles aient dû déclarer forfait, sur toute la ligne. Maintenant elles sont protégées, elles peuvent accomplir leur destin biologique en paix. Avec une aide et des encouragements sans limites. Alors, dites-moi : Vous êtes quelqu'un d'intelligent, j'aimerais savoir ce que vous pensez ; qu'avons-nous oublié ?

J'ai répondu : L'amour.

L'amour ? Quelle sorte d'amour ?

Tomber amoureux.

Le Commandant m'a regardée de ses yeux candides de petit garçon. Il a dit : Ah, oui, j'ai lu les revues, c'est pour cela qu'on faisait l'article, n'est-ce pas ? Mais voyez les statistiques, ma chère. Est-ce que cela valait vraiment la peine de *tomber amoureux ?* Les mariages arrangés ont toujours aussi bien marché, sinon mieux.

L'amour, disait Tante Lydia avec dégoût. Que je ne vous y prenne pas. Pas de rêvasseries, pas de langueurs du mois de juin ici, mesdemoiselles. Elle nous menaçait du doigt. *L'amour* n'est pas l'essentiel.

Ces années-là n'étaient qu'une anomalie, historiquement parlant, disait le Commandant. Un simple hasard. Nous n'avons fait que ramener les choses à la norme de la Nature.

Les Festivoraisons de femmes sont pour les mariages collectifs comme ceux-ci, d'ordinaire. Celles des hommes sont pour les victoires militaires. Tels sont respectivement les événements qui sont censés nous réjouir le plus. Quelquefois, pourtant, pour les femmes, elles célèbrent une nonne qui renonce à ses vœux. Cela se produisait plus souvent au début, quand elles étaient l'objet de rafles, mais on en déterre encore quelques-unes de nos jours, en draguant les souterrains où elles se sont cachées comme des taupes. C'est d'ailleurs à cela qu'elles ressemblent : les yeux faibles, éblouis par trop de lumière. Les vieilles, ils les envoient directement aux Colonies, mais les jeunes encore fertiles, ils essaient de les convertir, et quand ils y parviennent, nous nous rassemblons toutes ici pour assister à la cérémonie, les voir renoncer au célibat, le sacrifier au bien commun. Elles s'agenouillent et le Commandant prie, puis elles prennent le voile rouge comme nous autres l'avons fait. Mais elles n'ont pas le droit de devenir des Épouses, elles sont considérées, encore, trop dangereuses pour occuper des postes assortis de tant de pouvoir. Une odeur de sorcière flotte autour d'elles, quelque chose de mystérieux et d'exotique ; elle persiste malgré les récurages et les marques de fouet sur leurs pieds, et le temps qu'elles ont passé au cachot. Toutes portent ces marques, elles ont toutes subi cette peine à en croire la rumeur ; elles ne cèdent pas facilement. Beaucoup d'entre elles préfèrent choisir les Colonies. Aucune de nous n'aime tomber sur l'une d'elles comme compagne de commissions. Elles sont plus brisées que le reste d'entre nous ; il est difficile de se sentir à l'aise avec elles.

Les mères sont allées placer les jeunes filles voilées de blanc, et ont regagné leurs chaises. Ça larmoie un peu dans leurs rangs, on se tapote, on se tient la main, on utilise son mouchoir avec ostentation. Le Commandant poursuit le service.

« Je veux que la parure des femmes soit une mise modeste, dit-il, faite d'humilité et de sobriété, et non pas de cheveux tressés d'or, de perles ou d'atours coûteux.

« Mais (ce qui sied aux femmes qui professent la piété), que d'utiles besognes les embellissent.

« Que la femme apprenne en silence et en *totale* soumission. Ici son regard parcourt notre assemblée. "Totale", répète-t-il.

« Mais je ne tolère pas qu'une femme donne des leçons à un homme, ni usurpe sur son autorité ; qu'elle demeure dans le silence.

« Car Adam fut créé le premier, puis Ève.

« Et Adam ne fut pas trompé, mais la femme qui le fut était dans le péché.

« Nonobstant, elle sera sauvée si elle porte des enfants, pourvu qu'ils perpétuent la foi, la charité et la piété en toute sobriété. »

Je pense, sauvée si elle porte des enfants. Par quoi pensions-nous être sauvées, dans le temps d'avant ?

« Il devrait dire ça aux Épouses, chuchote Deglen, quand elles s'imbibent de porto. » Elle se réfère au passage sur la sobriété. On peut de nouveau parler sans crainte, le Commandant a terminé la partie essentielle du rituel, ils en sont aux anneaux, soulèvent les voiles. Je me dis, à part moi, Hou, regarde bien, parce que maintenant c'est trop tard. Les Anges seront autorisés à avoir des Servantes, plus tard, surtout si leurs nouvelles Épouses ne peuvent pas produire. Mais vous, les filles, vous êtes coincées. Vous avez devant vous tout ce que vous aurez, boutons d'acné et le reste. Mais on ne vous demande pas de l'aimer. Vous vous en apercevrez bien assez tôt. Faites seulement votre devoir en silence. Quand vous douterez, quand vous serez à plat sur le dos, vous pourrez contempler le plafond. Qui sait ce que vous pourrez apercevoir là-haut ? Couronnes funéraires et anges, constellations et poussière, stellaire ou autre, les rébus laissés par les araignées. Il y a toujours quelque chose pour occuper un esprit curieux.

Quelque chose ne va pas, ma belle ? disait la vieille blague.

Non, pourquoi ?

Tu as bougé.

Il suffit de ne pas bouger.

Notre objectif, disait Tante Lydia, est de créer un esprit de camaraderie entre femmes. Nous devons souquer ferme toutes ensemble.

Camaraderie, mon cul, dit Moira, par le trou de la cloison des toilettes. En avant la baise, Tante Lydia, comme on disait dans le temps. Combien veux-tu parier qu'elle a forcé Janine à se mettre à genoux ? Qu'est-ce que tu crois qu'elles fabriquent, dans son foutu bureau ? Je parie qu'elle l'a obligée à s'escrimer sur son vieux machin desséché, poilu, ratatiné…

Moira !

Quoi, Moira ? souffle-t-elle. Je sais que tu y as pensé.

Je réponds : Ça ne sert à rien de dire des mots pareils, tout en sentant monter le fou rire. Mais je me donnais encore l'illusion qu'il fallait préserver quelque chose de l'ordre de la dignité.

Tu as toujours été tellement bêcheuse, dit Moira, avec affection pourtant. Bien sûr que ça sert. Et comment !

Et elle a raison, je le comprends maintenant, à genoux sur ce sol indéniablement dur, à écouter le bourdon monotone de la cérémonie. Il y a un sentiment de puissance à chuchoter des obscénités à propos de ceux qui sont au pouvoir. Cela a quelque chose de réjouissant, quelque chose de pervers, de clandestin, d'interdit, d'excitant. C'est un peu comme une formule magique. Cela les dégonfle, les réduit au dénominateur commun où l'on peut les affronter. Dans la peinture du cubicule des toilettes, une inconnue avait gravé : *Tante Lydia suce*. C'était comme le drapeau de la rébellion brandi du haut d'une colline. La seule idée de Tante Lydia faisant une chose pareille était en soi revigorante.

Et maintenant je passe mon temps à imaginer des rencontres moites et velues entre ces Anges et leurs blanches épousées exsangues, des grognements et des suées mémorables, ou mieux, des échecs ignominieux, des verges pareilles à des carottes vieilles de trois semaines, des tâtonnements angoissés sur une chair aussi froide et aussi difficile à émouvoir qu'un poisson non cuit.

Quand c'est enfin terminé, et que nous sortons, Deglen me dit, de son chuchotis léger, pénétrant : « Nous savons que tu le vois seule. »

Je fais : « Qui ? » tout en résistant à l'envie de la regarder. Je sais qui.

« Ton Commandant. Nous savons que ça t'arrive. »

Je lui demande comment.

« Nous savons, c'est tout, dit-elle. Que veut-il ? Des trucs spéciaux ? »

Ce serait difficile de lui expliquer ce qu'il veut vraiment, parce que je n'ai pas encore de mots pour le définir. Comment puis-je lui décrire ce qui se passe dans la réalité entre nous ? Cela la ferait rire, c'est sûr. Il m'est plus facile de répondre : « En quelque sorte, oui. » Cela a au moins la dignité de la contrainte.

Elle réfléchit. « Tu serais étonnée, dit-elle, de savoir combien ils sont nombreux dans ce cas. »

« Ce n'est pas ma faute. Je ne peux pas refuser d'y aller. » Elle devrait savoir cela.

Nous sommes maintenant sur le trottoir, et c'est trop risqué de parler, nous sommes trop près des autres, et il n'y a plus le murmure protecteur de la foule. Nous marchons en silence, en nous attardant derrière les autres, jusqu'à ce qu'enfin elle estime pouvoir dire :

« Bien sûr que tu ne peux pas. Mais renseigne-toi et dis-nous. »

« Me renseigner sur quoi ? »

Je la sens plutôt que je ne la vois tourner légèrement la tête.

« Tout ce que tu pourras. »

35.

Maintenant il y a un espace à remplir, dans l'air trop chaud de ma chambre, et un temps également ; un espace-temps entre ici et maintenant, et là-bas et plus tard, ponctué par le dîner. L'arrivée du plateau, monté à l'étage comme pour une invalide. Une invalide, quelqu'un qui a été invalidée. Pas de passeport valide. Pas de sortie.

C'est ce qui est arrivé le jour où nous avons essayé de passer la frontière, avec nos passeports neufs qui disaient que nous n'étions pas qui nous étions ; que Luke, par exemple, n'avait jamais divorcé, que nous étions donc en règle, d'après la nouvelle loi.

L'homme est allé à l'intérieur avec nos passeports, après que nous lui avons expliqué l'histoire du pique-nique, et après avoir jeté un coup d'œil dans la voiture, et vu notre fille endormie, au milieu de son zoo d'animaux pelés. Luke m'a tapoté le bras et il est sorti de la voiture comme pour se dégourdir les jambes ; il surveillait l'homme à travers la fenêtre du bâtiment de l'immigration. Je suis restée dans la voiture. J'avais allumé une cigarette pour me calmer. J'aspirais la fumée, une longue goulée de feinte attente. Je regardais deux soldats revêtus des nouveaux uniformes, qui commençaient déjà à paraître familiers. Ils étaient debout, désœuvrés, à côté de la barrière à bascule striée de jaune et de noir. Ils ne faisaient pas grand-chose. L'un d'eux observait une bande d'oiseaux, des mouettes, qui s'envolaient, tourbillonnaient et se posaient sur le parapet du pont, plus bas. Tout en l'observant, lui, j'observais les oiseaux. Tout était de la couleur habituelle, mais en plus vif.

Je me disais, je priais en mon for intérieur : Tout ira bien. Oh, faites que cela soit. Que nous passions, que nous traversions. Juste pour une fois, et je ferai n'importe quoi. Ce que je pensais pouvoir faire pour quiconque m'aurait écoutée, qui aurait pu présenter la moindre utilité, ou intérêt, je ne le saurai jamais.

Puis Luke est remonté en voiture, trop vite, il a tourné la clef de contact et a fait marche arrière. Il a dit que l'homme avait décroché le téléphone. Puis il s'est mis à conduire très vite, et ensuite il y a eu le chemin de terre et les bois, et nous avons sauté hors de la voiture et nous sommes mis à courir. Une chaumière, où nous cacher, un bateau, je ne sais pas ce que nous pensions. Il avait dit que les passeports étaient à toute épreuve, et nous avions eu si peu de temps pour nous organiser. Peut-être avait-il un plan, une espèce de carte en tête. Quant à moi, je ne faisais que courir : fuir, fuir.

Je ne veux pas raconter cette histoire.

Je n'ai pas à la raconter. Je ne suis pas obligée de raconter quoi que ce soit, ni à moi-même ni à personne. Je pourrais juste rester assise ici, paisiblement. Je pourrais me retirer en moi-même. On peut plonger assez profond, assez loin et assez en arrière, pour qu'ils ne puissent jamais nous faire remonter.

Nolite te salopardes exterminorum. Ça lui a fait une belle jambe.

Pourquoi lutter ?

Ça ne peut pas continuer comme ça.

L'amour ? dit le Commandant.

Voilà qui est mieux. Voilà quelque chose que je connais. Nous pouvons parler de cela.

J'avais dit, tomber amoureux. Tomber en amour, nous le faisions tous alors d'une manière ou d'une autre. Comment a-t-il pu prendre cela tellement à la légère ? Ricaner, même. Comme si c'était banal à nos yeux, une pose, un caprice. C'était, au contraire, une opération laborieuse. C'était l'événement central ; c'était le moyen de se comprendre soi-même ; si cela ne vous arrivait jamais, au grand jamais, vous seriez devenu un mutant, une créature de l'espace extraterrestre. Tout le monde savait cela.

Tomber amoureux, disions-nous. *Je suis tombée amoureuse de lui.* Nous étions des femmes qui tombions. Nous y croyions, à ce mouvement de chute : si délicieux, comme si l'on volait, et pourtant à la fois si terrible, si extrême, si improbable. *Dieu est amour*, disait-on jadis, mais nous avions changé cela, et l'amour, comme le Paradis, était toujours juste au coin de la rue. Plus il était difficile d'aimer l'homme qui se trouvait à nos côtés, plus nous croyions à l'Amour, abstrait et total. Nous attendions, éternellement, l'incarnation. Ce mot-là fait chair.

Et parfois cela arrivait, pendant un temps. Ce genre d'amour arrive, et disparaît, et il est difficile d'en garder le souvenir, de même que de la douleur. Un beau jour, on regardait cet homme, et on se disait : Je t'ai aimé, et c'était pensé au passé, et on était rempli d'étonnement, parce que c'était une chose tellement surprenante, précaire et stupide de l'avoir aimé ; et on comprenait aussi pourquoi les amis s'étaient montrés évasifs à ce propos, à l'époque.

C'est extrêmement réconfortant, à présent, de me remémorer cela.

Ou parfois, quand on était encore à aimer, encore à tomber, on se réveillait au milieu de la nuit, quand un rayon de lune, entré par la fenêtre, éclairait son visage endormi, rendant les orbites ombrées de ses yeux plus noires et plus caverneuses que dans la journée, et on se disait : Qui sait ce qu'ils font, tout seuls, ou avec d'autres hommes ? Qui sait ce qu'ils disent et où ils sont susceptibles d'aller ? Qui peut dire ce qu'ils sont réellement ? Sous leur quotidienneté.

Probablement se disait-on, à ces moments-là : Et s'il ne m'aime pas ?

Ou l'on se souvenait d'histoires lues dans les journaux, parlant de femmes qu'on avait découvertes – souvent des femmes, mais parfois des hommes ou des enfants, cela c'était le pire, dans des fossés ou des forêts ou des réfrigérateurs ou des chambres, des locations abandonnées, vêtus ou dévêtus, violentés ou pas, de toute façon, assassinés. Il y avait des endroits où l'on ne voulait pas se promener, des précautions que l'on prenait, du genre verrous aux fenêtres et aux portes, rideaux tirés, lumière gardée allumée. Ces gestes que l'on accomplissait étaient comme des prières ; on les faisait et on espérait qu'ils vous sauveraient. Et le plus souvent, c'était le cas. Ou quelque chose s'en chargeait : la preuve, c'est qu'on était toujours en vie.

Mais tout cela n'avait cours que la nuit, et n'avait rien à voir avec l'homme que l'on aimait, du moins pendant la journée. Avec cet homme-là, on voulait que ça marche, que ça marche pour de bon. La marche et l'exercice, on en faisait aussi pour garder la forme, pour cet homme-là. Si l'on marchait assez, peut-être l'homme en ferait-il autant. Peut-être pourrait-on marcher ensemble, comme si l'on était sur la même route. Autrement l'un des deux, probablement l'homme, se mettrait à vagabonder en suivant sa trajectoire propre, emportant avec lui son corps auquel on était accrochée comme à une drogue, et vous laisserait dans un terrible état de manque que vous ne pourriez combattre que par la marche. Si tout cela échouait, c'était parce que l'un des deux n'avait pas la bonne attitude. Tout ce qui se passait dans votre vie était attribué à un pouvoir, négatif ou positif, qui émanait de l'intérieur de votre tête.

Si ça ne te plaît pas, tu changes, disions-nous, les unes aux autres, et à nous-mêmes. Et alors nous changions d'homme. Le changement, nous en étions convaincues, ne pouvait être que pour le mieux. Nous étions des révisionnistes. Ce que nous révisions, c'était nous-mêmes. C'est étrange de se remémorer notre manière de raisonner, comme si toutes les possibilités nous étaient ouvertes, comme s'il n'y avait pas de contingence, pas de frontières, comme si nous étions libres de modeler et de remodeler à l'infini le périmètre en expansion permanente de notre vie. J'étais ainsi, moi aussi. Je faisais la même chose. Luke n'était pas mon premier homme et il se pouvait qu'il ne fût pas le dernier. S'il ne s'était pas trouvé gelé ainsi, arrêté net dans le temps, suspendu dans le vide, parmi les arbres, là-bas, en train de tomber.

Autrefois ils vous envoyaient un petit paquet contenant les effets personnels : ce qu'il avait sur lui au moment de sa mort. C'est ce qu'ils avaient coutume de faire, en temps de guerre, disait ma mère. Pendant combien de temps étiez-vous censée garder le deuil, et que disaient les autres ? Faites de votre vie un hommage au bien-aimé disparu. Et c'est ce qu'il était, le bien-aimé. Unique.

Je me corrige, *Est. Est*, seulement trois lettres, espèce d'idiote, et tu n'arrives pas à t'en souvenir, même d'un mot aussi court ?

Je m'essuie le visage de la manche. Jadis, je ne l'aurais pas fait de peur de me barbouiller, mais maintenant rien ne déteint. L'expression qui est là, quelle qu'elle soit, et que je ne vois pas, est réelle.

Il vous faudra me pardonner. Je suis une réfugiée du passé, et comme les autres réfugiés, je passe en revue les coutumes et les façons d'être que j'ai quittées ou que j'ai été forcée de laisser derrière moi, et tout semble tout aussi bizarre, vu d'ici, et j'en reste tout autant obsédée. Comme un Russe blanc qui boit du thé à Paris, égaré dans le XXe siècle, je vagabonde vers le passé, je tente de regagner ces sentiers lointains. Je deviens trop sentimentale, je me perds. Je larmoie. Larmoyer, c'est cela, et non pas pleurer. Je reste dans mon fauteuil et dégouline comme une éponge.

Bien. Attendre, encore. Madame attend. C'est ainsi que s'appelaient les magasins où l'on pouvait acheter des vêtements de grossesse. Une femme qui attend, cela fait plutôt penser à quelqu'un dans une gare de chemin de fer. L'attente est aussi un lieu : c'est partout où l'on attend. Pour moi c'est cette chambre. Je suis un blanc, ici, entre parenthèses. Entre d'autres gens.

On frappe à ma porte. C'est Cora, avec le plateau.

Mais ce n'est pas Cora. « Je vous l'ai apportée », dit Serena Joy.

Et alors je lève les yeux, regarde alentour, m'extrais de mon fauteuil et vais vers elle. Elle la tient à la main, un tirage Polaroid, carré et brillant. Donc, on les fabrique encore, ces appareils de photo. Et il doit y avoir aussi des albums de famille, avec dedans tous les enfants ; mais pas de Servantes. Du point de vue de l'histoire future, cette espèce, nous, sera invisible. Mais les enfants, eux, y seront, pour que les Épouses les regardent, au salon, tout en grignotant au buffet et en attendant la naissance.

« Vous ne pouvez la garder qu'une minute, dit Serena Joy, d'une voix étouffée de conspiratrice. Il faut que je la rende avant qu'on ne s'aperçoive qu'elle manque. »

C'est sûrement une Martha qui la lui a obtenue. Il y a donc un réseau chez les Marthas, avec, pour elles, des avantages à la clef. C'est bon à savoir.

Je la lui prends, la retourne pour la voir à l'endroit. Est-ce elle, est-ce ressemblant ? Mon trésor.

Si grande, si changée. Un peu souriante maintenant, si vite, et vêtue d'une robe blanche comme pour une Première Communion d'autrefois.

Le temps ne s'est pas arrêté. Ses vagues m'ont balayée, emportée comme si je n'étais rien de plus qu'une femme de sable, abandonnée par un enfant insouciant trop près de l'eau. Pour elle j'ai été oblitérée. Je ne suis plus maintenant qu'une ombre, loin derrière la surface lisse et luisante de cette photographie. L'ombre d'une ombre, le sort des mères mortes. Cela se voit dans ses yeux : je n'y suis pas.

Mais elle existe, dans sa robe blanche. Elle grandit, et vit. N'est-ce pas là une bonne chose ? Une bénédiction ?

Pourtant, je ne puis le supporter, d'avoir été ainsi effacée. Il aurait mieux valu qu'elle ne m'apporte rien.

Je suis assise à la petite table, à manger du maïs à la crème avec une fourchette. J'ai une fourchette et une cuiller, mais jamais de couteau. Quand il y a de la viande, ils me la coupent à l'avance, comme si j'étais dépourvue d'habileté manuelle, ou de dents. Pourtant j'ai les deux. C'est pourquoi je ne suis pas autorisée à avoir un couteau.

36.

Je frappe à sa porte, entends sa voix, compose mon visage, entre. Il est debout près de la cheminée ; à la main il tient un verre presque vide. D'habitude il attend que j'arrive pour commencer à boire de l'alcool, et pourtant je sais qu'ils prennent du vin au dîner. Il a le visage un peu congestionné. J'essaie d'évaluer combien de verres il a bus.

« Mes compliments, dit-il. Comment va la plus belle ce soir ? »

Quelques-uns, je le décèle au raffinement du sourire qu'il compose et me décoche. Il en est à la phase galante.

« Je vais très bien. »

« D'humeur à faire un peu la fête ? »

« Pardon ? » Derrière cette mise en scène je sens de la gêne, une incertitude sur la question de savoir jusqu'où il peut aller avec moi, et dans quelle direction.

« Ce soir, j'ai une petite surprise pour vous », dit-il. Il rit ; c'est plutôt un ricanement grivois. Je remarque

que ce soir tout est *petit*. Il veut minimiser les choses, moi y compris. « Quelque chose qui va vous plaire. »

« Qu'est-ce que c'est ? Un jeu d'échecs chinois ? » Je peux prendre ce genre de libertés ; cela semble lui faire plaisir, surtout après quelques verres. Il me préfère évaporée.

« Mieux que cela », dit-il, essayant de m'aguicher.

« Je peux à peine attendre. »

« Bien. » Il va à son bureau, fouille dans un tiroir. Puis il vient vers moi, une main derrière le dos.

« Devinez », dit-il.

« Animal, végétal ou minéral ? »

« Oh, animal, dit-il avec une gravité feinte. Je dirais, incontestablement animal. » Il sort la main de derrière son dos. Il tient une poignée de plumes dirait-on, mauves et roses. Maintenant il secoue l'objet. C'est un vêtement, apparemment, et de femme ; il y a les bonnets pour les seins, recouverts de sequins pourpres. Les sequins sont de minuscules étoiles. Les plumes entourent les trous pour les cuisses et bordent le haut du corsage. Alors je ne me trompais pas tellement, à propos de corset, après tout.

Je me demande où il l'a trouvé. Tous les vêtements de ce genre sont censés avoir été détruits. Je me souviens d'avoir vu cela à la télévision, dans des reportages tournés dans une quantité de villes. À New York, cela s'appelait « La Purification de Manhattan ». Il y avait des feux de joie à Times Square, entourés de foules qui psalmodiaient, des femmes qui levaient les bras en l'air avec gratitude quand elles sentaient la caméra sur elles, de jeunes hommes au visage net et dur comme pierre qui lançaient des choses dans les flammes, des brassées de soie et de nylon et de fourrure artificielle, vert limette, rouge, violet, satin noir, lamé d'or, argent scintillant, slip bikini, soutien-gorge transparent avec des cœurs en satin cousus pour couvrir les bouts de seins. Et les fabricants, les importateurs et les revendeurs à genoux, à faire pénitence en public, avec des chapeaux en papier coniques comme des bonnets d'âne sur la tête, portant en rouge l'inscription HONTE.

Mais certains articles ont dû survivre au bûcher, il n'est pas possible qu'ils aient tout raflé. Il a dû se procurer ceci de la même manière qu'il a obtenu les revues, pas honnêtement ; cela pue le marché noir. Et ce n'est pas neuf, cela a déjà été porté, le tissu sous les bras est chiffonné et légèrement taché, de la sueur d'une autre femme.

« Il m'a fallu deviner la taille, dit-il. J'espère que ça vous ira. »

« Vous pensez que je vais mettre ça ? » Je sais que ma voix sonne prude, désapprobatrice. Pourtant l'idée a quelque chose de séduisant. Je n'ai jamais rien porté qui ressemble, même de loin, à ceci, rien de si étincelant et théâtral, et c'est bien ce que cela doit être, un vieux costume de théâtre, ou le reste d'un défunt spectacle de boîte de nuit ; ce que j'ai eu de plus approchant, c'étaient des costumes de bain et un bustier en dentelle couleur pêche, que Luke m'avait achetés un jour. Pourtant cet objet est paré d'une séduction, il éveille un désir puéril de se costumer. Et ce serait une telle bravade, un tel sarcasme à l'adresse des Tantes, tellement scandaleux, tellement libre. La liberté, comme tout le reste, est relative.

Je dis : « Bon », en évitant d'avoir l'air trop impatiente. Je veux qu'il sente que je lui fais une grâce. Maintenant, nous y arriverons peut-être, à son véritable désir profond. Est-ce qu'il a une cravache, cachée derrière la porte ? Va-t-il exhiber des bottes, se courber ou me courber sur le bureau ?

« C'est un déguisement, dit-il. Il vous faudra aussi vous maquiller le visage. J'ai ce qu'il faut. On ne vous laisserait jamais entrer autrement. »

« Entrer où ? »

« Ce soir, je vous sors. »

« Me sortir ? » C'est une expression archaïque. Sûrement, il ne reste plus aucun endroit où un homme puisse sortir une femme.

« Je vous sors d'ici. »

Je sais sans qu'il le dise que ce qu'il propose est risqué, pour lui mais surtout pour moi, mais je veux y aller quand même. J'aspire à n'importe quoi pour rompre la monotonie, renverser le prétendu ordre respectable des choses.

Je lui dis que je ne veux pas qu'il me regarde pendant que je revêts ce machin ; j'ai encore des timidités devant lui, à propos de mon corps. Il dit qu'il va tourner le dos, et s'exécute ; j'ôte mes chaussures, mes bas et ma culotte de coton, et enfile les plumes, par-dessous la tente de ma robe. Puis je retire la robe elle-même et remonte les minces bretelles à sequins sur mes épaules. Il y a aussi des chaussures, mauves, à talons ridiculement hauts. Rien ne me va tout à fait, les chaussures sont un peu trop grandes, le costume est trop serré à la taille, mais ça ira.

Je dis : « Voilà » et il se retourne. Je me sens idiote. Je voudrais me voir dans une glace.

« Charmant, dit-il. Et maintenant, le visage. »

Tout ce qu'il a c'est un rouge à lèvres, vieux et coulant et sentant le raisin synthétique, de l'eye-liner et du mascara. Pas d'ombre à paupières, pas de rouge à joues. Pendant un instant il me semble que je ne pourrai pas me rappeler comment on fait, et mon premier essai avec l'eye-liner me laisse une paupière maculée de noir, comme si j'avais participé à une bagarre. Je l'essuie avec la lotion pour les mains à l'huile végétale et fais une autre tentative. Je me frotte les pommettes avec un peu de rouge à lèvres, en étalant bien. Tandis que je fais tout cela, il tient devant moi un grand miroir à main à dos d'argent. Je le reconnais, c'est celui de Serena Joy. Il a dû le lui emprunter, dans sa chambre.

Je ne peux rien faire de mes cheveux.

« Formidable », dit-il. Maintenant il est tout excité, c'est comme si nous nous habillions pour une fête.

Il va au placard et en tire une cape avec un capuchon. Elle est bleu clair, la couleur des Épouses. Elle doit aussi appartenir à Serena.

« Tirez le capuchon sur votre visage, dit-il. Essayez de ne pas abîmer votre maquillage. C'est pour passer les postes de contrôle. »

« Mais, et mon laissez-passer ? »

« Ne vous inquiétez pas. J'en ai un pour vous. »

Et nous voilà partis.

Nous glissons ensemble à travers les rues qui s'assombrissent. Le Commandant me tient la main droite, comme si nous étions des adolescents au cinéma. Je serre étroitement la cape bleu ciel autour de moi, comme doit le faire une bonne Épouse. À travers le tunnel que forme le capuchon, je vois la nuque de Nick. Sa casquette est posée d'aplomb, il est assis bien droit, son cou est droit, tout en lui est extrêmement droit. Toute son attitude est un reproche, ou est-ce moi qui l'imagine ? Sait-il ce que je porte sous cette cape, est-ce lui qui l'a dénichée ? Et si oui, est-ce que cela le rend furieux, ou lubrique, ou envieux, ou autre chose, ou rien du tout ? En fait nous avons quelque chose en commun : nous sommes censés l'un et l'autre être invisibles, nous sommes l'un et l'autre des fonctionnaires. Je me demande s'il le sait. Quand il a ouvert la porte de la voiture pour le Commandant, et par extension, pour moi, j'ai essayé d'accrocher son regard, de le forcer à me regarder, mais il a fait comme s'il ne me voyait pas. Pourquoi ? C'est une bonne planque, qu'il a, à faire de petites commissions, rendre de menus services, et il ne voudrait pour rien au monde risquer de la compromettre.

Les postes de contrôle ne posent aucun problème, tout se passe aussi facilement que l'avait annoncé le Commandant, malgré le martèlement intense, la pression du sang dans ma tête. Dégonflée, dirait Moira.

Après le deuxième poste de contrôle, Nick interroge : « Ici, Monsieur ? » et le Commandant répond : « Oui. »

La voiture se range au bord du trottoir et le Commandant me dit : « Maintenant il faut que je vous demande de vous coucher par terre, au fond de la voiture. »

« Par terre ? »

« Nous devons franchir la grille », dit-il, comme si cela avait un sens pour moi. J'ai essayé de lui demander où nous allions, mais il a répondu qu'il voulait me faire la surprise. « Les Épouses ne sont pas admises. »

Donc je m'aplatis, la voiture démarre de nouveau et pendant quelques minutes je ne vois rien. Sous la cape il fait une chaleur étouffante. C'est une cape d'hiver, pas celle d'été, en coton, et elle sent l'antimite. Il a dû la tirer du placard de rangement, sachant qu'elle ne s'en apercevrait pas. Il a courtoisement déplacé ses pieds pour me faire de la place. Pourtant j'ai le front sur ses chaussures. Je n'ai jamais jusqu'ici été aussi près de ses souliers. Ils ont un contact dur, ferme, comme des carapaces de scarabée : noirs, vernis, impénétrables. Ils semblent n'avoir aucun rapport avec des pieds.

Nous franchissons un autre poste de contrôle. J'entends des voix, impersonnelles, déférentes, et la vitre qui s'abaisse et se relève électriquement pour que les laissez-passer soient visés. Cette fois-ci il ne montrera pas le mien, celui qui est supposé être le mien, puisque je n'ai plus d'existence officielle, pour le moment.

Puis la voiture avance, et s'arrête de nouveau, et le Commandant m'aide à me relever.

« Il nous faudra faire vite, dit-il. C'est la porte de service. Laissez la cape à Nick. À une heure, comme d'habitude », dit-il à Nick. Donc il s'agit ici aussi de quelque chose qu'il a déjà fait.

Il m'aide à me débarrasser de la cape ; la portière de la voiture s'ouvre. Je sens l'air sur ma peau presque nue, et je me rends compte que j'ai transpiré. Au moment où je me retourne pour fermer la portière derrière moi, je vois Nick qui me regarde à travers la vitre. Il me voit maintenant. Est-ce du mépris que je lis, ou de l'indifférence, est-ce simplement ce à quoi il s'attendait de ma part ? Nous sommes dans une ruelle derrière un bâtiment de briques rouges, relativement moderne. Une rangée de poubelles est disposée derrière la porte, et cela sent le poulet frit en train de pourrir. Le Commandant a la clef de la porte, qui est unie, grise, et noyée dans le mur, et je crois, faite d'acier. À l'intérieur, il y a un couloir en parpaings éclairé par des tubes fluorescents au plafond : une espèce de tunnel fonctionnel.

« Attendez », dit le Commandant. Il me glisse autour du poignet une étiquette pourpre, sur une bande élastique, comme les étiquettes de bagages dans les aéroports. « Si quelqu'un vous pose une question, dites que vous êtes louée pour la soirée », dit-il. Il saisit le haut de mon bras nu et me dirige en avant. Ce que je veux, c'est un miroir, pour voir si mon rouge à lèvres est bien mis, si les plumes ne sont pas trop ridicules, trop crasseuses. Sous cet éclairage, je dois être blafarde. Mais c'est trop tard à présent.

Idiote, dirait Moira.

37.

Nous longeons le couloir, passons une autre porte gris uni, prenons un autre corridor, celui-ci doucement éclairé et garni d'un tapis couleur de champignon, brun rosé. Des portes donnent sur ce corridor, elles sont marquées de chiffres : cent un, cent deux, comme on compte pendant un orage pour savoir à quelle distance on est de là où tombera la foudre. Donc c'est un hôtel. Derrière l'une des portes l'on entend rire, un rire d'homme et aussi un rire de femme. Il y a longtemps que je n'ai pas entendu cela.

Nous aboutissons dans une cour centrale. Elle est vaste, et haute : elle s'élève sur plusieurs étages, jusqu'au sommet, coiffé d'une verrière. Il y a une fontaine au milieu, une fontaine ronde d'où jaillit de l'eau en forme de pissenlit monté en graine. Des plantes en pot et des arbres se dressent ici et là, des vignes pendent des balcons. Des ascenseurs à paroi vitrée, ovale, glissent le long des murs, montent et descendent comme des mollusques géants.

Je sais où je suis. J'y suis déjà venue, avec Luke, l'après-midi, il y a bien longtemps. C'était alors un hôtel. Maintenant il est plein de femmes.

Je reste immobile et les contemple. Je peux voir, ici, regarder tout autour de moi, il n'y a pas d'ailes blanches pour m'en empêcher. Ma tête, dégarnie, me semble curieusement légère ; comme si un poids en avait été retiré, ou de la matière.

Les femmes sont assises, flânent, se promènent, appuyées l'une à l'autre. Il y a des hommes mêlés à elles, une quantité d'hommes, mais vêtus de leurs uniformes ou de costumes sombres, si semblables les uns aux autres qu'ils ne forment qu'une espèce de toile de fond. En revanche les femmes sont tropicales, elles sont vêtues de toute espèce d'accoutrements voyants de fête. Certaines ont des costumes pareils au mien, plumes et paillettes, échancrés haut sur les cuisses, bas sur les seins. Certaines portent de la lingerie d'autrefois, des chemises de nuit courtes, des pyjamas baby doll, quelques-unes des négligés transparents. Certaines sont en maillot de bain, une pièce ou bikini ; l'une porte un machin au crochet avec de grosses coquilles Saint-Jacques qui couvrent les seins. Certaines sont en short de sport et bain de soleil, d'autres en tenues de gymnastique comme celles que l'on montrait à la télévision, collantes, avec des jambières tricotées couleur pastel. Il y en a même quelques-unes en jupettes plissées avec des lettres démesurées à travers la poitrine, l'uniforme des supporters des équipes de football. Je pense qu'elles ont dû se contenter d'un méli-mélo de tout ce qu'elles ont pu récupérer, ou sauver. Toutes sont maquillées, et je me rends compte à quel point j'ai perdu l'habitude de voir cela, chez des femmes, parce que leurs yeux me paraissent trop grands, trop noirs et luisants, leurs bouches trop rouges, trempées dans du sang et brillantes ; ou autrement dit, trop clownesques.

À première vue, ce spectacle dégage une certaine gaieté. C'est comme un bal masqué ; elles sont comme des enfants géants, attifés de toilettes qu'elles auraient dénichées dans des malles. Y a-t-il de la joie dans tout cela ? Ce pourrait être le cas, mais l'ont-elles choisi ? À les regarder, on ne saurait dire.

Il y a une grande quantité de croupes dans cette salle. Je n'en ai plus l'habitude.

« C'est comme une promenade dans le passé » dit le Commandant. Sa voix sonne satisfaite, ravie même. « Ne trouvez-vous pas ? »

Je dis « Oui ». Ce que je ressens n'est pas évident. Certes je ne suis pas effarée par ces femmes, elles ne me choquent pas. Je reconnais que ce sont des ribaudes. Le credo officiel les dénie, nie jusqu'à leur existence, et pourtant elles sont là. C'est au moins quelque chose.

« Ne prenez pas cet air ahuri, dit le Commandant. Vous allez vous trahir. Soyez naturelle. » De nouveau il me fait avancer. Un autre homme l'a repéré, salué, et s'avance vers nous. Le Commandant resserre son étreinte sur le haut de mon bras. Il murmure : « Du calme. Ne perdez pas votre sang-froid. »

Je me dis, tout ce que tu as à faire, c'est de ne pas desserrer les dents et avoir l'air stupide. Cela ne devrait pas être trop difficile.

Le Commandant fait la conversation à ma place, avec cet homme et ceux qui s'approchent ensuite. Il ne dit pas grand-chose de moi ; ce n'est pas nécessaire. Il dit que je suis nouvelle, ils me jettent un coup d'œil, m'oublient et s'entretiennent d'autres sujets. Mon déguisement remplit son office.

Il continue à me serrer le bras, et tandis qu'il parle, son dos se redresse insensiblement, sa poitrine se dilate, sa voix prend de plus en plus la pétulance et l'enjouement de la jeunesse. J'ai l'impression qu'il parade. Il fait parade de ma personne, devant eux, et ils le comprennent ; ils sont assez corrects, ils ne laissent pas errer leurs mains ; ils passent en revue mes seins, mes jambes, comme s'il n'y avait aucune raison de s'en priver. Mais il parade aussi pour moi. Il fait la démonstration, à mon intention, de la maîtrise qu'il a du monde. Il rompt les règles sous leur nez, leur fait la nique, et s'en tire indemne. Peut-être est-il arrivé au stade d'intoxication auquel conduit, paraît-il, le pouvoir, le stade où l'on se croit indispensable, et où donc tout vous est permis, absolument tout ce qui vous passe par la tête, n'importe quoi. À deux reprises, quand il croit que personne ne regarde, il me fait un clin d'œil.

C'est une exhibition juvénile, toute cette scène, et pathétique, mais c'est quelque chose que je comprends.

Quand il s'en est rassasié, il m'entraîne de nouveau, vers un sofa boursouflé et fleuri, du style que l'on voyait jadis dans les halls d'hôtel ; dans ce même hall, d'ailleurs, c'est un motif floral dont je me souviens, sur fond bleu nuit, des fleurs roses Art nouveau. « Je me suis dit que vous commenciez peut-être à avoir les pieds fatigués, avec ces souliers », dit-il. Il a vu juste, et je suis reconnaissante. Il me fait asseoir et s'installe à côté de moi. Il me passe un bras autour des épaules. Le tissu de sa manche est rêche contre ma peau, tellement déshabituée ces temps-ci d'être touchée.

« Eh bien ? demande-t-il. Que pensez-vous de notre petit club ? » Je regarde de nouveau alentour. Les hommes ne sont pas homogènes comme je l'avais cru d'abord. Là-bas près de la fontaine il y a un groupe de Japonais en costume gris clair, et dans le coin le plus reculé, une éclaboussure de blanc : des Arabes, dans les longues sorties de bain qu'ils portent, avec la coiffure, les serre-tête rayés.

« C'est un club ? »

« Eh bien, c'est ainsi que nous l'appelons entre nous. Le club. »

« Je croyais que ce genre de chose était strictement interdit. »

« Oh, officiellement. Mais tout le monde est humain, après tout. »

J'attends qu'il développe cette idée, mais il n'en fait rien, alors je demande : « Qu'est-ce que cela veut dire ? »

« Cela veut dire qu'on ne peut pas tromper la Nature, dit-il. La Nature exige la variété, pour les hommes. C'est logique, cela fait partie de la stratégie de la procréation. C'est le dessein de la Nature. » Je ne dis rien, et il poursuit : « Les femmes savent cela d'instinct. Pourquoi achetaient-elles tant de vêtements différents, dans l'ancien temps ? Pour donner l'illusion aux hommes qu'elles étaient plusieurs femmes différentes. Tous les jours une femme nouvelle. » Il dit cela comme s'il y croyait, mais il y a beaucoup de choses qu'il présente ainsi. Peut-être y croit-il, peut-être pas, ou peut-être y croit-il sans y croire. Impossible de savoir ce qu'il croit.

Je dis : « Alors, puisque nous n'avons plus plusieurs vêtements, vous avez tout simplement plusieurs femmes. » C'est ironique, mais il ne s'en rend pas compte.

« Cela résout un tas de problèmes », dit-il, sans ciller.

Je ne réponds pas à cela. Il commence à m'ennuyer ; j'ai envie de lui faire le coup de me figer, de passer le reste de la soirée dans un mutisme boudeur. Mais je ne peux pas me le permettre et je le sais. Après tout, ça reste une soirée de sortie.

Ce que j'aimerais vraiment faire serait parler avec les femmes, mais je n'ai guère d'espoir d'y arriver.

« Qui sont ces gens ? »

« C'est réservé aux officiers ; de toutes les armes, et aux hauts fonctionnaires ; et aux délégations commerciales, bien sûr. Cela encourage les échanges. C'est un bon endroit pour rencontrer des gens. Il est presque impossible de faire des affaires sans cela. Nous essayons de leur offrir au moins l'équivalent de ce qu'ils peuvent trouver ailleurs. On peut aussi surprendre des conversations ; de l'information. Un homme dira quelquefois à une femme des choses qu'il ne dirait pas à un autre homme. »

J'interromps : « Non, je veux dire les femmes. »

« Oh ! Eh bien, certaines sont de vraies professionnelles. Elles exerçaient déjà le métier – il rit – dans l'ancien temps. Elles n'ont pas pu être assimilées ; de toute façon la plupart préfèrent être ici. »

« Et les autres ? »

« Les autres ? Eh bien nous en avons toute une collection. Voyez celle-là, en vert, elle est sociologue, ou l'était. Celle-là était avocate, celle-là était dans les affaires, un poste de direction, une espèce de chaîne de restauration rapide, ou peut-être d'hôtels. D'après ce que l'on m'a dit, on peut avoir une conversation fort intéressante avec elle, si l'on n'a envie que de parler. Elles aussi préfèrent être ici. »

« Elles le préfèrent à quoi ? »

« Aux autres possibilités. Vous-même préféreriez peut-être cela à ce que vous avez. » Il dit ceci timidement, c'est un appel du pied, il veut des compliments et je comprends que la partie sérieuse de la conversation est achevée.

Je dis : « Je ne sais pas », comme si je réfléchissais. « Il se peut que ce soit dur. »

« Il faudrait surveiller votre ligne, cela c'est sûr. Ils sont stricts là-dessus. Prenez cinq kilos, et ils vous mettent au cachot. » Est-ce qu'il plaisante ? Très probablement, mais je ne veux pas le savoir.

« Et maintenant, dit-il, pour vous mettre au diapason de cet endroit, que diriez-vous d'un petit verre ? »

« Je ne suis pas censée boire. Vous le savez. »

« Pour une fois, cela ne vous fera pas de mal. En plus, ce ne serait pas bien vu ici de ne pas le faire. Pas de tabous nicotine et alcool, ici ! Vous voyez, elles ont quelques avantages, ici. »

« Bien. » À part moi, l'idée me tente. Je n'ai pas bu d'alcool depuis des années.

« Alors, que prendrez-vous ? demande-t-il. Il y a tout, ici. Importé. »

« Un gin-tonic. Mais léger, s'il vous plaît. Je ne voudrais pas vous faire honte. »

« Vous ne ferez rien de tel », dit-il avec un large sourire. Il se lève ; puis, d'un geste surprenant, me prend la main, et la baise, sur la paume. Puis il s'éloigne en direction du bar. Il aurait pu appeler une serveuse, il y en a quelques-unes, vêtues de mini-jupes identiques avec des pompons sur les seins, mais elles semblent affairées et difficiles à accrocher.

C'est alors que je la vois. Moira. Elle est debout avec deux autres femmes, près de la fontaine. Il faut que je regarde attentivement, une deuxième fois, pour m'assurer que c'est bien elle. Je le fais par à-coups, par brefs clignements d'yeux, pour que personne ne remarque.

Elle porte un accoutrement absurde, un costume noir en satin naguère brillant, d'aspect défraîchi. Ça n'a pas d'épaulettes, c'est baleiné à l'intérieur, pour faire saillir les seins, mais ça n'est pas tout à fait à la taille de Moira, c'est trop grand, si bien qu'un sein pigeonne et l'autre pas. Elle tiraille machinalement le haut, pour le remonter. Il y a une pelote de coton attachée au dos, je la vois quand elle se tourne à demi ; cela ressemble à une serviette hygiénique qu'on aurait fait éclater comme du pop-corn ; je me rends compte que c'est censé être une queue. Attachées à sa tête pointent deux oreilles de lapin ou de cerf, c'est difficile à dire. L'une d'elles a perdu son apprêt ou son armature de fil de fer et pend, à demi repliée. Elle a un nœud papillon noir autour du cou et porte des bas en filet noir et des chaussures noires à hauts talons. Elle a toujours détesté les hauts talons.

L'ensemble de ce costume, antique et bizarre, me rappelle quelque chose du passé, mais je n'arrive pas à savoir quoi. Une pièce de théâtre, une comédie musicale ? Des filles déguisées pour Pâques, en costumes de lapins ? Quel sens cela prend-il ici ? Pourquoi les lapins sont-ils supposés être sexuellement attirants pour les hommes ? Comment ces chiffons dépenaillés peuvent-ils séduire ?

Moira fume une cigarette. Elle en tire une bouffée, la passe à la femme qui est à sa gauche, en paillettes rouges et affublée d'une longue queue pointue et de cornes : un costume de diable. Maintenant elle a les bras croisés sur la poitrine, sous ses seins renforcés au fil de fer. Elle se tient sur un pied, puis sur l'autre, elle doit avoir mal aux pieds, son dos s'affaisse légèrement. Son regard erre autour de la pièce sans intérêt ni curiosité. Ce spectacle doit lui être familier.

Je la magnétise pour qu'elle me regarde, me voie, mais ses yeux glissent sur moi comme si je n'étais qu'un palmier, qu'une chaise, parmi d'autres. Sûrement elle va se retourner, tant l'onde que je lui envoie est forte, avant que l'un des hommes ne s'approche d'elle, avant qu'elle ne disparaisse. Déjà sa compagne, la blonde en liseuse rose courte, garnie de fourrure, a été adjugée, a pénétré dans l'ascenseur de verre, est montée hors de ma vue. Moira pivote encore la tête, peut-être en quête de clients éventuels. Cela doit être pénible de rester plantée là, au rebut comme si elle était à un bal de lycée à faire tapisserie. Cette fois son regard s'accroche sur moi. Elle me voit. Elle est assez avertie pour ne pas réagir.

Nous nous fixons, en gardant un visage inexpressif, apathique. Puis elle fait un petit mouvement de la tête, un signe imperceptible vers la droite. Elle reprend la cigarette à la femme en rouge, la porte à sa bouche, laisse la main en l'air quelques instants, les cinq doigts étalés. Puis elle me tourne le dos.

Notre vieux signal : j'ai cinq minutes pour me rendre aux toilettes des dames, qui doivent être quelque part à sa droite. Je regarde alentour, rien ne les indique. Je ne peux pas prendre le risque de me lever et de circuler, sans le Commandant ; je ne suis pas assez au courant, je ne connais pas les ficelles, je peux me faire interpeller.

Une minute. Deux. Moira commence à marcher nonchalamment sans regarder autour d'elle. Elle ne peut qu'espérer que je l'aie comprise et vais la suivre.

Le Commandant revient, muni de deux verres. Il me sourit, dépose les boissons sur la longue table noire devant le sofa, s'assied.

« Vous vous amusez bien ? » demande-t-il. C'est ce qu'il souhaite. Après tout, il me fait une gâterie.

Je lui souris. « Y a-t-il des toilettes ? »

« Bien sûr. » Il sirote sa boisson. Il ne donne spontanément aucune indication.

« Il faut que j'y aille. » Je compte dans ma tête à présent, en secondes et non plus en minutes.

« Elles sont là-bas. » Il fait un signe de tête.

« Et si quelqu'un m'arrête ? »

« Vous n'aurez qu'à montrer votre étiquette. Cela suffira. Ils sauront que vous êtes prise. »

Je me lève, chancelle à travers la pièce. Je fais une petite embardée près de la fontaine, manque de tomber. Ce sont les talons. Sans le bras du Commandant pour m'assurer, je suis en déséquilibre. Plusieurs hommes me regardent, avec plus d'étonnement, me semble-t-il, que de désir. Je me sens idiote, je tiens mon bras gauche bien visible devant moi, plié au coude, l'étiquette tournée en dehors. Personne ne dit mot.

38.

Je trouve l'entrée des toilettes des dames. Elle est encore marquée *Dames*, en lettres enjolivées dorées. Il y a un couloir qui conduit à une porte, et à côté d'elle une femme assise, à surveiller les entrées et les sorties. C'est une femme plutôt âgée, elle porte un caftan pourpre et de l'ombre à paupières dorée, mais je l'identifie pourtant comme une Tante ; l'aiguillon à bétail est sur la table, la lanière passée à son poignet. On ne plaisante pas, ici.

« Quinze minutes », me dit-elle. Elle me donne un rectangle de carton pourpre qu'elle prélève sur une pile, posée sur la table. C'est comme une cabine d'essayage dans les grands magasins de l'époque d'avant. À la femme qui me suit, je l'entends dire : « Vous venez d'y aller. »

« Il faut que j'y retourne », dit la femme.

« Une pause repos par heure, dit la Tante. Vous connaissez les règles. »

La femme commence à protester, d'une voix geignarde et désespérée. Je pousse la porte.

Je me souviens de cet endroit. Il y a un coin-repos, doucement éclairé de teintes rosées, avec plusieurs fauteuils et un divan, tapissés d'un imprimé vert acide, à pousses de bambou, et surmontés d'une pendule murale dans un cadre de filigrane doré. Ici l'on n'a pas retiré le miroir, il y en a un grand, en face du divan. Ici, on a besoin de savoir de quoi on a l'air. Plus loin, après une ouverture cintrée il y a une rangée de cubicules de W.-C ; roses eux aussi, des lavabos et encore des miroirs.

Plusieurs femmes sont assises dans les fauteuils et sur le divan, chaussures ôtées, à fumer. À mon entrée, elles me dévisagent. Il y a du parfum dans l'air, et de la fumée croupie, et l'odeur de chair laborieuse.

« T'es nouvelle ? » demande l'une d'elles.

Je réponds « Oui », en cherchant des yeux Moira, qui n'est nulle part en vue.

Les femmes ne sourient pas. Elles retournent à leurs cigarettes comme si c'était une occupation importante. Dans l'autre pièce une femme en travesti de chat avec une queue en fourrure artificielle orange retouche son maquillage. C'est comme les coulisses d'un théâtre, crayons gras, fumée, les matériaux de l'illusion.

Je suis plantée là, hésitante, sans savoir quoi faire. Je ne veux pas m'enquérir de Moira, je ne sais pas si c'est sans danger. Puis un bruit de chasse d'eau et Moira sort de l'un des cubicules roses. Elle flageole vers moi. J'attends un signe.

« Tout va bien, dit-elle, s'adressant à moi et aux autres femmes. Je la connais. » Maintenant les autres sourient et Moira m'étreint. Je jette les bras autour d'elle, les armatures qui lui étayent les seins s'enfoncent dans ma poitrine. Nous nous embrassons, sur une joue, sur l'autre. Puis nous nous écartons.

« Sainte Horreur, dit-elle. Elle me sourit largement. Tu ressembles à la Putain de Babylone. »

« C'est bien ce que je suis censée représenter, non ? Tu as l'air de quelque chose que le chat aurait sorti de la poubelle. »

« Oui, dit-elle en remontant son corsage. Pas mon style et ce machin est sur le point de tomber en lambeaux. Je voudrais bien qu'ils dégotent quelqu'un qui sache encore les fabriquer. Alors je pourrais avoir quelque chose d'à peu près convenable. »

« C'est toi qui l'as choisi ? » Je me demande si elle a choisi ce costume, parmi d'autres, parce qu'il était moins criard. Au moins, il n'est que blanc et noir.

« Foutre non, dit-elle, matériel de l'armée. Je suppose qu'ils ont trouvé que ça m'allait. »

Je ne peux toujours pas croire que c'est bien elle. Je lui touche de nouveau le bras. Puis je me mets à pleurer.

« Ne fais pas ça, dit Moira. Ton maquillage va couler. De toute façon on n'a pas le temps. Poussez-vous. » Ceci s'adresse aux deux femmes assises sur le divan, à sa manière habituelle, péremptoire, brusque, expéditive, et comme d'habitude, cela lui réussit.

« De toute façon, ma pause est terminée », dit l'une des femmes qui porte une guêpière bleu layette garnie de dentelles et des bas blancs. Elle se lève, me serre la main. « Bienvenue », dit-elle.

L'autre femme se pousse complaisamment et Moira et moi nous asseyons. La première chose que nous faisons est ôter nos chaussures.

« Que diable fais-tu ici ? demande alors Moira. Pas que ce ne soit pas formidable de te voir. Mais ce n'est pas tellement formidable pour toi. Qu'est-ce que tu as fait de mal ? Tu as ri de son zizi ? »

Je lève les yeux au plafond. « Est-ce qu'il y a des micros ? » Je m'essuie le tour des yeux avec précaution, du bout des doigts. Du noir déteint.

« Probablement, dit Moira. Tu veux une clope ? »

« J'adorerais. »

« Hé, dit-elle à sa voisine. Prête-m'en une, tu veux ? »

La femme en tend une, sans rechigner. Moira est toujours une habile emprunteuse. Cela me fait sourire.

« Après tout, peut-être pas, dit Moira. Je ne peux pas m'imaginer qu'ils s'intéressent à rien de ce que nous pourrions dire. Ils en ont déjà entendu l'essentiel et personne ne sort d'ici sauf dans un fourgon noir. Mais tu dois le savoir, puisque tu es ici. »

J'attire sa tête à moi, pour lui chuchoter dans l'oreille. « Je suis temporaire. C'est seulement pour ce soir. Je ne suis même pas censée être ici. Il m'a fait entrer en fraude. »

« Qui ? chuchote-t-elle à son tour. Ce con avec qui tu es ? Je l'ai eu, c'est une sous-merde. »

« C'est mon Commandant. »

Elle hoche la tête. « Il y en a qui le font, ça les excite. C'est comme baiser sur un autel, ou de cet ordre-là : celles de votre bande sont censées être des vases si chastes. Cela leur plaît de vous voir toutes peinturlurées. C'est juste une de leurs façons dégoûtantes de se saouler de pouvoir. »

Cette interprétation ne m'était pas venue à l'esprit. Je l'applique au Commandant, mais elle semble trop simple pour lui, trop grossière. Ses motivations sont certainement plus délicates que cela. Mais il se peut que la vanité seule me pousse à le croire.

« Il ne nous reste pas beaucoup de temps. Raconte-moi tout. »

Moira hausse les épaules. « À quoi ça sert », dit-elle. Mais elle sait bien que ça sert, alors elle s'exécute.

Voici ce qu'elle a raconté, chuchoté, à peu de chose près. Je ne peux pas m'en souvenir exactement parce que je n'avais aucun moyen de le noter par écrit. J'ai rempli les blancs autant que j'ai pu ; nous n'avions pas beaucoup de temps, alors elle ne m'a donné que les grandes lignes. Elle m'a fait ce récit en deux séances, nous nous sommes débrouillées pour avoir une deuxième pause ensemble. J'ai essayé de reproduire son style de mon mieux. C'est une manière de la garder en vie.

« J'ai laissé cette vieille peau de Tante Élisabeth ficelée comme une dinde de Noël derrière la chaudière. Je voulais la tuer, j'en avais vraiment envie, mais maintenant je suis contente de ne pas l'avoir fait, parce que les choses iraient beaucoup plus mal pour moi. Je n'en revenais pas de combien c'était facile de sortir du Centre. Avec son costume marron, je suis passée comme une fleur, j'ai continué à marcher comme si je savais où j'allais jusqu'à me trouver hors de vue. Je n'avais pas vraiment de plan génial, ce n'était pas quelque chose d'organisé comme ils l'ont cru, mais quand ils ont essayé de me faire parler, j'ai inventé plein de trucs ; c'est ce qu'on fait, quand ils se servent des électrodes et des autres machins. On dit n'importe quoi.

« Je gardais les épaules en arrière et le menton en avant et j'avançais en essayant de réfléchir à quoi faire ensuite. Quand ils ont démantibulé la presse, ils ont ramassé plein de femmes que je connaissais, et je pensais qu'ils avaient probablement pris les autres depuis ; j'étais sûre qu'ils avaient une liste. Nous étions idiotes de penser que nous pourrions continuer à fonctionner comme avant, même dans la clandestinité, après avoir déménagé le bureau pour tout mettre dans les caves de différentes personnes et les pièces de derrière. Donc je n'étais pas assez bête pour essayer une de ces maisons-là.

« J'avais une vague idée de l'endroit où je me trouvais par rapport à la ville, même si je marchais dans une rue que je ne me rappelais pas avoir vue avant. J'ai repéré d'après le soleil où était le nord ; les Éclaireuses ont du bon, après tout. Je me suis dit que je ferais aussi bien d'aller dans cette direction, pour voir si je tomberais sur la Place ou le Rond-Point ou quelque chose dans leur voisinage. Alors j'aurais su avec certitude où j'étais ; je me disais aussi qu'il valait mieux que j'aille vers le centre plutôt que de m'en éloigner. Cela aurait l'air plus plausible.

« Ils avaient établi de nouveaux postes de contrôle depuis que nous étions au Centre, il y en avait de tous les côtés. Le premier m'a flanqué une trouille bleue, je suis tombée dessus brusquement au coin de la rue ; je savais que ça n'aurait pas l'air normal de faire demi-tour sous leurs yeux et de rebrousser chemin, alors je suis passée au bluff, comme j'avais fait à la grille, en prenant mon air renfrogné, raide, les lèvres pincées, en les transperçant du regard comme s'ils étaient des plaies purulentes. Tu sais, le regard qu'ont les Tantes quand elles prononcent le mot “homme”. Ça a marché comme un charme, et aux autres postes de contrôle aussi.

« Mais à l'intérieur de ma tête ça gambergeait ferme. Je n'avais qu'un temps limité avant qu'ils ne trouvent la vieille chauve-souris et ne déclenchent l'alarme. Très vite ils seraient à ma recherche : une fausse Tante, à pied. J'essayais de penser à quelqu'un, je passais en revue tous les gens que je connaissais. Enfin j'ai essayé de me rappeler ce que je pouvais de notre liste d'adresses. Nous l'avions détruite, bien sûr, dès le début. Ou plutôt, nous ne l'avions pas détruite, nous l'avions répartie entre nous et chacune en avait appris une partie par cœur, et ensuite nous l'avons détruite. Nous utilisions encore la poste, dans ce temps-là, mais nous ne mettions plus notre en-tête sur les enveloppes. Ça devenait beaucoup trop dangereux. Alors j'ai essayé de me remémorer ma section de la liste. Je ne te dis pas le nom que j'ai choisi parce que je ne veux pas leur attirer des ennuis, si ce n'est déjà fait. Il se peut que j'aie craché tout le morceau. C'est difficile de se rappeler ce qu'on dit pendant qu'ils vous cuisinent. On est capable de dire n'importe quoi.

« Je les ai choisis parce que c'était un couple marié, et qu'ils étaient plus sûrs qu'une personne célibataire, et surtout qu'un homo. Et aussi je me rappelais la mention qui accompagnait leur nom : "Q", ce qui voulait dire Quaker. Nous indiquions les appartenances religieuses, quand il y en avait, pour les manifestations. On pouvait ainsi savoir qui risquait de venir à quoi. Ça ne servait à rien de s'adresser aux

“C” pour des histoires d’avortement, par exemple ; il est vrai que nous n’en avions pas tellement ces derniers temps ; je me souvenais de leur adresse. Nous nous étions fait plancher entre nous sur ces adresses ; c’était important de s’en souvenir avec précision, code postal et tout.

« Entre-temps j’étais arrivée sur Mass Avenue, et je savais où j’étais. Et je savais aussi où les trouver. Maintenant il y avait autre chose qui me préoccupait : quand ces gens verraient une Tante remonter l’allée de leur jardin, est-ce qu’ils ne verrouilleraient pas simplement leur porte et feraient semblant de ne pas être à la maison ? Mais il fallait que j’essaie quand même, c’était ma seule chance. J’imaginais qu’ils n’étaient pas du genre à me tirer dessus. Il était alors environ cinq heures. J’étais fatiguée de marcher, surtout de cette démarche de Tante, comme un foutu soldat, un tisonnier dans le cul, et je n’avais rien mangé depuis le petit déjeuner.

« Ce que je ne savais pas, bien sûr, c’est qu’à cette époque, au début les Tantes et même le Centre n’étaient guère connus du public. Au début, c’était entièrement secret, derrière des barbelés. Il aurait pu y avoir des objections contre ce qu’ils faisaient déjà à ce moment. Alors même si des gens avaient aperçu une Tante ou deux, ils ne savaient pas vraiment à quoi elles servaient. Ils avaient probablement pensé que c’étaient des espèces d’infirmières militaires. Ils avaient déjà cessé de poser des questions, sauf nécessité.

« Si bien que ces gens m'ont fait entrer tout de suite. C'est la femme qui est venue ouvrir. Je lui ai dit que je faisais un sondage. J'ai dit ça pour qu'elle n'ait pas l'air surpris, au cas où quelqu'un nous aurait observées. Mais dès que j'ai franchi la porte, j'ai retiré mon chapeau et je lui ai dit qui j'étais. Ils auraient pu téléphoner à la police ou ailleurs, je sais que je prenais un risque, mais comme je te le disais, je n'avais pas le choix. De toute façon, ils ne l'ont pas fait. Ils m'ont donné des vêtements, une des robes de la femme, et ils ont brûlé l'uniforme de Tante et le laissez-passer dans leur chaudière ; ils savaient que cela devait être fait immédiatement. Ils n'aimaient pas me voir là, c'était évident, cela les rendait très nerveux. Ils avaient deux petits enfants, tous deux de moins de sept ans. Je les comprenais.

« Je suis allée aux chiottes ; quel soulagement ! Baignoire pleine de poissons en plastique, etc. Puis je suis restée en haut dans la chambre des gosses à jouer avec eux et leurs cubes en plastique tandis que leurs parents étaient en bas, à décider que faire de moi. Je n'avais plus peur, en fait je me sentais plutôt bien. Fataliste, si tu veux. Puis la femme m'a fait un sandwich et une tasse de café, et l'homme a dit qu'il allait m'emmener dans une autre maison. Ils n'avaient pas pris le risque de téléphoner.

« L'autre foyer était aussi quaker, et c'était un bon filon parce que c'était une des stations sur la Route

Clandestine des Femmes. Après le départ du premier couple, ils ont dit qu'ils essayeraient de me faire sortir du pays. Je ne te dirai pas comment, parce qu'il se peut que certaines stations fonctionnent encore. Chacune d'elles était en contact avec une autre et une seule, toujours la plus proche. Il y avait à cela des avantages, cela valait mieux si on se faisait prendre, mais aussi des inconvénients, parce que si une station était grillée toute la chaîne était en panne jusqu'à ce qu'on puisse prendre contact avec l'un des messagers, qui pouvait aménager un autre itinéraire. Pourtant ils étaient mieux organisés qu'on ne l'aurait cru. Ils avaient infiltré un ou deux endroits utiles ; l'un d'eux était la Poste. Ils avaient là un chauffeur qui conduisait une de ces petites camionnettes très maniables. J'ai franchi le pont et suis entrée dans le centre de la ville dans un sac postal. Je peux te dire cela maintenant, parce qu'il s'est fait prendre, peu de temps après. Il a fini sur le Mur. On entend parler de ces choses-là ; on apprend beaucoup de choses ici, tu serais étonnée. Les Commandants eux-mêmes nous en racontent, je pense qu'ils doivent se dire, pourquoi pas, il n'y a personne à qui nous puissions le transmettre, sauf de l'une à l'autre, et cela ne compte pas.

« À entendre, tout ceci peut paraître facile, mais ça ne l'a pas été. J'en avais la chiasse de trouille presque tout le temps. Une des choses les plus dures, c'était de savoir que des gens risquaient leur vie pour moi alors qu'ils n'y étaient pas obligés. Mais ils m'ont dit qu'ils le faisaient pour des raisons religieuses et que je ne devais pas le prendre pour moi personnellement. Cela m'a un peu soulagée. Ils faisaient une séance de prière silencieuse tous les soirs ; j'ai eu du mal à m'y habituer au début parce que cela me rappelait trop les conneries du Centre. Ça me donnait la nausée, pour ne rien te cacher. Il fallait que je fasse un effort, que je me dise que c'était tout à fait autre chose. Je détestais cela au début. Mais j'imagine que c'est ce qui les encourageait à continuer. Ils savaient plus ou moins ce qui leur arriverait s'ils se faisaient prendre. Pas dans le détail, mais ils savaient. À cette époque, on commençait à montrer certaines choses à la télé, les procès et tout ça.

« C'était avant que ne commencent sérieusement les rafles des sectes. Tant qu'on disait qu'on était chrétien, d'une église ou d'une autre et marié, pour la première fois bien sûr, ils vous laissaient encore relativement en paix. Ils se concentraient d'abord sur les autres. Ils les ont plus ou moins maîtrisés avant de s'attaquer à tout le monde.

« Je suis restée dans la clandestinité environ huit ou neuf mois. J'étais emmenée d'une maison sûre à une autre, il y en avait davantage alors. Ce n'étaient pas tous des Quakers, certains n'avaient même pas de religion. C'étaient juste des gens qui n'aimaient pas la manière dont les choses évoluaient.

« J'ai presque réussi à sortir. Ils m'ont emmenée jusqu'à Salem, puis je suis passée dans l'État du Maine, dans un camion plein de poulets. L'odeur a failli me faire vomir. As-tu jamais pensé à l'effet que ça fait de se faire chier dessus par un chargement de poulets qui ont tous le mal de voiture ? Ils envisageaient de me faire passer la frontière à partir de là, pas en voiture ni en camion, c'était déjà trop difficile, mais par bateau, et de remonter la côte. Je ne l'ai pas su jusqu'au soir même, ils ne vous informaient jamais de l'étape suivante, sauf juste avant de partir. Là-dessus, ils étaient prudents. Alors je ne sais pas ce qui s'est passé. Peut-être que quelqu'un s'est dégonflé, ou que quelqu'un de l'extérieur a eu des soupçons. Ou c'était peut-être le bateau, peut-être se sont-ils dit que le gars sortait trop souvent son bateau de nuit. À cette époque ça devait grouiller d'Yeux là-haut, et partout ailleurs à proximité de la frontière. Quoi qu'il en soit, ils nous ont ramassés juste au moment où nous sortions par la porte de derrière pour descendre au port. Moi et le gars, et sa femme aussi. C'était un couple assez âgé, la cinquantaine. Il était dans le homard, avant tout ce qui est arrivé à la pêche côtière dans cette région. Je ne sais pas ce qu'ils sont devenus ensuite, parce qu'ils m'ont emmenée dans un fourgon séparé. J'ai pensé que c'était peut-être la fin, pour moi. Ou le retour au Centre et aux attentions de Tante Lydia et de son câble en acier. Elle y prenait plaisir, tu sais. Elle faisait semblant de jouer tout ce cirque, aimez le pécheur, haïssez le péché, mais elle y prenait plaisir. J'ai bien envisagé de prendre le large, et je l'aurais peut-être fait s'il y avait eu moyen. Mais ils étaient deux à l'arrière du fourgon avec moi, à me surveiller comme des faucons ; ils ne pipaient pas mot, ils étaient juste assis à me surveiller en louchant en dehors comme ils font. Alors c'était râpé.

« Nous n'avons pas abouti au Centre, pourtant, nous sommes allés ailleurs. Je n'entrerai pas dans le détail de ce qui s'est passé ensuite ; je préfère ne pas en parler. Tout ce que je peux dire, c'est qu'ils n'ont pas laissé de marques.

« Quand ç'a été terminé ils m'ont montré un film. Tu sais de quoi ça parlait ? C'était sur la vie aux Colonies. Aux Colonies, on passe son temps à nettoyer. Ils sont très obsédés par la propreté ces temps-ci ; quelquefois il s'agit seulement de cadavres, après une bataille. Ceux des ghettos des villes sont les pires, on les laisse traîner plus longtemps, ils deviennent plus pourris. Cette bande-ci n'aime pas qu'il y ait des morts dans tous les coins, ils ont peur de la peste ou d'autre chose. Alors les femmes des Colonies là sont chargées de les brûler. Les autres Colonies sont pires, les décharges toxiques et les déchets radioactifs. Ils ont calculé que, dans celles-là, il fallait trois ans au maximum avant d'avoir le nez qui tombe et la peau qui se décolle comme des gants de caoutchouc. Ils ne prennent pas la peine de vous nourrir beaucoup, ni de vous donner des vêtements de protection, ni rien. Cela coûte moins cher ainsi. De toute façon il s'agit surtout de gens dont ils veulent se débarrasser. On dit qu'il y a d'autres Colonies, pas trop dures, où l'on fait de l'agriculture : coton, et tomates, et tout ça. Mais ce n'est pas celles-là qu'ils m'ont montrées dans le film.

« Ce sont de vieilles femmes, je parie que tu t'es demandé pourquoi on n'en voit plus tellement, et des Servantes qui ont raté leurs trois chances, et des incorrigibles comme moi. Toutes des rebuts. Si elles ne le sont pas au départ, elles le deviennent après être restées là quelque temps. Quand ils ont un doute, ils te font une petite opération pour qu'il n'y ait pas d'erreurs. Je dirais qu'il y a un quart d'hommes aux Colonies, aussi. Tous les Traîtres au Genre ne finissent pas sur le Mur.

« Tous portent de longues robes, comme celles du Centre, mais grises. Les femmes et les hommes aussi, d'après les photos de groupe. Je suppose que c'est censé démoraliser les hommes, d'être obligés de porter des robes. Merde, moi-même ça me démoraliserait assez. Comment peut-on supporter ça ? Tout compte fait, je préfère ce costume-ci.

« Alors après cela, ils ont dit que j'étais trop dangereuse pour qu'on m'accorde le privilège de retourner au Centre Rouge. Ils ont dit que j'aurais une influence corruptrice. Ils m'ont informée que j'avais le choix, entre ceci ou les Colonies. Eh bien, merde, personne sauf une nonne ne choisirait les Colonies ; je veux dire, je ne suis pas une martyre. Je m'étais déjà fait ligaturer les trompes, il y a des années de ça, je n'avais même pas besoin d'être opérée. Ici non plus, personne n'a des ovaires viables, tu vois le genre de problème que cela poserait.

« Alors me voici. On nous donne même de la crème pour le visage. Tu devrais trouver un moyen de venir ici ; tu aurais trois ou quatre bonnes années avant de t'user la chatte et qu'ils t'envoient au cimetière des voitures. La nourriture n'est pas mauvaise, il y a de l'alcool, et de la drogue, si on en veut, et nous ne travaillons que la nuit. »

« Moira, tu ne parles pas sérieusement. » Elle m'effraie à présent parce que ce que j'entends dans sa voix c'est de l'indifférence, un manque de volonté. Lui ont-ils vraiment fait cela, retiré quelque chose (quoi ?) qui était son moteur principal ? Mais comment puis-je m'attendre à ce qu'elle continue, selon l'idée que je me fais de son courage, vive cela, joue cela, alors que moi-même n'en suis pas capable.

Je ne veux pas qu'elle soit comme moi. Qu'elle renonce, accepte, sauve sa peau. C'est à cela que ça se résume. Je souhaite chez elle bravoure, panache, héroïsme, combat pied à pied. Tout ce qui me manque.

« Ne t'inquiète pas pour moi », dit-elle. Elle doit connaître une partie de mes pensées. « Je suis toujours là, tu peux constater que c'est bien moi. De toute façon, vois les choses ainsi : ce n'est pas si mal, il y a plein de femmes. Un paradis pour lesbiennes, si tu veux. »

Maintenant elle me taquine, manifeste un peu d'énergie, et je me sens mieux.

« Est-ce qu'on vous laisse ?… »

« Nous laisse, pardi, on nous encourage. Tu sais comment on appelle cet endroit ? "Chez Jézabel". Les Tantes s'imaginent que nous sommes toutes damnées de toute façon, elles ont renoncé à notre salut, alors peu importe le genre de vice que nous pouvons inventer, et les Commandants se foutent pas mal de ce que nous faisons quand nous ne sommes pas de service. En plus, une femme sur une femme, ça a le don de les exciter. »

« Et les autres ? »

« Ce qu'on peut dire, c'est qu'elles n'aiment pas trop les hommes. » Elle hausse les épaules de nouveau ; c'est peut-être de la résignation.

Voici ce que j'aimerais raconter : j'aimerais raconter comment Moira s'est sauvée, cette fois pour de bon. À défaut de cela, j'aimerais dire qu'elle a fait sauter « Chez Jézabel », avec cinquante Commandants dedans ; je voudrais qu'elle finisse par quelque chose d'audacieux, et de spectaculaire, un scandale, quelque chose qui lui irait. Mais autant que je sache, cela ne s'est pas produit. Je ne sais pas comment elle a fini, ni même si elle a eu une fin, car je ne l'ai plus jamais revue…

39.

Le Commandant a la clef d'une chambre. Il l'a obtenue au bureau de la réception, tandis que je l'attendais sur le divan fleuri. Il me la montre, l'air coquin. Je suis censée comprendre.

Nous montons dans le demi-œuf vitré de l'ascenseur, dépassons les balcons drapés de vigne vierge. Je dois comprendre aussi que je suis en représentation.

Il déverrouille la porte de la chambre. Tout est pareil, exactement pareil à ce que c'était jadis. Les doubles rideaux sont les mêmes, du même tissu abondamment fleuri, assorti au couvre-lit, pavots orange sur fond bleu roi, et les voilages fins que l'on tire pour se protéger du soleil ; le bureau et les tables de chevet, à coins carrés, impersonnelles ; les lampes ; les tableaux sur les murs : des fruits dans une coupe, des pommes stylisées, des fleurs dans un vase, boutons-d'or et prêles, dans le ton des tentures. Tout est pareil.

Je dis au Commandant : Juste un instant, et j'entre dans la salle de bains. La cigarette m'a donné des bourdonnements d'oreille, le gin m'a emplie de lassitude ; j'humecte un gant de toilette et me le passe sur le front. Puis je regarde s'il y a des petites savonnettes dans des emballages individuels. Elles sont là, de celles qui sont ornées d'une Gitane, espagnole.

Je hume l'odeur du savon, l'odeur de désinfectant, et reste plantée dans la salle de bains blanche, à écouter les bruits lointains d'eau qui coule, de chasse d'eau que l'on tire. Bizarrement, je me sens réconfortée, chez moi. Les toilettes ont quelque chose de rassurant. Les fonctions corporelles au moins restent démocratiques. Tout le monde chie, comme dirait Moira.

Je m'assieds sur le bord de la baignoire, à contempler les serviettes vierges. Jadis elles m'auraient excitée. Elles auraient représenté l'après-coup de l'amour.

J'ai vu ta mère, avait dit Moira.

Où ? Je m'étais sentie secouée, déconcertée. Je m'étais rendu compte que je pensais à elle comme si elle était morte.

Pas en personne, c'était dans ce film qu'ils nous ont montré, sur les Colonies. C'était un gros plan, c'était bien elle. Elle était enveloppée dans un de ces machins gris, mais je sais que c'était elle.

J'ai dit : Dieu merci.

Pourquoi, Dieu merci ? a demandé Moira.

Je croyais qu'elle était morte.

Ça vaudrait autant. C'est ce que tu devrais lui souhaiter.

Je n'arrive pas à me souvenir quand je l'ai vue pour la dernière fois. Tout se mélange, c'était à une occasion banale. Elle avait dû passer chez moi ; c'était son habitude, elle entrait et sortait de chez moi en coup de vent comme si j'étais la mère et elle l'enfant. Elle gardait cette désinvolture. Parfois, quand elle était entre deux appartements, à déménager de l'un ou à emménager dans l'autre, elle se servait de ma machine à laver pour faire sa lessive. Peut-être était-elle venue emprunter quelque chose : une casserole, un séchoir à cheveux. Cela aussi faisait partie de ses habitudes.

Je ne savais pas que ce serait la dernière fois, sinon je me serais mieux souvenue, je ne me rappelle même pas ce que nous nous sommes dit. Une semaine, ou deux, ou trois plus tard, alors que le situation avait beaucoup empiré, j'ai essayé de lui téléphoner. Mais je n'ai pas obtenu de réponse, et pas davantage après une nouvelle tentative. Elle ne m'avait pas dit qu'elle partait quelque part, mais peut-être ne l'aurait-elle pas fait : elle ne m'en informait pas toujours. Elle avait sa propre voiture et n'était pas trop vieille pour conduire. J'ai enfin eu le gérant de l'appartement au téléphone. Il m'a dit qu'il ne l'avait pas vue ces derniers temps.

J'étais inquiète. Je pensais que peut-être elle avait eu une crise cardiaque ou une attaque, ce n'était pas hors de question, quoique à ma connaissance elle n'ait pas été malade. Elle était toujours en très bonne santé. Elle continuait à faire de la gymnastique au Nautilus et allait nager tous les quinze jours. Je disais souvent à mes amies qu'elle était plus solide que moi, et c'était peut-être vrai.

Luke et moi nous sommes rendus en ville en voiture et Luke a houspillé le gérant jusqu'à ce qu'il nous ouvre l'appartement. Elle pouvait être morte, par terre, disait Luke. Plus longtemps ça traîne là, pire ce sera. Vous avez pensé à l'odeur ? Le gérant a parlé d'un permis, qu'il n'avait pas, mais Luke savait être convaincant. Il lui a fait bien comprendre que nous n'allions ni attendre ni nous en aller. Je me suis mise à pleurer. C'est peut-être cela qui l'a décidé.

Quand l'homme a ouvert la porte, ce que nous avons trouvé, c'est un chaos. Il y avait des meubles renversés, le matelas avait été éventré, les tiroirs du bureau étaient par terre sens dessus dessous, leur contenu répandu et amoncelé. Mais ma mère n'était pas là.

J'ai dit : Je vais appeler la police. J'avais cessé de pleurer, je me sentais glacée de la tête aux pieds, je claquais des dents.

Non, a dit Luke.

Pourquoi pas ? Je le regardais avec colère, maintenant. J'étais furieuse. Il était planté là dans le salon dévasté, juste à me regarder. Il a mis les mains dans ses poches, l'un de ces gestes oiseux que l'on fait quand on ne sait pas que faire d'autre.

Non, n'appelle pas, a-t-il répété.

Ta mère est chouette, disait Moira quand nous étions à l'université. Plus tard : elle a du peps. Plus tard encore : elle est marrante.

Je répondais : elle n'est pas marrante. C'est ma mère.

Nom d'un chien, disait Moira, je voudrais que tu voies la mienne.

Je pense à ma mère, qui balaye des toxines mortelles ; comme ils se servaient des vieilles femmes, en Russie, pour balayer la poussière. Sauf que cette poussière-ci la tuera. Je ne peux pas tout à fait le croire. Sûrement que son toupet, son optimisme et son énergie, son peps, la tireront de là. Elle imaginera bien un moyen.

Mais je sais que ce n'est pas vrai. C'est lui faire porter le chapeau, comme font les enfants, envers leur mère.

Je l'ai déjà pleurée. Mais je la pleurerai encore, et encore.

Je me force à revenir ici, à l'hôtel. C'est ici qu'il me faut être. Maintenant, dans le vaste miroir, sous la lumière blanche, je me regarde.

C'est un regard attentif, lent et soutenu. Je suis une épave. Le mascara a encore coulé malgré les retouches de Moira, le rouge à lèvres violacé a bavé, les cheveux pendent n'importe comment. Les plumes roses en mue sont aussi toc que sur les poupées de carnaval, et quelques sequins étoilés se sont décousus. Probablement manquaient-ils depuis le début, sans que je l'aie remarqué. Je suis un travesti, mal maquillée, vêtue du costume de quelqu'un d'autre. Clinquant d'occasion.

Je voudrais avoir une brosse à dents.

Je pourrais rester ici et réfléchir, mais le temps passe.

Je dois être rentrée à la maison avant minuit, autrement je serai transformée en citrouille, où était-ce là le sort du carrosse ? Demain c'est la Cérémonie, d'après le calendrier, donc ce soir Serena veut que je sois toilettée, et si je suis pas là elle découvrira pourquoi, et alors, quoi ?

Et le Commandant, pour une fois, attend. Je l'entends marcher de long en large dans la chambre, maintenant il s'arrête derrière la porte de la salle de bains, s'éclaircit la gorge, un « ahem » de théâtre. Je fais couler le robinet d'eau chaude, pour signifier que je suis prête, ou presque. Il faut en finir. Je me lave les mains ; je dois me méfier de l'inertie.

À ma sortie, il est étendu sur le grand lit, et, je le remarque, a ôté ses chaussures. Je m'allonge près de lui, sans qu'il ait à me le dire ; je préférerais ne pas le faire, mais cela fait du bien de s'étendre, je suis si fatiguée.

Je pense, enfin seuls. Le fait est que je n'ai pas envie d'être seule avec lui, pas sur un lit. Je préférerais que Serena soit là aussi. Je préférerais jouer au Scrabble.

Mais mon silence ne le dissuade pas. « C'est demain, n'est-ce pas ? dit-il doucement. Je pensais que nous pourrions prendre les devants. » Il se tourne vers moi.

Je demande, froidement : « Pourquoi m'avez-vous amenée ici ? »

Il me caresse le corps à présent, de la proue à la poupe, comme on dit, frôlements le long du flanc gauche, puis jusqu'en bas de la jambe gauche. Il s'arrête au pied, les doigts encerclant la cheville, brièvement, comme un bracelet, là où se trouve le tatouage, un braille qu'il sait lire, une marque de bétail. C'est le signe de la propriété.

Je m'oblige à penser que ce n'est pas un méchant homme ; que, dans d'autres circonstances, je l'aime bien.

Sa main s'immobilise. « J'ai pensé que cela pourrait vous faire plaisir, pour changer. » Il sait que cela ne suffit pas. J'imagine que c'était une sorte d'expérience. Cela ne suffit pas non plus. « Vous aviez dit que vous vouliez savoir. »

Il se met sur son séant, commence à se déboutonner. Est-ce que ce sera pire, qu'il soit dépouillé de tout le pouvoir de son habit ? Il en est à la chemise, puis plus bas, hélas, un petit bedon. Poils follets.

Il baisse l'une de mes bretelles, glisse son autre main parmi les plumes, mais c'est inutile, je gis comme un oiseau mort. Je me dis : ce n'est pas un monstre. Je ne peux me permettre ni amour-propre ni répugnance, tout cela doit être écarté étant donné les circonstances.

« Je devrais peut-être éteindre la lumière », dit le Commandant, décontenancé, et sans doute déçu ; je le vois un instant avant qu'il ne s'exécute. Sans son uniforme, il paraît plus petit, plus vieux, comme quelque chose qu'on aurait mis à sécher. Le problème, c'est que je ne peux pas me comporter, avec lui, autrement que je me comporte d'habitude. D'habitude, je suis inerte. Sûrement, nous devrions pouvoir en tirer quelque chose, autre chose que ces efforts inutiles et ce pathos ridicule.

Je m'invective à l'intérieur de ma tête : fais semblant ! Il faut te rappeler comment faire. Finissons-en ou tu vas passer la nuit ici. Secoue-toi. Remue ton corps, respire bruyamment. Tu ne peux pas faire moins.

XIII. Nuit

40.

La chaleur, la nuit, est pire que la chaleur pendant la journée. Même avec le ventilateur, rien ne bouge, et les murs emmagasinent du chaud et le restituent comme un four qui vient de servir. Sûrement il va bientôt pleuvoir. Pourquoi en ai-je envie ? Cela ne fera qu'apporter plus d'humidité. Il y a des éclairs dans le lointain, mais pas de tonnerre. À travers la fenêtre, je les vois, une luisance, comme la phosphorescence qu'il y a dans une mer agitée, derrière le ciel, qui est couvert, trop bas et d'un infrarouge gris terne. Les projecteurs sont éteints, ce qui n'est pas habituel. Une panne de courant ; ou alors c'est Serena Joy qui l'a voulu.

Je suis assise dans le noir ; inutile de garder la lumière allumée, pour faire savoir que je suis encore éveillée. Je suis de nouveau habillée de pied en cap de mon uniforme rouge, je me suis dépouillée de mes paillettes, j'ai raclé le rouge à lèvres avec du papier hygiénique. J'espère que rien ne se voit. J'espère que je n'en garde pas l'odeur, et la sienne non plus.

À minuit, elle est là, comme elle l'a annoncé. Je l'entends, un petit coup sec, un petit pas traînant, étouffés par le tapis du couloir, avant qu'elle ne frappe un coup léger ; je ne dis rien, et la suis le long du corridor, jusqu'en bas de l'escalier. Elle peut marcher plus vite, elle est plus forte que je ne le croyais. Sa main gauche agrippe la rampe, à cause de la douleur peut-être, mais elle tient bon, garde son équilibre. Je me dis : elle se mord la lèvre, elle souffre. Elle le veut vraiment, ce bébé. Je nous vois toutes les deux une forme rouge, une forme bleue, dans l'œil réduit du miroir tandis que nous descendons. Moi-même. Mon avers.

Nous passons par la cuisine. Elle est vide. Une veilleuse douce est restée allumée ; elle a le calme des cuisines vides, la nuit. Les bols sont sur l'étagère, les boîtes et les pots de grès se profilent, ronds et lourds, dans la lumière indécise. Les couteaux sont rangés dans leur casier en bois.

« Je ne vais pas sortir avec vous », chuchote-t-elle. Bizarre, de l'entendre chuchoter, comme si elle était l'une de nous. D'habitude les Épouses ne baissent pas le ton. « Passez la porte et tournez à droite. Vous verrez une autre porte. Elle est ouverte. Montez l'escalier et frappez, il vous attend. Personne ne vous verra ; je resterai ici. » Donc elle va m'attendre, au cas où il y aurait un problème, au cas où Cora et Rita se réveilleraient, qui sait pourquoi, et sortiraient de leur chambre qui est derrière la cuisine. Que leur dira-t-elle ? Qu'elle n'arrivait pas à dormir. Qu'elle avait envie de lait chaud. Elle sera assez habile pour bien mentir, j'en suis sûre.

« Le Commandant est là-haut dans sa chambre, dit-elle. Il ne descendra pas à une heure aussi tardive, cela ne lui arrive jamais. » C'est ce qu'elle croit.

J'ouvre la porte de la cuisine, la franchis, attends un instant pour y voir mieux. Cela fait si longtemps que je n'ai pas été dehors seule la nuit. Maintenant il y a des coups de tonnerre, l'orage se rapproche. Qu'a-t-elle prévu pour les Gardiens ? Je pourrais être abattue, prise pour un rôdeur. Elle leur a graissé la patte, j'espère, cigarettes, whisky, ou peut-être sont-ils au courant, pour son haras ; peut-être que si cela ne marche pas cette fois-ci elle fera appel à eux pour la prochaine.

La porte du garage n'est qu'à quelques pas. Je les fais, sans bruit, sur l'herbe, ouvre rapidement la porte, me glisse à l'intérieur. L'escalier est obscur, trop sombre pour que j'y voie. Je le monte à tâtons, marche à marche : ici un tapis, je l'imagine couleur de champignon. Cet endroit a dû être autrefois un appartement, pour un étudiant, un jeune célibataire possédant un emploi. Beaucoup des grandes maisons de ce quartier en comportaient. Un pied-à-terre, un studio, c'est ainsi que l'on appelait ce genre d'appartement. Cela me fait plaisir d'être capable de me souvenir de cela. *Entrée indépendante*, disaient les petites annonces, cela voulait dire que l'on pouvait y faire l'amour, en paix.

J'atteins le haut de l'escalier, frappe à la porte devant moi. Il l'ouvre lui-même, qui d'autre pouvais-je bien attendre ? Une lampe est allumée, une seule, mais elle donne assez de lumière pour me faire cligner des yeux. Mon regard l'évite, je ne veux pas rencontrer ses yeux. C'est une pièce unique, avec un lit pliant, qui est fait, au fond, une kitchenette, et une autre porte qui doit mener à la salle de bains ; cette chambre est dépouillée, militaire, minimale. Pas de tableaux au mur, pas de plantes. Il campe. La couverture du lit est grise, et marquée U.S.

Il recule et s'écarte pour me laisser passer. Il est en manches de chemise, et tient une cigarette, allumée ; je sens l'odeur de fumée sur lui, dans l'air chaud de la pièce, partout ; j'ai envie d'ôter mes vêtements, de m'y baigner, de me la frotter sur la peau.

Pas de préliminaires. Il sait pourquoi je suis là. Il ne dit même pas un mot, pourquoi perdre du temps, c'est un service commandé. Il s'éloigne de moi, éteint la lampe. Dehors, en ponctuation, il y a un éclair, pratiquement pas d'intervalle, puis le tonnerre. Il me défait ma robe, homme pétri d'obscurité. Je ne peux pas voir son visage, je peux à peine respirer, à peine me tenir debout, et je ne suis plus debout. Sa bouche est sur moi, ses mains, je ne peux plus attendre, et il bouge, déjà, l'amour, il y a tellement longtemps. Je suis vivante dans ma peau, enfin, mes bras autour de lui, je tombe, de l'eau douce partout, interminablement. Je savais que cela pourrait n'arriver qu'une seule fois.

J'ai inventé tout ceci. Ce n'est pas ainsi que cela s'est passé. Voici ce qui s'est passé.

J'atteins le haut de l'escalier, frappe à la porte. Il l'ouvre lui-même. Une lampe est allumée. Je cligne des yeux. J'évite son regard ; c'est une pièce unique, le lit fait, dépouillé, militaire. Pas de tableaux, mais la couverture porte l'inscription U.S. Il est en manches de chemise, il tient une cigarette.

« Tenez, me dit-il. Tirez une bouffée. » Pas de préliminaires, il sait pourquoi je suis là. Pour me faire mettre en cloque, avoir un polichinelle dans le buffet, me mettre dans le pétrin, voilà comment cela s'appelait autrefois. Je prends la cigarette qu'il me tend, aspire profondément, la lui rends. Nos doigts se touchent à peine. Même cette seule bouffée me donne le vertige.

Il ne dit rien, se borne à me regarder, sans sourire ; ce serait mieux, plus amical, s'il voulait bien me toucher ; je me sens stupide et laide tout en sachant que je ne suis ni l'un ni l'autre. Pourtant, que pense-t-il, pourquoi ne dit-il pas quelque chose ? Peut-être pense-t-il que j'ai putassé, chez Jézabel, avec le Commandant et d'autres. Cela m'agace de m'inquiéter même de ce qu'il pense. Soyons pratiques.

Je dis : « Je n'ai pas beaucoup de temps. » C'est maladroit et gauche, ce n'est pas ce que je voulais dire.

« Je pourrais juste en envoyer une giclée dans une bouteille et vous pourriez vous l'entonner », dit-il. Il ne sourit pas.

Je dis : « Il n'y a pas de raison d'être grossier. » Il se peut qu'il se sente utilisé. Il se peut qu'il désire quelque chose de ma part, un peu de sentiment, une petite attestation qu'il est humain lui aussi, et davantage qu'une cosse de semence. J'essaie : « Je sais que c'est dur pour vous. »

Il hausse les épaules. « Je suis payé », dit-il, d'un ton bourru de crapule. Mais il ne bouge toujours pas.

Je fais des rimes dans ma tête. Je suis payé, tu es baisée : C'est donc ainsi que nous allons le faire. Il n'a pas aimé le maquillage, les paillettes. Nous allons être des durs.

« Vous venez ici souvent ? »

Je réplique : « Et que fait une jeune fille bien élevée comme moi dans un endroit pareil ? » Nous sourions tous les deux : cela va mieux. C'est reconnaître que nous jouons, car que pourrions-nous faire d'autre dans pareille mise en scène ?

« L'abstinence rend les cœurs plus aimants. » Nous citons des anciens films, de l'époque d'avant. Et les films d'alors venaient d'une époque encore plus ancienne : ce genre de dialogue remonte à une ère antérieure à la nôtre. Même ma mère ne s'exprimait pas ainsi, pas quand je l'ai connue. Il se peut que personne n'ait jamais parlé comme cela dans la vie réelle, c'était entièrement fabriqué dès le début. Pourtant c'est étonnant de constater avec quelle facilité il revient à l'esprit, ce persiflage sexuel éculé et faussement enjoué ; je comprends maintenant à quoi il sert, à quoi il a toujours servi : à garder le tréfonds de soi-même hors de portée, blindé, protégé.

Je suis triste à présent, la façon dont nous parlons est infiniment triste : musique éteinte, fleurs de papier flétries, satin usé, l'écho d'un écho. Tout cela disparu, impossible à jamais. Sans crier gare, je me mets à pleurer. Enfin il s'avance, m'entoure de ses bras, me caresse le dos, me tient ainsi, pour me réconforter.

« Venez, dit-il. Nous n'avons pas beaucoup de temps. » Le bras passé autour de mes épaules, il me guide jusqu'au lit pliant, me fait m'allonger. Il replie même la couverture d'abord. Il commence à se déboutonner, puis à me caresser, des baisers derrière l'oreille.

« Pas de sentiment, dit-il, d'accord ? »

Cela aurait voulu dire autre chose, jadis. Jadis cela aurait voulu dire : *pas d'engagement*. Maintenant cela veut dire *pas d'héroïsme*. Cela veut dire : ne prenez pas de risque pour moi, si les choses devaient en arriver là.

Et voilà ce qui s'est passé. Voilà.

Je savais que cela pouvait n'arriver qu'une seule fois ; même sur le moment, je me disais Adieu ; adieu.

Il n'y avait pas de tonnerre, cela je l'ai ajouté. Pour couvrir les bruits que j'ai honte de laisser échapper.

Cela ne s'est pas passé de cette façon non plus. Je ne suis pas sûre de la manière dont cela s'est passé ; pas exactement. Tout ce que je peux espérer c'est une reconstruction : les sensations de l'amour ne sont jamais qu'approximatives.

En cours de route, j'ai pensé à Serena Joy, assise en bas dans la cuisine. À se dire : Vulgaire. Elles écarteraient les jambes pour n'importe qui. Il suffit de leur donner une cigarette.

Et après, j'ai pensé : c'est une trahison. Pas la chose en soi, mais ma propre réaction. Si je savais avec certitude qu'il est mort, est-ce que cela ferait une différence ?

Je voudrais ne pas connaître la honte. Je voudrais être éhontée. Je voudrais être ignorante. Alors je ne saurais pas à quel point je suis ignorante.

XIV. Rédemption

41.

Je voudrais que cette histoire soit différente. Je voudrais qu'elle soit plus civilisée. Je voudrais qu'elle me montre sous un meilleur jour, sinon plus heureuse, au moins plus active, moins hésitante, moins distraite par des futilités. Je voudrais qu'elle ait plus de forme. Je voudrais qu'elle parle d'amour, ou d'illuminations soudaines importantes pour ma vie, ou même de couchers de soleil, d'oiseaux, d'ouragans ou de neige.

Peut-être en parle-t-elle, en un sens. Mais entre-temps, il y a tant d'autres choses qui l'encombrent, tant de chuchotements, tant de spéculations à propos des autres, tant de potins qui ne peuvent être vérifiés, tant de paroles non dites, tant de mouvements furtifs et de secrets. Et il y a tellement de temps à endurer, un temps lourd comme des aliments frits ou un brouillard épais ; et puis tout à coup, ces événements rouges, comme des explosions, dans les rues par ailleurs dignes, matronales et somnambuliques.

Je regrette qu'il y ait tant de souffrance dans cette histoire. Je regrette qu'elle soit en fragments, comme un corps pris sous un feu croisé ou écartelé de force. Mais je ne peux rien faire pour la changer.

J'ai essayé d'y mettre aussi certaines des bonnes choses. Des fleurs par exemple, car où serions-nous sans elles ?

Pourtant cela me fait mal de la raconter, de la ressasser. Une fois suffisait : est-ce qu'une fois ne suffisait pas, dans le temps ? Mais je continue à dévider cette histoire triste, affamée et sordide, cette histoire boiteuse et mutilée, parce que après tout je veux que vous l'entendiez, comme j'écouterai la vôtre si jamais j'en ai l'occasion, si je vous rencontre ou si vous vous sauvez, dans l'avenir ou au Paradis ou en prison ou dans la clandestinité, ailleurs. Ce qu'ils ont en commun, c'est qu'ils ne sont pas là. Du seul fait de vous raconter quelque chose, au moins je crois en vous, je crois que vous êtes là, ma croyance vous fait exister. Parce que je vous raconte cette histoire, je vous donne vie. Je raconte, donc vous êtes.

Alors je vais continuer. Alors je m'impose de continuer ; j'en arrive à un passage qui ne va pas du tout vous plaire parce que, là, je ne me suis pas bien comportée, mais j'essayerai cependant de ne rien omettre. Après tout ce que vous avez subi, vous avez droit à tout ce qui me reste, qui n'est pas grand-chose, mais qui contient la vérité.

Voici donc l'histoire.

Je suis retournée voir Nick. Encore, et encore, de ma propre initiative, à l'insu de Serena ; je n'étais pas appelée, je n'avais aucune excuse. Je ne le faisais pas pour lui mais entièrement pour moi. Je ne le considérais même pas comme me donner à lui, car qu'avais-je à donner ? Je ne me sentais pas généreuse, mais reconnaissante, chaque fois qu'il me laissait entrer. Il n'y était pas obligé.

Pour pouvoir faire cela, je suis devenue téméraire, j'ai pris des risques idiots. En sortant de chez le Commandant, je montais comme d'habitude, mais ensuite, je longeais le couloir, descendais l'escalier des Marthas, et traversais la cuisine. Chaque fois que j'entendais le claquement de la porte de la cuisine qui se fermait derrière moi, je faisais presque demi-tour, c'était un bruit tellement mécanique, comme un piège à souris, ou une arme à feu, mais je ne rebroussais pas chemin ; je traversais en hâte les quelques mètres de pelouse illuminée, les projecteurs fonctionnaient de nouveau, en m'attendant à tout moment à me sentir criblée de balles, avant même d'en avoir entendu le bruit, je montais à tâtons l'escalier obscur et venais m'appuyer contre sa porte, les oreilles bourdonnantes de sang. La peur est un stimulant puissant. Puis je frappais doucement, d'un coup de mendiant. À chaque fois je m'attendais à ce qu'il me dise que je ne pouvais pas entrer. Il aurait pu dire qu'il ne voulait plus enfreindre les règles, se mettre la corde au cou pour me faire plaisir ; ou, pis encore, que cela ne lui disait plus rien. Je ressentais comme une grâce et une chance incroyables qu'il ne fasse rien de tout cela.

Je vous ai dit que ce n'était pas beau.

Voici comment cela se passe.

Il ouvre la porte. Il est en manches de chemise, sa chemise n'est pas rentrée dans son pantalon, elle flotte ; il tient une brosse à dents ou une cigarette, ou un verre avec quelque chose dedans. Il a ici sa propre petite planque, des produits de marché noir, j'imagine. Il a toujours quelque chose à la main, comme s'il était à vaquer à ses affaires comme d'habitude, sans m'espérer, sans m'attendre. Peut-être n'espère-t-il ou n'attend-il pas que je vienne. Peut-être n'a-t-il aucune notion de l'avenir, ne se donne pas la peine, ou n'ose pas se l'imaginer.

Je demande : « Est-ce qu'il est trop tard ? »

Il secoue la tête pour signifier que non. Il est maintenant entendu entre nous qu'il n'est jamais trop tard, mais je sacrifie à la politesse rituelle de poser la question. Cela me donne un plus grand sentiment de maîtrise, comme s'il y avait un choix, une décision susceptible d'être prise dans un sens ou dans l'autre. Il s'écarte, je passe devant lui, et il ferme la porte. Puis il traverse la pièce et ferme la fenêtre. Ensuite il éteint la lumière. Il n'y a plus beaucoup de paroles entre nous, pas à ce stade. Je suis déjà à moitié sortie de mes vêtements. Nous réservons la conversation pour plus tard.

Avec le Commandant, je ferme les yeux, même quand je ne fais que l'embrasser pour lui souhaiter bonne nuit. Je ne veux pas le voir de trop près. Mais maintenant, ici, chaque fois je garde les yeux ouverts. Je voudrais qu'une lumière brûle quelque part, une bougie peut-être, fichée dans une bouteille, une espèce d'écho de l'université, mais même cela constituerait un trop grand risque ; il faut donc que je me contente du projecteur, de sa lueur renvoyée par le terrain d'en dessous, filtrée à travers ses rideaux blancs qui sont pareils aux miens. Je veux voir tout ce qui peut être vu de lui, l'absorber, l'apprendre par cœur, le conserver pour pouvoir vivre de son image, plus tard : les lignes de son corps, la texture de sa chair, le miroitement de la sueur sur sa toison, son long visage sardonique, impénétrable. J'aurais dû faire cela avec Luke, accorder plus d'attention aux détails, aux verrues et cicatrices, aux plis caractéristiques. Je ne l'ai pas fait et il s'estompe, jour après jour, nuit après nuit, il recule, et je deviens plus infidèle.

Pour celui-ci, je porterais des plumes roses, des étoiles pourpres, si tel était son désir ; ou n'importe quoi d'autre, même une queue de lapin. Mais il ne demande pas de tels colifichets. Nous faisons l'amour à chaque fois comme si nous savions sans l'ombre d'un doute qu'il n'y aurait plus jamais d'autre fois, pour l'un ni pour l'autre, avec personne, plus jamais. Et quand cette autre fois arrive, celle-là aussi est toujours une surprise, un extra, un cadeau.

Être ici avec lui, c'est la sécurité ; c'est une grotte où nous nous blottissons ensemble tandis que l'orage gronde dehors. C'est une illusion, bien sûr. Cette chambre est l'un des endroits les plus dangereux où je puisse me trouver. Si j'étais prise, il n'y aurait pas de quartier, mais cela ne m'inquiète plus. Et comment en suis-je venue à lui faire ainsi confiance, ce qui en soi est téméraire ? Comment puis-je présumer le connaître, savoir quoi que ce soit de lui, de ce qu'il fait vraiment ?

J'écarte ces murmures gênants. Je parle trop. Je lui raconte des choses que je devrais taire. Je lui parle de Moira, de Deglen. Mais pas de Luke. J'ai envie de lui parler de l'occupante de ma chambre, la femme qui y vivait avant moi, mais je ne le fais pas ; je suis jalouse d'elle. Si elle a été ici aussi avant moi, dans ce lit, je ne veux pas le savoir.

Je lui dis mon vrai nom et j'ai dès lors le sentiment d'être connue. J'agis comme une crétine ; je devrais être plus avertie ; je fais de lui une idole, une image découpée dans du carton.

Lui de son côté parle peu ; plus d'échappatoires ni de plaisanteries. C'est à peine s'il pose des questions. Il semble indifférent à presque tout ce que j'ai à dire, soucieux uniquement des possibilités de mon corps, quoiqu'il m'observe tandis que je parle. Il observe mon visage.

Impossible de croire que quelqu'un pour qui j'éprouve une telle reconnaissance pourrait me trahir.

Aucun de nous ne prononce le mot *amour*, pas une seule fois. Ce serait défier le sort, ce serait romanesque, cela porterait malchance.

Aujourd'hui il y a d'autres fleurs, plus sèches, plus définies ; les fleurs du plein été : marguerites, soucis, qui nous engagent sur la longue pente descendante qui mène à l'automne. Je les vois dans le jardin, quand je me promène avec Deglen, de long en large. Je l'écoute à peine, je ne lui accorde plus crédit. Les choses qu'elle me chuchote me semblent irréelles. À quoi peuvent-elles me servir, à présent ?

Tu pourrais entrer dans sa chambre, la nuit, dit-elle. Fouiller dans son bureau. Il doit y avoir des papiers, des notes.

Je murmure : La porte est fermée à clef.

Nous pourrions t'obtenir une clef. Tu n'as pas envie de savoir qui il est, ce qu'il fait ?

Mais le Commandant ne présente plus d'intérêt immédiat à mes yeux. Devant lui je dois faire des efforts pour que mon indifférence ne transparaisse pas.

Continue à tout faire exactement comme avant, dit Nick. Ne change rien. Autrement, ils sauront. Il m'embrasse, sans me quitter des yeux. Promis ? Pas de gaffe.

Je pose la main sur mon ventre. Je dis : C'est arrivé. Je sens que ça y est. Une ou deux semaines, et je serai sûre.

Je sais que je prends mon désir pour la réalité.

Il t'aimera jusqu'à la mort, dit-il. Elle aussi.

Mais c'est le tien. Il sera à toi, vraiment. Je le veux.

Mais nous ne poursuivons pas sur ce sujet.

Je dis à Deglen : Je ne peux pas. Cela me fait trop peur. De toute façon je n'y arriverais pas. Je me ferais prendre.

Je ne me donne guère la peine de sembler le regretter, tant je suis devenue paresseuse.

Nous pourrions te faire sortir, dit-elle. Nous pouvons faire sortir des gens si c'est vraiment nécessaire, s'ils sont en danger. En danger immédiat.

Le fait est que je n'ai plus envie de partir, de fuir, de traverser la frontière qui mène à la liberté. Je veux être ici, avec Nick, là où je peux le toucher.

Raconter ceci me fait honte. Mais ce n'est pas tout. Même aujourd'hui je me rends compte que cet aveu est une façon de me vanter. Il contient de la fierté, parce qu'il prouve à quel point c'était intense et donc justifié de ma part. À quel point cela en valait la peine. C'est comme les histoires de maladies, où l'on frôle la mort, et dont l'on guérit ; comme les histoires de guerre. Elles sont une preuve de sérieux.

Un tel sérieux, envers un homme, ne m'avait pas semblé possible auparavant.

Certains jours j'étais plus rationnelle ; je n'y pensais pas, à part moi, en termes d'amour. Je me disais, je me suis organisé une vie, ici, qui est ce qu'elle est.

C'est probablement ce que pensaient les femmes des colons, et les femmes qui avaient survécu aux guerres, quand elles avaient encore un homme. L'humanité est tellement adaptable, disait ma mère. C'est vraiment renversant de voir à quoi les gens peuvent s'habituer, pourvu qu'ils aient quelques compensations.

Ce ne sera plus long, maintenant, dit Cora en me comptant ma provision mensuelle de serviettes hygiéniques. Plus long maintenant, en m'adressant un sourire timide, mais de connivence. Sait-elle ? Rita et elle savent-elles ce que je manigance, à descendre en douce l'escalier de service, le soir ? Est-ce que je me trahis, à rêvasser, à sourire dans le vide, à me toucher délicatement le visage quand je crois qu'elles ne m'observent pas ?

Deglen renonce aux espoirs qu'elle plaçait en moi. Elle chuchote moins, parle davantage du temps qu'il fait. Je ne le regrette pas. Je suis soulagée.

42.

La cloche sonne ; nous l'entendons dans le lointain. C'est le matin, et aujourd'hui nous n'avons pas eu de petit déjeuner. Quand nous arrivons à la grille principale nous la franchissons en rangs, deux par deux. Il y a un contingent massif de gardes, des Anges en mission spéciale, avec leur équipement antiémeute – casques à visières bombées en Plexiglas noir, qui les font ressembler à des scarabées, longues massues, fusils à gaz lacrymogène –, placés en cordon autour de l'extérieur du Mur. C'est en cas d'hystérie collective. Les crochets du Mur sont vides.

Il s'agit d'une Rédemption de district, réservée aux femmes. Les Rédemptions sont toujours ségrégées. Celle-ci a été annoncée hier. On ne nous en informe que la veille. Cela ne laisse pas assez de temps pour s'y faire.

Au son de la cloche nous longeons les allées jadis empruntées par les étudiants, dépassons des bâtiments qui furent des salles de conférences et des dortoirs. Cela fait un effet bizarre de se retrouver ici. De l'extérieur on ne remarque aucun changement, si ce n'est que presque tous les stores sont baissés. Ces bâtiments appartiennent à présent aux Yeux.

Nous nous mettons en rangs sur la vaste pelouse, devant ce qui fut autrefois la bibliothèque. Les marches blanches qui y conduisent sont toujours les mêmes, l'entrée principale est inchangée. Sur la pelouse, une estrade de bois a été dressée, semblable à celle que l'on montait au printemps pour la Remise des Diplômes, dans le temps d'avant. Je pense à des chapeaux de tons pastel que portaient certaines des mères, et aux robes noires que revêtaient les étudiants, et aux rouges. Mais cette estrade n'est pas la même, après tout, à cause des trois poteaux qui s'y dressent, munis de boucles de corde.

À l'avant de l'estrade il y a un microphone ; la caméra de télévision est placée discrètement sur le côté.

Je n'ai assisté qu'à une seule de ces cérémonies, il y a deux ans. Les Rédemptions de femmes ne sont pas fréquentes. On en a moins besoin. De nos jours, nous sommes tellement sages.

Je n'ai pas envie de raconter cette histoire.

Nous prenons place dans l'ordre traditionnel : les Épouses et leurs filles sur les chaises pliantes en bois disposées dans le fond, les Éconofemmes et les Marthas sur les côtés et sur les marches de la bibliothèque, et les Servantes devant, là où tout le monde peut garder l'œil sur nous. Nous ne sommes pas assises sur des chaises mais à genoux et cette fois nous avons des coussins, de petits coussins de velours rouge sans rien d'écrit dessus, pas même *Foi*.

Heureusement le temps est convenable, pas trop chaud, nuages et soleil. Ce serait sinistre d'être agenouillées ici sous la pluie. C'est peut-être pour cela qu'ils attendent si tard pour nous prévenir : pour savoir le temps qu'il fera. C'est une raison qui en vaut bien une autre.

Je m'agenouille sur mon coussin de velours rouge. J'essaie de penser à ce soir, au moment où je ferai l'amour, dans le noir, dans la lumière réfléchie par les murs blancs. Je me revois dans ses bras. Une longue corde s'enroule comme un serpent devant la première rangée de coussins, passe le long de la seconde, s'enfonce à travers les files de chaises, en sinuant comme une rivière très vieille, très lente, vue d'au-dessus, jusqu'au fond. La corde est épaisse et brune et sent le goudron. Son bout antérieur remonte sur l'estrade. C'est comme une mèche à feu ; ou la ficelle d'un ballon.

Sur l'estrade, à gauche, il y a celles qui doivent être rachetées : deux Servantes, une Épouse. Les Épouses sont une chose rare, et malgré moi je regarde celle-ci avec intérêt. Je veux savoir ce qu'elle a fait.

Elles ont été placées là avant l'ouverture des portes. Elles sont toutes trois assises sur des chaises en bois, comme des étudiantes un jour de fin d'études, sur le point de recevoir leurs prix. Leurs mains reposent sur leurs genoux, et semblent être croisées paisiblement. Elles oscillent légèrement, on leur a probablement administré des piqûres, ou des cachets, pour qu'elles ne fassent pas d'histoires. Sont-elles attachées à leurs chaises ? Impossible de le savoir, sous toutes ces draperies. Maintenant la procession officielle s'approche de l'estrade, gravit les marches du côté droit : trois femmes, une Tante devant, deux Rédemptrices en capuchon et cape noirs, à un pas de distance. Derrière viennent les autres Tantes. Nous cessons de chuchoter. Toutes trois prennent place, se tournent vers nous, la Tante flanquée des deux Rédemptrices vêtues de noir.

C'est Tante Lydia. Depuis combien d'années ne l'avais-je pas vue ? J'avais commencé à penser qu'elle n'existait que dans ma tête, mais la voici, un peu plus vieille. Je suis bien placée, je peux voir les sillons qui se sont creusés de part et d'autre de son nez, le pli gravé entre ses sourcils. Ses yeux clignent, elle sourit nerveusement et jette des regards de droite et de gauche, examine son auditoire, lève une main pour tripoter sa coiffure. Un curieux son étranglé sort des amplificateurs : elle s'éclaircit la gorge.

Je suis saisie de frissons. La haine m'emplit la bouche comme un crachat.

Le soleil paraît, et l'estrade et ses occupantes s'illuminent comme une crèche de Noël. Je discerne les rides sous les yeux de Tante Lydia, la pâleur des femmes assises, les crins de la corde devant moi sur la pelouse, les brins d'herbe. Il y a un pissenlit, juste devant moi, couleur de jaune d'œuf. J'ai faim. La cloche se tait. Tante Lydia se lève, lisse sa jupe des deux mains et s'avance vers le micro. « Bonjour, Mesdames », dit-elle, et sur-le-champ les amplis renvoient l'écho d'un gémissement à nous rompre les tympans. Parmi nous, c'est incroyable, des rires fusent. Il est difficile de ne pas rire, c'est à cause de la tension et de l'expression irritée que prend le visage de Tante

Lydia tandis qu'elle règle le son. La cérémonie est supposée se dérouler dans la dignité.

« Bonjour, Mesdames, reprend-elle, d'une voix maintenant métallique et plate. C'est *Mesdames* et non pas *Mesdemoiselles,* à cause des Épouses. Je suis sûre que nous sommes toutes au fait des regrettables circonstances qui nous réunissent ici par cette belle matinée, que nous préférerions toutes, j'en suis convaincue, consacrer à d'autres occupations, du moins je parle pour moi, mais le devoir est un maître exigeant, ou dirai-je, en cette occasion, une maîtresse, et c'est au nom du devoir que nous sommes ici aujourd'hui. »

Elle poursuit dans la même veine pendant quelques minutes, mais je n'écoute pas ; j'ai entendu ce discours, ou un autre semblable, assez souvent auparavant : les mêmes platitudes, les mêmes slogans, les mêmes phrases : le flambeau de l'avenir, le berceau de la race, la tâche qui nous attend.

Il est difficile de croire qu'il n'y aura pas d'applaudissements polis à la fin de ce discours, suivis de thé et de petits gâteaux servis sur la pelouse.

C'était le prologue, je crois. À présent, elle va entrer dans le vif du sujet.

Tante Lydia farfouille dans sa poche, en extrait une feuille de papier chiffonnée. Elle la déplie et la scrute en prenant exagérément son temps. Elle nous met le nez dedans, nous fait comprendre exactement qui elle est, nous oblige à l'observer tandis qu'elle lit en silence, faisant parade de ses prérogatives. Je me dis, révoltant : qu'on en finisse.

« Par le passé, dit Tante Lydia, la tradition voulait que les Rédemptions soient précédées d'un compte rendu détaillé des crimes dont les prisonnières sont accusées. Toutefois nous avons constaté que ce compte rendu public, notamment lorsqu'il était télévisé, était immanquablement suivi d'une éruption, pour ainsi dire, ou peut-être devrais-je l'appeler une épidémie, de crimes exactement similaires. C'est pourquoi nous avons décidé, dans l'intérêt de tous, de renoncer à cette pratique. Les Rédemptions vont se dérouler sans autre forme de procès. »

Un murmure collectif s'élève de nos rangs. Les crimes des autres constituent un langage secret entre nous. Par eux nous montrons ce dont nous pourrions être capables, après tout. Cette annonce n'est pas bien reçue. Mais l'on ne s'en douterait pas à voir Tante Lydia qui sourit et papillote comme sous un flot d'applaudissements. Il ne nous reste maintenant qu'à recourir à nos propres moyens, nos propres spéculations. La première, celle que l'on soulève maintenant de sa chaise, qui est saisie à mains gantées de noir par le haut des bras : lecture ? Non, cela vaut seulement une main coupée, à la troisième condamnation. Impudicité, ou tentative de meurtre sur la personne de son Commandant ? ou de l'Épouse du Commandant, plus probablement. C'est ce que nous pensons. Quant aux

Épouses, il y a en général un seul délit pour lequel elles passent en Rédemption. Elles peuvent nous faire pratiquement n'importe quoi, mais elles n'ont pas le droit de nous tuer, pas d'après la loi, pas avec des aiguilles à tricoter, ni des cisailles de jardinier, ni des couteaux dérobés à la cuisine, et encore moins quand nous sommes enceintes. Il pourrait s'agir d'adultère, bien sûr. C'est toujours une possibilité.

Ou de tentative de fuite.

« Decharles », annonce Tante Lydia. Pas quelqu'un que je connais. On fait avancer la femme, elle marche comme si cela demandait beaucoup de concentration, un pied, puis l'autre, elle est de toute évidence droguée. Un sourire groggy décentré flotte sur ses lèvres. Un côté de son visage se contracte, un clin d'œil non coordonné, en direction de la caméra. Ils ne le montreront jamais, bien sûr, ce n'est pas en direct. Les deux Rédemptrices lui lient les mains derrière le dos.

Derrière moi j'entends un bruit de haut-le-cœur.

C'est pour cela qu'on ne nous sert pas de petit déjeuner.

« Janine, très probablement », souffle Deglen.

J'ai déjà vu cette scène, le sac blanc enfoncé sur la tête, la femme que l'on aide à s'installer sur le haut tabouret comme si on l'aidait à gravir le marchepied d'un autobus, que l'on cale là-haut, la boucle délicatement ajustée autour du cou comme une chasuble, le tabouret basculé d'un coup de pied. J'ai déjà entendu le long soupir monter, autour de moi, le soupir comme l'air qui s'échappe d'un matelas pneumatique, j'ai vu Tante Lydia poser la main sur le micro pour étouffer les autres bruits qui s'élèvent derrière elle, je me suis penchée pour toucher la corde devant moi, en même temps que les autres la tenir à deux mains, cette corde velue, poisseuse de goudron sous le chaud soleil, puis j'ai posé la main sur mon cœur, pour montrer mon accord avec les Rédemptrices, mon approbation, et ma complicité dans la mort de cette femme. J'ai vu les pieds se débattre et les deux en noir qui maintenant les agrippent et tirent vers le bas de tout leur poids. Je ne veux plus voir cela. Je préfère regarder l'herbe. Décrire la corde.

43.

Les trois corps pendent, identiques avec leurs sacs blancs sur la tête, ils ont l'air bizarrement élongés, comme des poulets attachés par le cou dans une vitrine de boucher ; comme les oiseaux aux ailes rognées, comme des oiseaux incapables de voler, des anges déchus. Il est difficile d'en détacher les yeux. Au-dessous de l'ourlet des robes les pieds ballent, deux paires de souliers rouges, une paire de bleus. Si ce n'étaient les cordes et les sacs, ce pourrait être une espèce de danse, un ballet, saisi au vol par une caméra, suspendu en l'air. Ils ont l'air apprêté. On se croirait au spectacle. C'est sûrement Tante Lydia qui a mis la bleue au milieu.

« La Rédemption d'aujourd'hui est maintenant terminée, annonce Tante Lydia au micro. Mais… »

Nous nous tournons vers elle, l'écoutons, l'observons. Elle a toujours su espacer ses silences. Un friselis court parmi nous, un mouvement. Quelque chose d'autre, peut-être, va se passer.

« Mais vous pouvez vous lever, et former un cercle. » De son haut, elle nous sourit, généreuse, libérale. Elle est sur le point de nous donner quelque chose. De nous l'*accorder*. « Un peu de discipline. »

C'est à nous qu'elle s'adresse, aux Servantes. Certaines des Épouses sont en train de partir, et quelques Filles. La plupart restent, mais se tiennent derrière, en retrait, elles se contentent d'observer. Elles ne font pas partie du cercle.

Deux Gardiens se sont avancés et enroulent la grosse corde, pour qu'elle ne gêne pas. D'autres déplacent les coussins. Il y a des remous de foule, maintenant, sur l'espace gazonné devant l'estrade, certaines manœuvrent pour trouver des places devant, près du centre, d'autres jouent des coudes avec tout autant d'ardeur pour se frayer passage vers le milieu, où elles seront à l'abri. C'est une erreur de rester en arrière de façon trop voyante dans tout groupe comme celui-ci ; cela vous fait taxer de tiédeur, de manque de zèle. Il y a une énergie qui se crée ici, un murmure, un frémissement d'impatience et de colère. Les corps se tendent, les yeux sont plus brillants, comme lorsqu'on met en joue.

Je ne veux pas être devant, ni au fond non plus ; je ne sais pas vraiment ce qui se prépare, mais je sens que ce ne sera pas quelque chose que j'aimerais voir de près. Mais Deglen m'a saisi le bras, elle m'entraîne à sa suite, et maintenant nous sommes au deuxième rang, avec seulement une mince haie de corps devant nous. Je ne veux pas voir et pourtant je ne me dégage pas. J'ai entendu des rumeurs auxquelles je n'ai cru qu'à demi. Malgré tout ce que je sais, je me dis : ils n'iraient pas jusque-là.

« Vous connaissez les règles d'une Particicution, dit Tante Lydia. Vous attendrez mon coup de sifflet. Ensuite, ce que vous ferez vous regarde jusqu'à ce que je donne un autre coup de sifflet. Compris. »

Un bruit s'élève de nos rangs, un assentiment confus.

« Allons-y », dit Tante Lydia. Elle fait un signe de tête. Deux Gardiens, les mêmes que ceux qui ont retiré la corde, s'avancent maintenant de derrière l'estrade. À eux deux, ils portent à demi, traînent à demi un troisième homme. Lui aussi est en uniforme de Gardien, mais il n'a pas de chapeau et son uniforme est sale et déchiré. Son visage est tailladé et meurtri, de profondes meurtrissures brun rougeâtre ; la chair est gonflée et bosselée, hérissée d'une barbe non rasée. On ne dirait pas un visage, mais quelque légume inconnu, un bulbe ou un tubercule dénaturé, quelque chose qui aurait poussé de travers. Même d'où je suis, je sens son odeur : il sent la merde et le vomi. Ses cheveux sont blonds et lui retombent sur le visage, en mèches collées par quoi ? de la sueur séchée ?

Je le dévisage avec horreur. Il a l'air saoul. On dirait un ivrogne qui sort d'une bagarre. Pourquoi avoir amené un ivrogne ici ?

« Cet homme, dit Tante Lydia, est accusé de viol. » Sa voix tremble de rage, et d'une sorte de triomphe. « C'était jadis un Gardien. Il a déshonoré son uniforme. Il a abusé de son poste de confiance. Son partenaire de vice a été fusillé. La sanction d'un viol, comme vous le savez, est la peine de mort. Deutéronome 22:23-29. Je pourrais ajouter que le crime a mis en jeu deux d'entre vous, et a été exécuté sous la menace d'une arme à feu. Il a aussi été accompagné de sévices. Je ne veux pas choquer vos oreilles par d'autres détails, sauf à vous dire qu'une des femmes était enceinte et que le bébé est mort. »

Un soupir monte de notre groupe. Malgré moi je sens mes poings se serrer. C'est trop, ce viol. Et le bébé aussi, après ce que nous devons subir. C'est vrai, il y a une soif de sang. J'ai envie de déchirer, de griffer, d'arracher.

Nous nous bousculons pour avancer, nos têtes se tournent de droite et de gauche, nos narines se dilatent, reniflent la mort, nous nous entre-regardons, et voyons la haine. Le fusiller était trop indulgent. La tête de l'homme pivote comme s'il était sonné : a-t-il seulement entendu ?

Tante Lydia attend un instant ; puis elle fait un petit sourire et porte le sifflet à ses lèvres. Nous l'entendons, perçant et argentin, écho d'une partie de volley-ball d'un temps lointain.

Les deux Gardiens lâchent les bras du troisième homme et font un pas en arrière. Il titube (est-il drogué ?) et tombe à genoux. Ses yeux sont recroquevillés dans la chair bouffie de son visage, comme si la lumière était trop éblouissante pour lui. Ils l'ont gardé dans l'obscurité. Il porte une main à sa joue, comme pour s'assurer qu'il est encore vivant. Tout cela se passe vite, mais donne une impression de lenteur.

Personne ne s'avance. Les femmes le regardent avec horreur, comme si c'était un rat à demi mort, qui se traînerait à travers la cuisine. Il louche alentour vers nous, notre cercle de femmes rouges. L'un des coins de sa bouche remonte, incroyable, un sourire ?

J'essaie de regarder à l'intérieur de lui, à l'intérieur du visage malmené, de voir à quoi il ressemble vraiment. Je pense qu'il a environ trente ans. Ce n'est pas Luke. Mais ç'aurait pu être lui, je le sais. Cela pourrait être Nick. Je sais que, quoi qu'il ait fait, je ne peux pas le toucher.

Il dit quelque chose. Cela sort pâteux, comme s'il avait la gorge meurtrie, la langue énorme dans la bouche, mais je l'entends quand même. Il dit : « Je n'ai pas… »

Il y a une poussée vers l'avant, comme dans la foule d'un concert de rock d'autrefois, au moment où l'on ouvrait les portes, une urgence qui nous parcourt comme une vague. L'air irradie l'adrénaline. Tout nous est permis, c'est la liberté, et dans mon corps aussi, la tête me tourne, le rouge envahit tout, mais avant qu'il ne soit englouti par cette marée de tissus et de corps, Deglen se fraie un passage à travers les femmes qui sont devant nous, se propulse à coups de coude, de droite et de gauche, et court vers lui. D'une poussée, elle le fait tomber sur le côté, puis lui envoie des coups de pied rageurs dans la tête, une, deux, trois fois, des coups secs et douloureux, bien ajustés. Maintenant il y a des bruits, des râles, une rumeur sourde comme un grognement, des cris, et les corps rouges culbutent en avant et je ne vois plus rien, il est masqué par des bras, des poings, des pieds. Un cri perçant monte de quelque part, comme celui d'un cheval terrifié.

Je reste en arrière, j'essaie de tenir debout. Quelque chose me frappe par-derrière, je chancelle. Quand je recouvre l'équilibre et regarde alentour, je vois les

Épouses et leurs filles penchées en avant sur leurs chaises, les Tantes sur l'estrade, à regarder au sol avec intérêt. Elles doivent avoir une meilleure vue, de là-haut. Il est devenu une chose.

Deglen est revenue à mes côtés. Elle a le visage fermé, impassible.

Je lui dis : « J'ai vu ce que tu as fait. Maintenant je recommence à éprouver : choc, outrage, nausée, barbarie. Pourquoi as-tu fait ça ? Toi ! je croyais que... »

« Ne me regarde pas, dit-elle. On nous surveille. »

« Ça m'est égal. » Ma voix monte, je ne peux pas me retenir.

« Maîtrise-toi. » Elle fait mine de me brosser le bras et l'épaule, pour rapprocher son visage de mon oreille. « Ne sois pas idiote. Ce n'était pas du tout un violeur, c'était un politique. C'était un des nôtres. Je l'ai assommé. J'ai mis fin à son malheur. Est-ce que tu ignores ce qu'ils lui font ? »

L'un des nôtres. Un Gardien. Cela me semble impossible.

Tante Lydia donne un autre coup de sifflet, mais elles n'arrêtent pas tout de suite. Les deux Gardiens s'avancent, les tirent en arrière de ce qui reste. Certaines gisent sur l'herbe, à l'endroit où elles ont été frappées ou atteintes d'un coup de pied accidentel. Certaines se sont évanouies. Elles se dispersent par deux ou trois, ou toutes seules. Elles semblent hébétées.

« Retrouvez vos partenaires et mettez-vous en rangs », dit Tante Lydia au micro. Peu lui obéissent. Une femme vient vers nous en marchant comme si elle cherchait son chemin, en tâtonnant avec les pieds dans le noir : Janine. Elle a la joue maculée de sang, et il y en a aussi sur le blanc de sa coiffure. Elle sourit, d'un tout petit sourire lumineux. Ses yeux sont devenus fous.

« Salut, dit-elle. Comment allez-vous ? » Elle tient quelque chose, solidement serré, dans sa main droite. C'est une touffe de cheveux blonds. Elle émet un petit rire nerveux.

Je l'appelle : « Janine ! » Mais elle a décroché, complètement. Elle est en chute libre, elle est en crise de manque.

« Bonne journée », dit-elle, et passe devant nous, se dirige vers la grille.

Je la suis des yeux. Je me dis sortie facile. Je n'ai même pas de peine pour elle, et pourtant je devrais. Je me sens en colère. Je ne suis pas fière de moi, ni du reste. Mais là n'est pas la question.

Mes mains sentent le goudron chaud. J'ai envie de rentrer à la maison, de monter à la salle de bains, et de les frotter et refrotter avec le savon râpeux et la pierre ponce, pour débarrasser ma peau de toute trace de cette odeur. Elle me donne la nausée.

Mais aussi, j'ai faim ; c'est monstrueux, mais c'est pourtant vrai. La mort me donne faim. Peut-être est-ce parce que j'ai été vidée. Ou peut-être est-ce le moyen, pour mon corps, de veiller à ce que je reste en vie, et continue à répéter sa prière fondamentale : *Je suis, je suis.* Je suis, encore.

J'ai envie d'aller au lit, de faire l'amour, tout de suite.

Je pense au mot *savourer.*

Je pourrais avaler un cheval.

44.

Les choses ont repris leur cours normal.

Comment puis-je l'appeler *normal* ? Mais par rapport à ce matin, c'est normal.

Pour le déjeuner, il y avait un sandwich au fromage dans du pain noir, un verre de lait, du céleri en branches, des poires en conserve. Un déjeuner d'écolier. J'ai tout mangé, pas vite, mais en me délectant du goût, des saveurs succulentes à la langue. Maintenant je vais faire des commissions, les mêmes que d'habitude. Je m'en réjouis même à l'avance. L'on peut trouver une certaine consolation dans la routine.

Je sors par la porte de service, emprunte l'allée. Nick lave la voiture, sa casquette est posée de travers. Il ne me regarde pas. Nous évitons que nos regards se croisent, ces jours-ci. Ils trahiraient sûrement quelque chose, même ici, en plein air, alors qu'il n'y a personne pour nous voir.

J'attends Deglen à l'angle de la rue. Elle est en retard. Enfin je la vois qui arrive, une forme de tissu blanc et rouge, semblable à un cerf-volant ; elle marche du pas mesuré que nous avons toutes appris à respecter. Je la vois et de prime abord ne remarque rien. Puis, comme elle s'approche, je me dis qu'il doit y avoir quelque chose qui ne va pas. Elle n'a pas l'air bien. Elle est changée d'une manière indéfinissable. Elle n'est pas blessée, elle ne boite pas. C'est comme si elle avait rétréci.

Puis quand elle est encore plus près, je comprends. Ce n'est pas Deglen. Elle est de la même taille mais plus mince, son visage est beige et non pas rose. Elle s'approche de moi, s'arrête.

« Béni soit le fruit », dit-elle. Visage impassible, corps guindé.

Je réponds : « Que le Seigneur ouvre. » J'essaie de ne pas manifester de surprise.

« Vous devez être Defred », dit-elle. J'acquiesce et nous nous mettons en route.

Je me demande : que se passe-t-il ? Je rumine dans ma tête, ce n'est pas bon signe, qu'est-elle devenue, comment le savoir sans montrer trop d'inquiétude ? Nous ne sommes pas censées nouer des amitiés, des fidélités entre nous. J'essaie de me rappeler combien de temps il reste à Deglen dans son poste actuel.

Je dis : « On nous a envoyé le beau temps. »

« Je le reçois avec joie. » Voix placide, plate, ne décelant rien.

Nous passons le premier poste de contrôle sans échanger d'autres paroles. Elle est taciturne, mais moi aussi. Est-ce qu'elle attend que j'entame la conversation, me découvre, ou est-ce une croyante, absorbée dans des méditations intérieures ?

Je questionne : « Deglen a-t-elle été transférée, déjà ? » Mais je sais qu'il n'en est rien. Je l'ai vue pas plus tard que ce matin. Elle me l'aurait dit.

« Je suis Deglen », répond la femme. Imitation parfaite. Et, bien sûr, elle est Deglen, la nouvelle, et l'autre, où qu'elle soit, n'est plus Deglen. Je n'ai jamais su son vrai nom. C'est ainsi qu'on peut se perdre, dans un océan de noms. Il ne serait pas facile de la trouver, maintenant. Nous allons à Lait et Miel et à Tout Viandes où j'achète du poulet, et la nouvelle Deglen, trois livres de viande hachée. Il y a les files d'attente habituelles, je vois plusieurs femmes que je reconnais, échange avec elles les signes infinitésimaux par lesquels, nous nous montrons que nous sommes connues, au moins d'une personne, que nous existons encore. À la sortie de Tout Viandes je dis à la nouvelle Deglen : « Nous devrions aller au Mur. » Je ne sais pas ce que j'attends de cette initiative ; c'est un moyen de sonder ses réactions, peut-être. Il me faut savoir si oui ou non elle est l'une des nôtres. Si c'est le cas, si je peux m'en assurer, peut-être pourra-t-elle me dire ce qui est vraiment arrivé à Deglen.

« Comme vous voudrez », dit-elle. Est-ce de l'indifférence, ou de la prudence ?

Sur le Mur, pendent les trois femmes de ce matin, toujours vêtues de leurs robes, chaussées de leurs souliers, toujours la tête fourrée dans les sacs blancs. On leur a délié les bras, ils sont raides et convenables à leurs côtés. La bleue est au milieu, les deux rouges de part et d'autre, quoique les couleurs ne soient plus aussi vives. Elles semblent s'être fanées, défraîchies, comme des papillons morts ou des poissons tropicaux à se dessécher sur le rivage. Elles ont perdu leur brillant. Nous restons à les regarder en silence.

« Que ce soit pour nous un rappel », dit enfin la nouvelle Deglen.

D'abord je ne dis rien, parce que j'essaie de deviner ce qu'elle veut dire. Elle pourrait vouloir dire que ceci est pour nous un rappel de l'injustice et de la brutalité du régime. Auquel cas, je devrais répondre oui. Ou elle pourrait vouloir dire l'inverse, que nous devrions nous rappeler de faire ce qu'on nous dit, et de ne pas nous attirer d'ennuis parce que alors nous serons justement punies. Si c'est ce qu'elle entend, je devrais répondre *Loué soit.* Elle avait la voix douce, atone, pas d'indices de ce côté.

Je prends un risque. Je réponds : « Oui. »

Elle ne réagit pas, quoique je sente un éclair de blanc au bord de mon champ de vision, comme si elle m'avait jeté un bref coup d'œil.

Un moment plus tard, nous faisons demi-tour et commençons la longue marche du retour, en accordant notre pas à la manière réglementaire, de sorte que nous semblons être à l'unisson.

Je me dis que je ferais peut-être mieux d'attendre avant de faire une autre tentative. Il est trop tôt pour insister, sonder. Je devrais m'accorder une semaine, ou deux, ou peut-être davantage, l'observer soigneusement, écouter les intonations de sa voix, les mots qui lui échappent, de la même manière que Deglen m'écoutait. Maintenant que Deglen est partie, je suis de nouveau en éveil. Ma torpeur s'est dissipée, mon corps n'est plus destiné au seul plaisir, il flaire le danger ; je ne dois pas être imprudente, je ne dois pas prendre de risques inutiles. Mais j'ai besoin de savoir. Je me retiens jusqu'à ce que nous ayons passé le dernier poste de contrôle et qu'il ne nous reste que quelques pâtés de maisons à parcourir, mais là je ne peux plus me maîtriser.

« Je ne connaissais pas très bien Deglen. Je veux dire, l'ancienne. »

« Oh ? » dit-elle. Le fait qu'elle ait dit quelque chose, même de peu compromettant, m'encourage.

« Je ne la connaissais que depuis mai. » Je sens ma peau devenir chaude, les battements de mon cœur s'accélérer. Situation délicate. D'une part, c'est un mensonge. Et comment passer de là au mot vital ? « Aux environs du 1er mai, il me semble. Ce qu'on appelait autrefois Mayday. »

« Ah oui ? dit-elle, d'un ton léger, indifférent, menaçant. Ce n'est pas un terme dont je me souvienne. Cela m'étonne que vous ne l'ayez pas oublié. Vous devriez faire un effort… – elle s'interrompt – pour vous débarrasser l'esprit de ce genre… – nouvelle pause – d'échos. »

Maintenant je sens le froid me suinter sur la peau comme de l'eau. Elle est en train de me mettre en garde.

Elle n'est pas des nôtres. Mais elle sait.

Je longe les derniers pâtés de maisons dans la panique. J'ai été idiote une fois de plus. Pire qu'idiote. Cela ne m'était pas venu à l'esprit avant, mais maintenant j'y pense : si Deglen a été arrêtée, elle risque de parler, et entre autres, de moi. Elle parlera. Elle ne pourra pas s'en empêcher.

Mais, je me dis, je n'ai rien fait, en réalité. Tout ce que j'ai fait, c'est savoir. Tout ce que j'ai fait, c'est ne pas raconter.

Ils savent où se trouve mon enfant. Et s'ils la font venir, menacent de lui faire quelque chose, devant moi ? ou exécutent cette menace ? Je ne peux pas supporter d'imaginer ce qu'ils pourraient lui faire. Ou Luke, et s'ils détiennent Luke. Ou ma mère ; ou Moira ; ou pratiquement n'importe qui. Mon Dieu, ne me force pas à choisir. Je ne serais pas capable de le supporter, je le sais. Moira avait raison à mon propos. Je dirai tout ce qu'ils veulent, j'incriminerai n'importe qui. C'est vrai, au premier cri, au premier gémissement, je me transformerai en gelée, je confesserai n'importe quel crime, je finirai pendue à un crochet, sur le Mur. Je me disais souvent, baisse la tête et passe au travers. Ça ne sert à rien.

C'est ainsi que je me parle à moi-même, sur le chemin du retour.

À l'angle de la rue, nous nous tournons l'une vers l'autre à la manière habituelle.

« Sous Son Œil », dit la nouvelle, perfide, Deglen.

Je réponds : « Sous Son Œil », en essayant de mettre de la ferveur dans ma voix. Comme si cette comédie servait à quelque chose, maintenant que nous sommes allées jusque-là.

Alors elle fait quelque chose d'étrange. Elle se penche en avant, si bien que les blanches œillères raides que nous portons sur la tête se touchent presque, que je vois ses yeux beige pâle de près, et la délicate trame de rides de ses joues, et elle chuchote, très vite, d'une voix légère comme des feuilles sèches : « Elle s'est pendue. Après la Rédemption. Elle a vu le fourgon qui venait la chercher. Cela valait mieux. »

Puis elle s'éloigne, et descend la rue.

45.

Je reste plantée là un moment, vidée d'air, comme si j'avais reçu un coup de pied.

Donc elle est morte, et je suis sauve, en fin de compte. Elle l'a fait avant qu'ils n'arrivent. J'éprouve un énorme soulagement ; j'ai de la gratitude pour elle. Elle est morte pour que je puisse vivre. Je la pleurerai plus tard.

À moins que cette femme ne mente. C'est toujours possible.

J'aspire, profondément, expire, je me donne de l'oxygène. L'espace devant moi s'obscurcit, puis s'éclaircit ; je peux voir ma route.

Je pivote sur mes talons, j'ouvre la grille, en gardant la main dessus un instant pour me stabiliser, j'entre. Nick est toujours à laver la voiture, tout en sifflotant. Il paraît très loin.

Je pense, Dieu Bon, je ferai tout ce que Tu voudras. Maintenant que Tu m'as épargnée, je m'effacerai si c'est ce que Tu veux vraiment. Je me viderai, réellement, je deviendrai un calice. Je renoncerai à Nick, j'oublierai les autres, je cesserai de me plaindre. J'accepterai mon sort. Je me sacrifierai. Je ferai pénitence. J'abdiquerai. Je renoncerai.

Je sais que cela ne peut pas être la bonne voie, mais c'est pourtant ce que je pense. Tout ce qu'on nous a enseigné au Centre Rouge, tout ce contre quoi j'ai résisté, revient à flots. Je ne veux pas souffrir, je ne veux pas être une danseuse, les pieds ballants, la tête, un rectangle de tissu blanc, je ne veux pas être une poupée pendue au Mur, je ne veux pas être un ange sans ailes. Je veux continuer à vivre, peu importe comment. Je cède mon corps, librement, à l'usage des autres. Ils peuvent faire de moi ce qu'ils veulent. Je suis abjecte.

Je ressens, pour la première fois, leur véritable pouvoir.

Je longe les parterres de fleurs, passe auprès du saule, je vise la porte de service. J'entrerai. Je serai en sécurité, je tomberai à genoux dans ma chambre et je respirerai à pleins poumons, reconnaissante, l'air croupi aux effluves de cire.

Serena Joy est apparue à la porte de devant ; elle est debout sur les marches ; elle m'appelle. Que peut-elle vouloir ? Veut-elle que j'aille au salon pour l'aider à bobiner de la laine grise ? Je ne serai pas capable de tenir mes mains d'aplomb, elle remarquera quelque chose. Mais je m'avance quand même vers elle, puisque je n'ai pas le choix.

Depuis la plus haute marche ; elle me domine de toute sa taille. Ses yeux flamboient, bleu brûlant dans le blanc ratatiné de sa peau. Je détourne les yeux de son visage, fixe le sol ; à ses pieds, le bout de sa canne.

« Je vous faisais confiance, dit-elle. J'ai essayé de vous aider. »

Je ne lève toujours pas les yeux vers elle. La culpabilité m'envahit, j'ai été percée à jour, mais à quel propos ? pour lequel de mes nombreux péchés suis-je accusée ? Le seul moyen de le savoir est de garder le silence. Me mettre à faire des excuses, maintenant, pour une chose ou pour une autre, serait une erreur ; je pourrais trahir quelque chose qu'elle n'a même pas deviné.

Ce n'est peut-être rien. C'est peut-être l'allumette cachée dans ma manche. Je baisse la tête.

« Eh bien ? demande-t-elle. Vous n'avez rien à dire pour vous justifier ? »

Je lève les yeux vers elle. Je parviens à bégayer : « À propos de quoi ? » Dès que c'est dit, cela sonne insolent.

« Regardez », dit-elle. Elle ramène sa main libre de derrière son dos. C'est sa cape qu'elle brandit, celle d'hiver. Elle dit : « Il y avait du rouge à lèvres dessus. Comment avez-vous pu être aussi vulgaire ? Je lui avais bien dit… » Elle laisse tomber la cape, elle tient autre chose, sa main est tout en os. Elle jette l'objet par terre également. Les sequins cramoisis tombent, glissent sur la marche comme une peau de serpent, scintillant au soleil. « Derrière mon dos. Vous auriez pu me laisser quelque chose. » L'aimerait-elle, après tout ? Elle lève sa canne. Je crois qu'elle va me frapper, mais elle ne le fait pas. « Ramassez cette chose dégoûtante, et allez dans votre chambre. Toute pareille à l'autre. Vous finirez de la même façon. »

Je me baisse, ramasse. Derrière mon dos, Nick a cessé de siffler. J'ai envie de me retourner, de courir à lui, de jeter mes bras autour de son corps. Ce serait insensé. Il ne peut rien faire pour m'aider. Il se noierait lui aussi.

Je gagne la porte de derrière, entre dans la cuisine, dépose mon panier, monte à l'étage. Je suis disciplinée et calme.

XV. Nuit

46.

Je suis assise dans ma chambre, à la fenêtre ; j'attends. J'ai sur les genoux une poignée d'étoiles chiffonnées.

Cela pourrait être la dernière fois que j'ai à attendre. Mais je ne sais pas ce que j'attends. Qu'est-ce que vous attendez ? nous disait-on. Cela voulait dire *Dépêchez-vous*. Cela n'appelait pas de réponse. Pour quoi attendez-vous est une autre question, et je n'ai pas de réponse à celle-là non plus.

Pourtant, ce n'est pas attendre, pas tout à fait. C'est plutôt comme une forme de suspension. Sans suspens. Enfin, il n'y a plus de temps. Je suis en disgrâce, qui est le contraire de grâce. Je devrais m'en sentir plus mal.

Mais je me sens sereine, en paix, habitée d'indifférence. Ne laissez pas les salopards vous tyranniser. Je me répète cette phrase mais elle n'a plus de sens. On pourrait aussi bien dire : Ne laissez pas l'air exister, ou : N'existez pas.

Je pense qu'on pourrait dire cela.

Il n'y a personne dans le jardin.

Je me demande s'il va pleuvoir.

Dehors, la lumière baisse. Elle est déjà rougeâtre. Bientôt il fera nuit. Maintenant il fait nuit. Cela n'a pas pris longtemps.

Il y a un certain nombre de choses que je pourrais faire. Je pourrais mettre le feu à la maison, par exemple. Je pourrais entasser une partie de mes vêtements, et les draps, et craquer mon unique allumette cachée. Si cela ne prenait pas, tant pis. Mais si cela prenait, il y aurait au moins un événement, un signe particulier pour marquer ma sortie. Quelques flammes, aisément étouffées. Entre-temps je pourrais engendrer des nuages de fumée et mourir par asphyxie.

Je pourrais déchirer mes draps en bandelettes et les tordre pour en faire une espèce de corde, en attacher un bout au pied de mon lit et essayer de briser la vitre, qui est en verre incassable.

Je pourrais aller trouver le Commandant, me jeter à terre, la chevelure en désordre, comme on dit, lui étreindre les genoux, avouer, sangloter, implorer. Je pourrais dire *Nolite te salopardes exterminorum.* Pas une prière. J'imagine ses chaussures, noires, bien cirées, impénétrables, gardant leur quant-à-soi.

Ou alors je pourrais me passer un drap autour du cou, m'accrocher dans la penderie, jeter mon poids en avant, m'étrangler une fois pour toutes.

Je pourrais me cacher derrière la porte, attendre qu'elle vienne, boitille le long du couloir, porteuse de ma sentence, pénitence, punition, lui sauter dessus, la renverser par terre, lui lancer un coup de pied rapide et précis dans la tête. Pour la délivrer de ses malheurs, et de moi avec. Pour la délivrer de nos malheurs.

Cela gagnerait du temps.

Je pourrais descendre l'escalier d'un pas tranquille, sortir par la porte de devant, m'engager dans la rue, en essayant d'avoir l'air de savoir où je vais, pour voir jusqu'où je pourrais aller. Le rouge est tellement voyant.

Je pourrais me rendre dans la chambre de Nick audessus du garage, comme nous l'avons déjà fait. Je pourrais me demander s'il me laisserait entrer, m'offrirait un abri. Maintenant que le besoin est réel.

Je considère ces possibilités, nonchalamment. Chacune semble avoir la même taille que toutes les autres. Aucune ne semble préférable. La fatigue est là, dans mon corps, mes jambes, mes bras. C'est cela qui vous coule, à la fin. La Foi n'est qu'un mot, brodé.

Je regarde le crépuscule, dehors, et je pense à l'hiver. À la neige qui tombe, doucement, sans effort, et recouvre tout de cristal tendre, à la brume couleur de lune qui précède la pluie, estompe les contours, efface les couleurs. Mourir de froid n'est pas douloureux, dit-on, le premier frisson passé ; on se couche dans la neige comme un ange fabriqué par des enfants, et on s'endort.

Derrière moi, je la sens présente, mon ancêtre, mon double, qui tournoie suspendue au lustre, dans son costume d'étoiles et de plumes, oiseau arrêté dans son vol, femme transformée en ange, qui attend d'être découverte. Par moi, cette fois. Comment ai-je pu croire que j'étais seule ici ? Nous avons toujours été deux. Finissons-en, dit-elle. Je suis lasse de ce mélodrame, j'en ai assez de rester muette. Tu ne peux protéger personne, ta vie n'a de valeur pour personne. Je la veux terminée.

Au moment où je me lève, j'entends le fourgon noir. Je l'entends avant de le voir ; fondu dans le crépuscule, il émerge de son propre bruit comme une solidification, un caillot de la nuit. J'arrive tout juste à discerner l'œil blanc, les deux ailes. La peinture doit être phosphorescente. Deux hommes se détachent de la silhouette du fourgon, gravissent le perron, sonnent. J'entends le glas de la sonnette, ding, dong, comme le fantôme d'une colporteuse de fards, dans le vestibule.

C'est donc le pire qui s'annonce.

J'ai perdu mon temps. J'aurais dû prendre les choses en main quand je le pouvais encore. J'aurais dû voler un couteau à la cuisine, dénicher les ciseaux de couture. Il y avait les cisailles de jardin, les aiguilles à tricoter. Le monde est plein d'armes, quand on en cherche ; j'aurais dû faire attention.

Mais il est trop tard pour penser à cela maintenant, ils ont déjà les pieds sur le tapis vieux rose de l'escalier ; un pas lourd et assourdi ; j'ai les tempes qui battent. J'ai le dos tourné à la fenêtre.

J'attends un étranger, mais c'est Nick qui ouvre ma porte, allume la lumière. Je n'y comprends rien, à moins qu'il ne soit des leurs. Cette possibilité a toujours existé. Nick, l'Œil privé. Le sale travail est fait par de sales individus.

Je pense : Ordure ! J'ouvre la bouche pour le dire, mais il s'approche, tout près de moi, chuchote : « Tout va bien. C'est Mayday. Va avec eux. » Il m'appelle par mon vrai nom. Pourquoi cela devrait-il avoir un sens ?

J'interroge : « Avec eux ? » Je vois les deux hommes plantés derrière lui ; leur crâne se détache sous la lumière du plafonnier. « Tu es fou. » Mon soupçon plane au-dessus de lui, ange noir qui me met en garde ; je peux presque le voir. Pourquoi ne serait-il pas au courant, pour Mayday ? Tous les Anges doivent l'être. Ils l'ont arraché assez souvent, de suffisamment de corps, de bouches, à force de pressions, torsions, broiements.

« Fais-moi confiance », dit-il, ce qui en soi n'a jamais été un talisman, ne contient aucune garantie.

Mais je m'y agrippe, à cette offre. C'est tout ce qu'il me reste.

L'un devant, l'autre derrière, ils m'escortent dans l'escalier. L'allure est mesurée, les lumières sont allumées. Malgré la peur, comme ceci est ordinaire. D'ici, je vois la pendule. Elle n'indique pas d'heure particulière.

Nick n'est plus avec nous. Il se peut qu'il ait pris l'escalier de service, préférant ne pas être vu.

Serena Joy se tient dans le vestibule, les yeux levés sur nous, incrédule. Le Commandant est derrière elle, la porte du salon est ouverte. Il a les cheveux très gris. Il a l'air inquiet et désemparé, mais déjà en train de s'éloigner de moi, de prendre ses distances. Quoi que je puisse être d'autre pour lui, je suis aussi, actuellement, une catastrophe. Nul doute qu'ils se soient querellés, à mon propos ; nul doute qu'elle lui ait fait passer un mauvais quart d'heure. Je suis encore capable d'avoir pitié de lui. Moira a raison. Je suis une nouille.

« Qu'a-t-elle fait ? » demande Serena Joy. Ce n'est donc pas elle qui les a appelés. Ce qu'elle me réservait devait être de nature plus privée.

« Nous ne pouvons pas le dire, Madame, dit celui qui me précède. Je regrette. »

« Il faut que je voie votre autorisation, dit le Commandant. Vous avez un mandat d'arrêt ? »

Maintenant je pourrais hurler, m'accrocher à la rampe, abandonner toute dignité ; je pourrais les arrêter, au moins quelques instants. Si ce sont des vrais, ils resteront, autrement ils se sauveront. Sans moi.

« Nous n'en avons pas besoin, Monsieur, mais tout est en règle, dit encore le premier. Trahison de secrets d'État. »

Le Commandant porte la main à sa tête. Qu'ai-je pu dire, et à qui, et lequel de ses ennemis a pu le découvrir ? Peut-être sera-t-il considéré désormais comme un danger pour la sécurité. Je suis au-dessus de lui, je le vois d'en haut : il se recroqueville. Il y a déjà eu des purges parmi eux, il y en aura encore. Serena Joy devient blême.

« Salope, dit-elle. Après tout ce qu'il a fait pour vous. »

Cora et Rita se précipitent hors de la cuisine. Cora s'est mise à pleurer. J'étais son espoir ; je lui ai fait faux bond. Maintenant elle restera à jamais sans enfant.

Le fourgon attend dans l'allée du garage ; ses doubles portes sont grandes ouvertes. À eux deux, un de chaque côté maintenant, ils me prennent par les coudes pour m'aider à monter. Que ceci soit ma fin ou un nouveau commencement, je n'ai aucun moyen de le savoir. Je me suis abandonnée aux mains d'étrangers parce que je ne peux pas faire autrement.

Et donc je me hisse, vers l'obscurité qui m'attend à l'intérieur ; ou peut-être la lumière.

Notes historiques

Notes historiques sur *Le Conte de la Servante écarlate*

Transcription partielle des procès-verbaux du Douzième Colloque d'Études Gileadiennes, tenu dans le cadre du Congrès de l'Association Internationale d'Histoire, organisé à l'Université de Denay, Nunavit, le 25 juin 2195.

Présidente : *Professeur Maryann Crescent Moon, Faculté d'Anthropologie Caucasienne, Université de Denay, Nunavit.*

Conférencier Principal : *Professeur James Darcy Piexoto, Directeur des Archives des Vingtième et Vingt et unième siècles, Université de Cambridge, Angleterre.*

CRESCENT MOON :

Je suis heureuse de vous souhaiter à tous la bienvenue ce matin, et je me réjouis de constater que vous êtes venus si nombreux pour écouter l'exposé du professeur Piexoto, qui sera, j'en suis sûre, passionnant et plein d'enseignements. Nous, les membres de l'Association de Recherches Gileadiennes, sommes convaincus que cette période mérite certainement des études plus poussées, dans la mesure où, en dernière analyse, elle fut à l'origine de la nouvelle configuration de la carte du monde, notamment dans notre hémisphère.

Mais avant d'ouvrir nos travaux, quelques informations. L'expédition de pêche aura lieu demain comme prévu, et ceux d'entre vous qui n'ont pas apporté de vêtements de pluie adéquats et de produits antimoustiques pourront s'en procurer à prix modique auprès du Bureau des Inscriptions. La Promenade Botanique et le Concert en Plein Air en Costumes d'Époque ont été reportés à après-demain, car notre infaillible professeur Johnny Running Dog nous garantit une amélioration du temps pour ce jour-là.

Permettez-moi de vous rappeler les autres manifestations patronnées par l'Association de Recherches Gileadiennes qui vous sont proposées à l'occasion du Congrès, dans le cadre de notre Douzième Colloque. Demain après-midi, le professeur Gopal Chatterjee, de la Faculté de Philosophie Occidentale, Université de Baroda, Inde, nous entretiendra du thème : « éléments inspirés de Krishna et de Kali dans la Religion d'État de la Période Gileadienne Primitive », et jeudi matin est prévue une conférence du professeur Sieglinda Van Buren, de la Faculté d'Histoire Militaire de l'Université de San Antonio, République du Texas. Le professeur Van Buren présentera un exposé illustré qui, nul doute, sera passionnant, sur le thème :

« La Tactique de Varsovie : Politique d'Encerclement des Centres Urbains dans les Guerres Civiles Gileadiennes ». Je suis sûre que nous tiendrons tous à assister à ces conférences.

Je dois aussi rappeler à notre conférencier principal (tout en étant convaincue que c'est chose inutile) de bien vouloir s'en tenir à son temps de parole, car nous voulons avoir le loisir de poser des questions, et je pense que personne ne souhaite se passer de déjeuner comme c'est arrivé hier. *(Rires.)*

Je n'ai guère besoin de présenter le professeur Piexoto, car nous le connaissons tous fort bien, sinon personnellement, en tout cas par ses nombreuses publications. Ces dernières comprennent : « Les Lois Somptuaires À Travers les Âges : Analyse de Documents », et l'étude bien connue : « L'Iran et Gilead : Deux Monothéocraties De La Fin Du Vingtième Siècle, Vues À Travers Des Journaux Intimes ». Comme vous le savez également, il est coéditeur, avec le professeur Knotly Wade, qui enseigne lui aussi à Cambridge, du manuscrit que nous examinerons aujourd'hui, et a joué un rôle essentiel dans la transcription, l'annotation et la publication de ce texte. Voici le titre de son exposé : « Problèmes d'Authentification en rapport avec *Le Conte de la Servante écarlate* ».

Le professeur PIEXOTO.

(Applaudissements.)

PIEXOTO :

Merci. La délicieuse truite boréale qui nous fut servie hier soir a été pour nous tous, j'en suis sûr, une jouissance du palais, et nous jouissons aujourd'hui de la présence à cette tribune d'une tout aussi délicieuse Présidente boréale. J'emploie le verbe « jouir » dans deux sens différents, à l'exclusion, bien sûr, du troisième, tombé en désuétude. *(Rires.)*

Mais soyons sérieux. Je me propose, comme l'indique le titre de ma petite causerie, d'examiner certains des problèmes liés au supposé manuscrit que vous connaissez maintenant tous sous le titre *Le Conte de la Servante écarlate*. Je dis « supposé », parce que ce que nous avons devant nous n'est pas la pièce sous sa forme originelle. À proprement parler, ce n'était nullement un manuscrit au moment de sa découverte, et cela ne portait pas de titre. L'épigraphe « Le Conte de la Servante » lui a été donnée par le professeur Wade, en partie en hommage au grand Geoffrey Chaucer. Mais ceux d'entre vous qui connaissent personnellement le professeur Wade, comme c'est mon cas, me comprendront si j'affirme ma conviction que tous les jeux de mots étaient intentionnels, surtout celui relatif à l'acception vulgaire du mot « con » ; ce dernier étant, dans une certaine mesure, la pomme de discorde, si j'ose dire, de la période de la société gileadienne dont traite notre saga. *(Rires, applaudissements.)*

La pièce – j'hésite à utiliser le mot « document » – a été déterrée sur le site de ce qui fut jadis la ville de Bangor, sise dans l'État du Maine à l'époque antérieure à la naissance du régime gileadien. Nous savons que cette ville était une étape importante sur ce que notre auteur appelle « la Route Clandestine des Femmes », surnommée depuis par certains historiens plaisantins « la Route Clandestine des Frangines ». *(Rires, murmures.)* C'est pourquoi notre Association y a porté un intérêt tout particulier.

La pièce sous sa forme originelle se composait d'une cantine en métal, propriété de l'armée américaine, datant environ de l'année 1955. Ce fait en soi n'est pas nécessairement significatif, puisque l'on sait que ces mêmes cantines étaient souvent vendues à titre de « Surplus de l'Armée » et devaient par conséquent être courantes. Dans cette cantine, qui était scellée avec du ruban adhésif du type jadis utilisé pour les paquets expédiés par la poste, se trouvaient environ trente cassettes de bande magnétique, du modèle qui est tombé en désuétude entre les années quatre-vingt et quatre-vingt-dix, au moment de l'apparition du disque compact.

Je vous rappelle qu'il ne s'agit pas de la première découverte de ce genre. Vous avez certainement eu vent, par exemple, de la pièce connue sous le titre *Les*

Mémoires d'A. B., découverte dans un garage de la banlieue de Seattle, et du *Journal de P.*, exhumé fortuitement lors de la construction d'une nouvelle salle de réunion dans le voisinage de ce qui fut autrefois Syracuse, dans l'État de New York.

Le professeur Wade et moi-même étions très excités par cette nouvelle découverte. Heureusement, plusieurs années auparavant, et avec l'aide de notre excellent technicien antiquaire, nous avions reconstruit une machine capable de jouer ces cassettes, et nous nous sommes immédiatement attelés au laborieux travail de transcription.

La collection comportait un total de trente bandes, avec une alternance variable de musique et de paroles. En général chaque cassette débute par deux ou trois chansons, sans doute en guise de camouflage. Puis la musique est coupée, et la voix de la narratrice reprend. Il s'agit d'une voix de femme, et, d'après nos experts en phonétique, c'est la même tout au long. Les étiquettes des cassettes sont d'authentiques étiquettes d'époque, datant, évidemment, d'une période légèrement antérieure au début de l'Ère Gileadienne Primitive, puisque toute la musique séculière de ce style avait été bannie sous ce régime ; on dénombre, par exemple, quatre cassettes intitulées « Les Années d'Or d'Elvis Presley », trois des « Chants Folkloriques de Lituanie », trois de « Petit George, fais-nous planer », deux des « Violons de velours de Mantovani », ainsi que quelques enregistrements qui n'occupent chacun qu'une seule cassette : « Frangine La Défonce à Carnegie Hall » en est un que j'affectionne tout particulièrement.

Quoique les étiquettes fussent authentiques, elles n'étaient pas toujours apposées sur les cassettes contenant les chansons correspondantes. De plus, les cassettes n'étaient pas rangées dans un ordre particulier, mais en vrac au fond de la malle. Elles n'étaient pas non plus numérotées. Le professeur Wade et moi-même avons donc dû organiser les blocs du récit dans l'ordre dans lequel il semblait se dérouler ; mais, comme je l'ai indiqué ailleurs, pareils arrangements se fondent sur des conjectures, et doivent être considérés comme approximatifs, en attendant de nouvelles recherches.

Lorsque nous avons eu la transcription en main – et nous avons dû la relire à plusieurs reprises en raison des difficultés posées par l'accent, les références obscures et les archaïsmes – il nous a fallu prendre une décision quant à la nature du matériel que nous avions acquis au prix de tant d'efforts. Plusieurs possibilités s'offraient à nous. D'abord, il se pouvait que les bandes fussent des faux. Comme vous le savez, il y a eu plusieurs exemples de contrefaçons pour lesquelles des éditeurs ont déboursé des sommes considérables, désirant sans doute jouer sur le sensationnalisme de ce genre de récits. Il semble que certaines périodes historiques deviennent rapidement, tant pour d'autres sociétés que pour celles qui les suivent, matière à légendes particulièrement peu édifiantes, et l'occasion d'abondantes autocongratulations hypocrites. Si vous m'autorisez une parenthèse, permettez-moi de dire qu'à mon avis la prudence s'impose lorsqu'il s'agit de porter des jugements moraux sur les Gileadiens. Nous devrions aujourd'hui avoir appris que de tels jugements sont nécessairement spécifiques à une culture. En outre, la société gileadienne était l'objet de pressions considérables, d'ordre démographique et autres, et se trouvait soumise à certains facteurs dont nous-mêmes sommes heureusement libérés. Notre tâche n'est pas de censurer, mais de comprendre. *(Applaudissements.)*

Je ferme ma parenthèse. Des bandes magnétiques comme celles-ci sont cependant très difficiles à contrefaire de manière convaincante, et les experts qui les ont examinées nous ont donné l'assurance que les objets matériels sont authentiques. Il est certain que l'enregistrement à proprement parler, c'est-à-dire la surimpression de la voix sur la bande musicale, n'aurait pas pu être réalisé dans les cent cinquante dernières années.

À supposer, donc, que les cassettes soient authentiques, qu'en est-il de la nature du récit lui-même ? De toute évidence il n'a pas pu être enregistré pendant la période de temps qu'il relate, puisque si l'auteur dit vrai, elle n'aurait pas disposé de machine ni de bandes magnétiques, ni n'aurait eu d'endroit où les cacher. En outre la narration a une certaine qualité réflexive, qui à mon sens élimine l'hypothèse du synchronisme. Elle a un parfum d'émotions remémorées, sinon dans la sérénité, au moins *post facto*.

Nous avons estimé que si nous pouvions établir l'identité de la narratrice, nous serions sur la bonne voie pour parvenir à expliquer comment ce document – permettez-moi de le désigner ainsi pour abréger – a vu le jour. Pour ce faire, nous avons exploré deux axes de recherche.

D'abord nous avons essayé, en nous fondant sur de vieux plans urbains de Bangor et sur d'autres documents restants, d'identifier les habitants de la maison qui devait s'élever sur le site de la découverte à peu près à l'époque en question. Peut-être, pensions-nous, cette maison était-elle une maison sûre de la Route Clandestine des Femmes au cours de la période qui nous intéresse, et notre narratrice aurait pu y être cachée, dans le grenier ou dans la cave, pendant des semaines ou même des mois, pendant lesquels elle aurait eu la possibilité de faire ces enregistrements. Bien sûr, rien n'éliminait l'éventualité que les cassettes aient été apportées dans le site en question après avoir été enregistrées. Nous espérions retrouver la trace des descendants des occupants hypothétiques, qui, nous l'espérions, pourraient nous conduire à d'autres matériaux : des journaux intimes, peut-être même des anecdotes familiales transmises au fil des générations.

Malheureusement cette piste était une impasse. Il se peut que ces personnes, si elles avaient réellement constitué l'un des maillons de la chaîne clandestine, aient été découvertes et arrêtées, auquel cas toute la documentation les concernant aurait été détruite. Donc, nous avons attaqué sur un autre front… Nous avons dépouillé les archives de l'époque, en nous efforçant d'établir une corrélation entre des personnages historiques connus et les personnes qui figurent dans le récit de notre auteur. Les archives qui ont survécu à cette période sont fragmentaires, car le régime gileadien avait l'habitude de vider ses ordinateurs et de détruire les épreuves après diverses purges et bouleversements internes, mais quelques épreuves ont subsisté. Certaines ont même été introduites en contrebande en Angleterre à des fins de propagande, par les diverses sociétés « Sauvez les Femmes », qui existaient en nombre dans les îles Britanniques à cette époque.

Nous n'avions aucun espoir de retrouver directement la narratrice elle-même. Il était évident, d'après les preuves intrinsèques, qu'elle avait fait partie de la première vague de femmes recrutées pour assurer la reproduction, et affectées à ceux qui nécessitaient leurs services et pouvaient les revendiquer grâce à leur position dans l'élite de la société. Le régime a immédiatement créé une réserve de ces femmes par la simple tactique qui consistait à déclarer adultères tous les seconds mariages et liaisons non maritales, à arrêter les partenaires féminines, et sous le prétexte d'inaptitude morale, à confisquer les enfants qu'elles avaient déjà, lesquels étaient adoptés par les couples sans enfants des échelons supérieurs, désireux d'avoir une progéniture par n'importe quel moyen. Pendant la période du milieu, cette politique a été élargie à tous les mariages qui n'avaient pas été contractés au sein de l'Église officielle. Les hommes haut placés du régime pouvaient ainsi faire leur choix parmi des femmes qui avaient donné la preuve de leur aptitude à la reproduction en ayant produit un ou plusieurs enfants sains, caractéristique recherchée à une époque de chute importante du taux des naissances caucasiennes, phénomène observable non seulement à Gilead mais dans la majorité des sociétés caucasiennes septentrionales de l'époque.

Les raisons de cette baisse de natalité n'ont pas été entièrement élucidées. L'absence de reproduction peut certainement être attribuée en partie à l'existence généralisée de moyens contraceptifs de diverses natures, y compris l'avortement, dans la période immédiatement prégileadienne. Certaines infertilités, donc, étaient voulues, ce qui peut expliquer la différence des statistiques entre Caucasiens et non-Caucasiens, mais toutes ne l'étaient pas. Ai-je besoin de vous rappeler que c'était l'époque de la syphilis de souche R, et aussi de l'infamante épidémie de S.I.D.A., qui dès lors que la population dans son ensemble a été atteinte, ont éliminé beaucoup d'individus jeunes et sexuellement actifs du pool de reproduction ? Les enfants mort-nés, les fausses couches et les malformations génétiques étaient monnaie courante, et ne faisaient qu'augmenter. Cette tendance a été mise en rapport avec les différents accidents et fermetures d'usines nucléaires, et les incidents de sabotage qui ont marqué cette période, ainsi que les fuites à partir des lieux de stockage des produits de guerre chimique et biologique, et des sites de décharge des déchets toxiques qui se comptaient par milliers, tant légaux qu'illégaux – … dans certains cas, ces matériaux étaient simplement déversés dans les égouts – et avec l'utilisation incontrôlée des insecticides et herbicides chimiques et autres pulvérisations.

Mais quelles qu'en fussent les causes, les effets étaient sensibles et le régime gileadien n'a pas été le seul à y réagir à l'époque. La Roumanie, par exemple, avait devancé Gilead dans les années quatre-vingt, en interdisant toutes les formes de contraception, en imposant des tests obligatoires de grossesse à toute la population féminine et en liant la promotion et les augmentations de salaire à la fertilité.

Le besoin de ce que je pourrais appeler des services de natalité était déjà reconnu dans la période pré-gileadienne, durant laquelle il lui était répondu de façon inadéquate par l'insémination artificielle, les « Cliniques de Fertilité » et l'utilisation des mères porteuses qui étaient louées pour l'occasion. Gilead proscrivit les deux premières méthodes comme étant contraires à la religion, mais légitima et renforça la troisième, considérée comme ayant des précédents bibliques : la polygamie séquentielle courante dans la période prégileadienne fut remplacée par la forme plus ancienne de polygamie simultanée pratiquée au début de l'époque de l'Ancien Testament et dans l'ex-État d'Utah au XIXe siècle. Comme nous l'enseigne l'histoire, aucun nouveau système ne peut s'imposer à un système antérieur sans incorporer bon nombre des éléments existant dans ce dernier ; j'en veux pour preuve les éléments païens dans la chrétienté médiévale et l'évolution du K.G.B. russe, né du service secret tsariste qui l'avait précédé ; or Gilead n'a pas fait exception à cette règle. Ses politiques racistes, par exemple, étaient solidement enracinées dans la période prégileadienne, et des craintes racistes ont alimenté en partie le moteur passionnel qui a conduit à une prise de pouvoir réalisée avec succès.

Notre auteur, donc, était une personne parmi beaucoup d'autres, et il convient de la voir dans le contexte général du moment historique dont elle a fait partie. Mais que savons-nous d'autre sur son compte, en dehors de son âge, de certaines caractéristiques physiques qui pourraient s'appliquer à n'importe qui, et de son lieu de résidence ? Pas grand-chose. Il semble s'agir d'une personne cultivée, dans la mesure où l'on peut considérer qu'un diplômé de l'une quelconque des Universités de l'Amérique du Nord de l'époque fût une personne cultivée. *(Rires, quelques murmures.)* Mais, comme on dit, ils couraient les rues, donc cet élément ne nous aide pas. Elle ne juge pas utile de nous dévoiler son nom originel, et d'ailleurs tout document officiel où il aurait figuré aurait été détruit lors de son entrée dans le Centre de Rééducation Rachel et Léa. « Defred » ne fournit aucun indice, car, à l'instar de « Deglen » et « Dewarren », il s'agit d'un patronyme composé de l'article possessif et du prénom du monsieur en question. Les femmes prenaient ces noms lorsqu'elles entraient dans la maisonnée d'un certain Commandant, et elles les abandonnaient quand elles la quittaient.

Les autres noms figurant dans le document sont tout aussi inutiles aux fins d'identification et d'authentification. « Luke » et « Nick » nous laissèrent dans le flou artistique, de même que « Moira » et « Janine ». Il est hautement probable qu'il s'agissait de toute façon de pseudonymes, adoptés pour protéger ces personnes au cas où les bandes auraient été découvertes. Si c'est bien le cas, cela étaye notre hypothèse d'après laquelle les cassettes ont été enregistrées *à l'intérieur* des frontières de Gilead, plutôt qu'à l'extérieur, et ensuite réintroduites en contrebande pour servir au réseau clandestin « Mayday ».

L'élimination des possibilités que je viens d'évoquer ne nous en laissait plus qu'une. Si nous pouvions identifier l'insaisissable « Commandant », pensions-nous, nous aurions au moins progressé un peu. Nous avons supposé qu'un individu aussi haut placé avait probablement participé à la première réunion ultra-secrète du Groupe de Réflexion des Fils de Jacob, où la philosophie et la structure sociale de Gilead furent élaborées. Ces réunions furent organisées peu après que les Super-Puissances eurent reconnu que les conflits armés avaient abouti à l'impasse et signé l'Accord Confidentiel sur les Sphères d'Influence, qui les laissait libres de faire face, en l'absence de toute ingérence, au nombre croissant de rébellions au sein de leurs empires respectifs. Les comptes rendus officiels des réunions des Fils de Jacob furent détruits après la Grande Purge de la période moyenne, qui discrédita et liquida bon nombre des premiers bâtisseurs de Gilead. Mais nous avons eu accès à certaines informations grâce au journal rédigé en langage chiffré par Wilfred Limpkin, l'un des sociobiologistes de l'époque. (Comme nous le savons, la théorie sociobiologique de la polygamie naturelle a été utilisée comme justification scientifique de certaines des pratiques les plus curieuses du régime, tout comme le darwinisme avait été utilisé dans les idéologies antérieures.)

Le matériel Limpkin nous permet de savoir qu'il y a deux candidats possibles, c'est-à-dire deux noms qui contiennent l'élément « Fred ». Frederick R. Waterford, et B. Frederick Judd. Il ne subsiste de photographies d'aucun des deux, quoique Limpkin décrive le deuxième comme un pisse-froid, et, je cite : « Quelqu'un pour qui les préliminaires sont ce que l'on fait sur un terrain de golf. » *(Rires.)* Limpkin lui-même n'a pas survécu longtemps à la naissance de Gilead et nous ne possédons son journal que parce qu'il avait prévu sa propre fin et l'avait confié à sa belle-sœur, à Calgary.

Waterford et Judd présentent tous deux des caractéristiques qui les rendent intéressants pour notre recherche. Waterford avait fait des études de recherches de marché, et d'après Limpkin, c'est lui qui avait conçu les costumes féminins, et proposé que les servantes portent du rouge, idée inspirée des uniformes des prisonniers de guerre allemands dans les camps canadiens de la Seconde Guerre mondiale. Il semble avoir été à l'origine du mot « Particicution », dérivé d'un exercice populaire au cours du troisième tiers du siècle ; la cérémonie collective de la corde, toutefois, s'inspire d'une coutume villageoise anglaise du XVIIe siècle. « Rédemption » peut aussi être de son cru, quoique au moment de la création de Gilead, ce terme, né aux Philippines, se soit répandu pour désigner d'une manière générale l'élimination des ennemis politiques de quelqu'un. Comme je l'ai dit ailleurs, il n'y avait pas d'éléments véritablement originaux à Gilead : son génie fut celui de la synthèse.

Judd, quant à lui, semble s'être moins intéressé aux emballages, et s'être davantage préoccupé de tactique. C'est lui qui a suggéré de faire d'un pamphlet obscur de la C.I.A. sur la déstabilisation des gouvernements étrangers le manuel stratégique des Fils de Jacob ; et c'est également lui qui a dressé la première liste noire des « Américains » éminents de l'époque. On le soupçonne aussi d'avoir orchestré le Massacre du Jour du Président qui a dû exiger une infiltration maximum du système de sécurité entourant le Congrès, faute de quoi la Constitution n'aurait jamais été suspendue. On lui doit le projet des Patries Nationales et des Boat People juifs, ainsi que l'idée de privatiser le plan de rapatriement des Juifs, ce qui eut pour résultat que plus d'une cargaison de Juifs fut simplement déversée dans l'Atlantique pour maximiser les profits. D'après ce que nous savons de Judd, ceci ne l'aurait pas trop dérangé. Il était partisan de la ligne dure, et Limpkin lui attribue la phrase : « Notre grosse erreur a été de leur apprendre à lire. Nous nous garderons bien de la reproduire. »

C'est à Judd qu'on attribue la création de la forme, sinon de la désignation, de la cérémonie de Particicution, son argument étant que cela constituait non seulement une manière particulièrement terrifiante et efficace de se débarrasser des éléments subversifs, mais que cela faisait fonction de soupape d'échappement pour l'élément féminin de Gilead. Les boucs émissaires ont eu une utilité notoire tout au long de l'histoire, et il devait être particulièrement gratifiant pour ces Servantes, si strictement surveillées par ailleurs, de pouvoir de temps en temps démembrer un homme de leurs mains nues. Cette pratique a atteint une popularité et une efficacité telles qu'elle a été officialisée dans la période moyenne, durant laquelle elle avait lieu quatre fois par an, aux solstices et aux équinoxes. On retrouve ici l'écho des rites de fertilité des cultes primitifs de la Déesse Terre. Comme nous l'avons dit lors de la discussion d'hier, Gilead, tout en étant indubitablement un régime patriarcal quant à la forme, était à l'occasion matriarcal quant au fond, à l'instar de certains secteurs du tissu social qui lui a donné naissance. Comme le savaient les architectes de Gilead, si l'on veut instituer un système totalitaire efficace, ou n'importe quel système, d'ailleurs, il est nécessaire d'offrir certains bénéfices et libertés à tout le moins à une poignée de privilégiés, en échange de ceux que l'on abolit.

À cet égard, quelques commentaires sur la redoutable agence féminine de contrôle, connue sous le nom de « Tantes » s'imposent. Judd (d'après le matériel Limpkin) avait estimé d'emblée que le moyen le meilleur et le plus économiquement rentable de gérer les femmes, aux fins de la reproduction, et d'une manière générale, était de confier cette tâche aux femmes elles-mêmes. Il y a à cette pratique de nombreux précédents historiques… En fait, aucun empire imposé par la force ou par d'autres moyens n'a failli à cette caractéristique : faire diriger les indigènes par des membres de leur propre groupe. Dans le cas de Gilead beaucoup de femmes étaient désireuses d'occuper les fonctions de Tante, soit parce qu'elles croyaient réellement à ce qu'elles appelaient les valeurs traditionnelles, soit en raison des avantages qu'elles pourraient ainsi acquérir. Quand le pouvoir est rare, toute parcelle de pouvoir est tentante. Il y avait aussi une motivation négative : les femmes sans enfants, ou stériles, ou déjà âgées et célibataires, pouvaient servir chez les Tantes, et, de ce fait, ne pas être en surnombre et échapper à la déportation aux Colonies malfamées, qui contenaient des populations déplaçables, utilisées essentiellement comme équipes non récupérables pour le ramassage de produits toxiques. Quoique avec de la chance, l'on pût être affecté à des tâches moins dangereuses telles que la cueillette du coton et des fruits…

L'idée, donc, venait de Judd, mais la mise en œuvre portait la marque de Waterford. Qui d'autre, parmi le Groupe de Réflexion des Fils de Jacob, aurait pu imaginer de faire porter aux Tantes des noms inspirés de produits commerciaux que les femmes pouvaient se procurer dans la période immédiatement prégileadienne, et donc familiers et rassurants, des noms de produits cosmétiques, de préparations de pâtisserie, de desserts surgelés et même de remèdes médicaux. C'était un trait de génie, qui nous confirme dans notre opinion que Waterford était dans la force de l'âge un homme d'une ingéniosité notoire. Tout comme l'était Judd, à sa façon.

L'on sait que ces deux messieurs n'avaient pas d'enfants, et qu'ils étaient donc éligibles pour bénéficier d'une série de Servantes. Le professeur Wade et moi-même avons émis l'hypothèse, dans notre travail conjoint « La notion de "Semence" dans la Première Époque Gileadienne », que tous deux, comme bon nombre de Commandants, avaient été en contact avec un virus stérilisant, mis au point par des expériences secrètes prégileadiennes, des manipulations génétiques sur les oreillons ; ce virus était destiné à être introduit dans les boîtes de caviar consommées par les hauts fonctionnaires de Moscou. L'expérience fut abandonnée après l'Accord sur les Sphères d'Influence parce que nombreux furent ceux qui estimèrent que le virus était trop incontrôlable, et donc trop dangereux, quoique certains auraient souhaité en asperger l'Inde.

Pourtant, ni Judd ni Waterford n'étaient mariés à une femme connue de près ou de loin sous le nom de « Pam », ou de « Serena Joy » ; ce dernier nom semble être une invention quelque peu espiègle de notre auteur. La femme de Judd s'appelait Bambi Mae et celle de Waterford, Thelma. Cette dernière avait cependant été jadis un personnage de la télévision du type évoqué par la narratrice.

Nous tenons ceci de Limpkin qui fait plusieurs observations insidieuses à ce propos. Le régime quant à lui prenait soin de dissimuler de tels manques à l'orthodoxie dans le passé des Épouses de son élite. L'ensemble des éléments de preuve nous fait pencher pour Waterford. Nous savons par exemple que ses jours s'achevèrent, probablement peu après les événements décrits par notre auteur, lors de l'une des premières purges ; il fut accusé de tendances libérales, d'être en possession d'une collection substantielle et interdite de matériaux hérétiques pictoriaux et littéraires, et d'héberger un élément subversif. C'était avant que le régime n'eût commencé à tenir ses procès secrets, et qu'il les télévisait encore, si bien que ces événements ont été enregistrés en Angleterre par voie de satellite et sont déposés sur vidéo-cassette dans nos archives. Les images de Waterford ne sont pas bonnes, mais elles sont assez nettes pour établir qu'il avait bien les cheveux gris…

Quant à l'élément subversif que Waterford était accusé d'héberger, il aurait pu s'agir de « Defred » elle-même, puisque sa fuite l'aurait placée dans cette catégorie. Il est plus probable qu'il s'agisse de « Nick », lequel, l'existence même des cassettes le prouve, a dû aider Defred à s'échapper. La manière dont il est parvenu à le faire le situe comme l'un des membres du ténébreux réseau clandestin « Mayday » qui n'était pas identique à la « Route Clandestine des Femmes », mais entretenait des liens avec cette dernière. Celle-ci était purement une opération de sauvetage, celui-là était quasi militaire. L'on sait qu'un certain nombre de responsables de « Mayday » ont infiltré la structure du pouvoir gileadien aux niveaux les plus élevés, et la mise en place de l'un de leurs membres au poste de chauffeur de Waterford a certainement été un coup réussi ; un coup double, puisque « Nick » devait également faire partie des Yeux, comme c'était souvent le cas des chauffeurs et des domestiques personnels. Waterford ne l'ignorait certainement pas, mais étant donné que tous les Commandants de haut rang étaient automatiquement chefs des Yeux, il n'y a probablement pas attaché beaucoup d'importance, et cela ne l'a pas empêché d'enfreindre ce qu'il considérait comme des règles mineures. À l'instar de la plupart des Commandants de la Première Époque Gileadienne, il pensait que sa situation le plaçait au-dessus de toute attaque possible. Le style de la période moyenne était plus prudent.

Voici donc nos conjectures. À supposer qu'elles soient exactes – c'est-à-dire à supposer que Waterford était bien le « Commandant » –, de nombreuses lacunes demeurent. Certaines auraient pu être comblées par notre auteur anonyme, si elle avait eu une autre tournure d'esprit. Elle aurait pu nous apprendre beaucoup sur le fonctionnement de l'Empire Gileadien si elle avait eu des instincts de journaliste, ou d'espionne. Que ne donnerions-nous pas aujourd'hui pour ne serait-ce qu'une centaine des pages des sorties de l'ordinateur privé de Waterford ! Cependant nous devons être reconnaissants à la Déesse de l'Histoire pour les moindres miettes qu'elle a bien voulu nous accorder.

Quant au destin final de notre narratrice, il demeure obscur. A-t-elle pu passer en fraude la frontière de Gilead, entrer dans ce qui était le Canada, et de là gagner l'Angleterre ? Ç'aurait été sage, dans la mesure où le Canada de l'époque ne souhaitait pas contrarier son puissant voisin et procédait à des rafles et des extraditions de cette catégorie de réfugiés. Dans ce cas, pourquoi ne pas avoir emporté les enregistrements avec elle ? Peut-être son départ a-t-il été précipité ? Peut-être craignait-elle qu'ils soient interceptés ? Par ailleurs il se peut qu'elle se soit fait reprendre. Si elle a bien atteint l'Angleterre, pourquoi n'a-t-elle pas publié son récit, comme beaucoup l'ont fait à leur arrivée dans le monde extérieur ? Elle a pu craindre des représailles contre « Luke », supposant qu'il était encore en vie (ce qui est improbable) ou même contre sa fille, car le régime gileadien n'était pas au-dessus de pareilles mesures et les utilisait pour décourager la publicité défavorable dans les pays étrangers. L'on sait que plus d'un réfugié imprudent a reçu une main, une oreille ou un pied, emballé sous vide et expédié par express, et dissimulé par exemple dans une boîte de café. Ou peut-être a-t-elle été parmi celles des Servantes fugitives qui ont eu du mal à s'adapter au monde extérieur, quand elles l'ont retrouvé, après l'existence protégée qu'elles avaient connue. Elle a pu, comme elles, se retirer du monde. Nous ne le savons pas.

Nous ne pouvons non plus que supputer les raisons qui ont poussé « Nick » à organiser sa fuite. Nous pouvons supposer que dès lors que l'appartenance de sa compagne « Deglen » à « Mayday » a été découverte, lui-même pouvait se trouver menacé, car il savait parfaitement, puisqu'il faisait partie des Yeux, que « Defred » serait certainement soumise à un interrogatoire. Les peines qui sanctionnaient des activités sexuelles non autorisées avec une Servante étaient lourdes, et sa qualité d'Œil ne le protégeait pas automatiquement. La société gileadienne était byzantine à l'extrême, et toute transgression pouvait être utilisée par quiconque à l'encontre d'ennemis non déclarés au sein du régime. Il aurait pu, certes, l'assassiner lui-même, ce qui aurait peut-être été la solution la plus sage, mais le cœur humain a ses raisons, et, comme nous le savons, tous deux pensaient qu'elle était peut-être enceinte de lui. Quel mâle de la période gileadienne aurait-il pu résister à la possibilité d'une paternité, tellement auréolée de prestige, si hautement valorisée ? Il a donc appelé une équipe de secours, composée d'Yeux, qui étaient peut-être authentiques ou non, mais qui de toute façon étaient sous ses ordres. Ce faisant il se peut qu'il ait été l'artisan de sa propre chute. Cela non plus, nous ne saurons jamais.

Notre narratrice a-t-elle gagné le monde extérieur saine et sauve, pour s'y construire une vie nouvelle ? ou a-t-elle été découverte dans sa cachette, au grenier, arrêtée, déportée aux colonies, expédiée « chez Jézabel », ou même exécutée ? Notre document, tout en étant éloquent à sa manière, reste muet sur ces points. Nous pouvons rappeler Eurydice du monde des morts, mais ne pouvons pas la faire répondre, et lorsque nous nous retournons pour la regarder nous ne l'apercevons qu'un bref instant avant qu'elle ne nous échappe et s'enfuie. Comme le savent tous les historiens, l'histoire est une immensité obscure, qui résonne d'échos. Des voix peuvent parvenir à nos oreilles, mais ce qu'elles nous disent est prégnant de l'obscurité de la matrice d'où elles proviennent, et quels que soient nos efforts, nous ne pouvons pas toujours les déchiffrer avec précision à la lumière plus nette du jour d'aujourd'hui.

Applaudissements.

Y a-t-il des questions ?

composées à Vaux, qui étaient peut-être authentiques ou non, mais qui de toute façon étaient sous ses ordres. Ce faisant il se peut qu'il ait été l'artisan de sa propre chute. Cela non plus, nous ne le saurons jamais.

Notre narratrice a-t-elle quitté le monde extérieur sans problème pour y commencer une vie nouvelle ? Ou a-t-elle été découverte dans sa cachette, au grenier, arrêtée, déportée aux colonies espagnoles « chez Izabel », ou même exécutée ? Notre document, tout en étant éloquent à sa manière, reste muet sur ces points. Nous pouvons rappeler Eurydice du monde des morts, mais nous ne pouvons pas la faire répondre, et lorsque nous nous retournons pour la regarder nous ne l'apercevons qu'un bref instant avant qu'elle ne nous échappe et s'enfuie. Comme le savent tous les historiens, l'histoire est une immense obscurité qui résonne d'échos. Des voix peuvent parvenir à nos oreilles, mais ce qu'elles nous disent est imprégné de l'obscurité de la matrice d'où elles proviennent, et quels que soient nos efforts, nous ne pouvons pas toujours les déchiffrer avec précision à la lumière plus nette du jour d'aujourd'hui.

Y a-t-il des questions ?

Postface[1]
par l'auteur

Certains romans hantent l'esprit du lecteur, d'autres celui de l'auteur. *La Servante écarlate* a fait les deux.

Ce roman n'a jamais cessé d'être publié depuis sa première parution en 1985. Il s'en est vendu des millions d'exemplaires à travers le monde, dans une variété étourdissante d'éditions et de traductions. Il est devenu une sorte de référence pour ceux qui écrivent à propos d'évolutions politiques visant à prendre le contrôle des femmes, particulièrement celui de leur corps et de leurs fonctions reproductrices : « Un peu dans le genre de *La Servante écarlate* » et « On pense à *La Servante écarlate* » sont devenues des expressions familières. Le roman a été banni de certains lycées, et il a inspiré d'étranges blogs sur le Web où l'on discute de ses descriptions de la répression des femmes comme s'il s'agissait de recettes de cuisine. Des lecteurs – pas seulement des femmes – m'ont envoyé des photos de leurs tatouages, des phrases extraites de

1. Traduit de l'anglais (Canada) par Patrick Dusoulier.

La Servante écarlate : « *Nolite te salopardes exterminorum* » et « Y a-t-il des questions ? » sont les plus fréquentes. Le livre a eu plusieurs incarnations à la scène et à l'écran, dont un film (réalisé par Volker Schlöndorff sur un scénario de Harold Pinter) et un opéra (par Poul Ruders). Certains se déguisent en Servantes pour Halloween, et aussi lors de manifestations – ces deux façons de porter ce costume reflètent la dualité : est-ce un divertissement ou une sombre prophétie politique ? Est-il possible que ce soit les deux ? Je n'avais rien imaginé de tout cela en écrivant le livre.

J'ai commencé ce roman il y a plus de trente ans, au printemps de 1984, alors que j'habitais Berlin-Ouest – encore encerclé, à l'époque, par le Mur. Au départ, son titre n'était pas *La Servante écarlate* – il s'appelait *Offred*[1] – mais je note dans mon journal que son nom a changé le 3 janvier 1985, alors que près de cent cinquante pages avaient déjà été écrites.

Cela étant, c'est à peu près tout ce que je note. Dans mon journal, on trouve les pleurnicheries habituelles de l'écrivain, telles que : « Je m'efforce de me remettre à écrire après une trop longue absence – le courage me manque », ou bien : « Je pense aux horreurs de la publication et aux accusations qui m'attendent dans les articles critiques. » Il y a des entrées

1. « Offred » est le nom de la Servante dans le texte original, rendu par « Defred » dans la traduction française. (*N.d.T.*)

concernant le temps : la pluie et le tonnerre font l'objet de mentions particulières. Je rends compte de la découverte de vesses-de-loup, toujours une source de jubilation. De dîners, avec la liste des convives et de ce que j'ai servi. De maladies, les miennes et celles des autres. Et de la mort d'amis. J'y consigne des livres que j'ai lus, des discours que j'ai prononcés, des voyages que j'ai faits. Il y a des comptages de pages. J'avais l'habitude de comptabiliser les pages remplies afin de m'encourager à aller de l'avant. Mais il n'y a aucune réflexion sur le travail de composition ni sur le sujet du livre lui-même. C'est peut-être parce que je pensais savoir où j'allais, et que je n'avais aucun besoin de m'interroger là-dessus.

Je me souviens que j'écrivais au stylo et que je transcrivais ensuite mon texte à l'aide d'une machine à écrire. Je gribouillais alors les pages, que je remettais à une dactylo professionnelle. En 1985, les ordinateurs individuels en étaient encore à leurs balbutiements. Je vois que j'ai quitté Berlin en juin 1984 pour retourner au Canada, que j'ai écrit pendant tout l'automne, et que j'ai ensuite passé quatre mois, début 1985, à Tuscaloosa, en Alabama, où j'ai enseigné dans le cadre d'un MFA (*Master of Fine Arts*). C'est là que j'ai achevé le livre. La première personne à l'avoir lu était une consœur, Valerie Martin, également en résidence à l'université. Je me souviens qu'elle a dit : « Je crois que tu tiens quelque chose d'intéressant. » Elle-même se souvient d'avoir manifesté plus d'enthousiasme.

Entre le 12 septembre 1984 et juin 1985, il n'y a aucune entrée dans mon journal – rien du tout, pas même une vesse-de-loup –, bien que, d'après mon comptage de pages, je devais écrire à la vitesse de l'éclair. Le 10 juin, il y a une mention lapidaire : « Terminé les corrections de *La Servante écarlate* la semaine dernière. » Le 19 août, les épreuves avaient été relues. Le livre parut au Canada à l'automne 1985, suscitant des réactions perplexes, et parfois angoissées – est-ce que ça pourrait arriver ici ? –, mais le journal ne contient aucun commentaire de ma part sur ces réactions. Le 16 novembre, je trouve une autre pleurnicherie : « Je me sens complètement vidée. » À laquelle j'ai ajouté : « Mais fonctionnelle. »

Le livre est sorti au Royaume-Uni en février 1986, en même temps qu'aux États-Unis. Au Royaume-Uni, qui avait eu sa période Oliver Cromwell quelques siècles plus tôt et qui n'était pas d'humeur à la répéter, la réaction fut du genre : « Drôlement bien, comme histoire. » Mais aux États-Unis – malgré une critique dédaigneuse de Mary McCarthy dans le *New York Times* –, ce fut plutôt : « Combien de temps nous reste-t-il avant que ça n'arrive ? »

Les histoires à propos du futur partent toujours d'une question du type « Que se passerait-il si… ? », et *La Servante écarlate* en a plusieurs. Par exemple : Si vous vouliez vous emparer du pouvoir aux États-Unis, abolir la démocratie libérale et instaurer une dictature, comment vous y prendriez-vous ? Quelle histoire inventeriez-vous pour enrober l'affaire ? Ça ne pourrait pas ressembler à une quelconque forme de communisme ou de socialisme, qui sont trop impopulaires. Vous pourriez utiliser le terme de démocratie pour en abolir la forme libérale : ce n'est pas hors de question, même si je ne le croyais pas possible en 1985.

Les nations ne construisent jamais des formes de gouvernement radicales sur des fondations qui n'existent pas déjà. C'est ainsi que la Chine a remplacé une bureaucratie étatique par une bureaucratie étatique similaire, mais sous un nom différent, que l'URSS a remplacé la redoutable police secrète impériale par une police secrète encore plus redoutée, et ainsi de suite. La fondation profonde des États-Unis – c'est ainsi que j'ai raisonné – n'est pas l'ensemble de structures de l'âge des Lumières du XVIIIe siècle, relativement récentes, avec leurs discours sur l'égalité et la séparation de l'Église et de l'État, mais la brutale théocratie de la Nouvelle-Angleterre puritaine du XVIIe siècle, avec ses préjugés contre les femmes, et à qui une période de chaos social suffirait pour se réaffirmer.

Comme toute théocratie, celle-ci sélectionnerait quelques passages de la Bible pour justifier ses actions, et elle pencherait fortement vers l'Ancien Testament plutôt que vers le Nouveau. Les classes dirigeantes s'assurant toujours d'obtenir les biens et services les plus rares et les plus désirables, et comme l'un des axiomes du roman est que la fertilité dans l'Occident industrialisé est menacée, le rare et désirable inclurait les femmes fertiles – toujours sur la liste des désirs humains, d'une façon ou d'une autre – et le contrôle de la reproduction. Qui aura des enfants, qui aura le droit de les prendre pour soi et de les élever, qui sera tenu pour responsable s'il leur arrive quelque chose ? Ce sont là des questions qui occupent les êtres humains depuis fort longtemps.

Il y aurait de la résistance à un tel régime, une organisation secrète, et même une « route clandestine » pour permettre des évasions. Rétrospectivement, compte tenu des technologies disponibles au XXe siècle en matière d'espionnage et de contrôle de la société, cela semble un petit peu trop facile. Les Commandants de Gilead auraient utilisé tous les moyens nécessaires pour éliminer les quakers, ainsi que l'ont fait leurs ancêtres puritains du XVIIe siècle.

Je m'étais fixé une règle : je n'inclurais rien que l'humanité n'ait pas déjà fait ailleurs ou à une autre époque, ou pour lequel la technologie n'existerait pas déjà. Je ne voulais pas me voir accusée de sombres inventions tordues, ou d'exagérer l'aptitude humaine à se comporter de façon déplorable. Les pendaisons en groupe, les victimes déchiquetées par la foule, les tenues propres à chaque caste et à chaque classe, les enfants volés par des régimes et remis à des officiels de haut rang, l'interdiction de l'apprentissage de la lecture, le déni du droit à la propriété : tout cela a des précédents, et une bonne partie se rencontre non pas dans d'autres cultures ou religions, mais dans la société occidentale, et au sein même de la tradition « chrétienne ». (Je mets le mot « chrétienne » entre guillemets, car je suis convaincue qu'une grande part de l'attitude et de la doctrine de l'Église au cours de ses deux mille ans d'existence en tant qu'organisation sociale et politique aurait été odieuse aux yeux de celui d'où son nom est tiré.)

On a souvent qualifié *La Servante écarlate* de « dystopie féministe », mais ce terme n'est pas strictement approprié. Dans une dystopie féministe pure et simple, tous les hommes auraient des droits bien plus importants que ceux des femmes. Elle comporterait une structure à deux couches : la supérieure pour les hommes, l'inférieure pour les femmes. Mais Gilead est une dictature de type classique : construite sur le modèle d'une pyramide, avec les plus puissants des deux sexes au sommet à niveau égal – les hommes ayant généralement l'ascendant sur les femmes –, puis des strates de pouvoir et de prestige décroissants, mêlant toujours hommes et femmes, jusqu'au bas de l'échelle où les hommes célibataires doivent servir dans les rangs de l'armée avant de se voir attribuer une Écofemme.

Les Servantes elles-mêmes forment une caste de parias au sein de la pyramide : considérées comme précieuses pour ce qu'elles sont capables de fournir – leur fertilité – mais intouchables autrement. Cependant, en posséder une est une marque de statut élevé, de même que posséder de nombreux esclaves ou domestiques l'a toujours été. Comme le régime fonctionne sous l'apparence d'un strict puritanisme, ces femmes ne sont pas considérées comme un harem destiné à prodiguer du plaisir en même temps que des enfants. Elles sont fonctionnelles plutôt que décoratives.

Trois choses qui m'ont longtemps intéressée se sont assemblées durant l'écriture de ce livre. La première était mon intérêt pour la littérature dystopienne, un intérêt qui a commencé pendant mon adolescence quand j'ai lu *1984* d'Orwell, *Le Meilleur des mondes* de Huxley et *Fahrenheit 451* de Bradbury, et qui s'est poursuivi pendant mes études de doctorat à Harvard au début des années 1960. (Une fois qu'une forme littéraire a capté votre attention, vous nourrissez toujours le désir secret d'en écrire vous-même un exemple.) La deuxième était mes études des XVIIe et XVIIIe siècles américains, encore une fois à Harvard, qui m'intéressaient particulièrement parce que nombre de mes ancêtres ont vécu à ces époques et dans cet endroit. La troisième était ma fascination pour les dictatures et leur mode de fonctionnement, ce qui n'est pas inhabituel chez une personne née en 1939, trois mois après le début de la Seconde Guerre mondiale.

Comme la révolution américaine et la française, comme les trois principales dictatures du XXe siècle – je dis « principales » parce qu'il y en a eu d'autres, par exemple au Cambodge et en Roumanie –, et comme le régime puritain de la Nouvelle-Angleterre avant lui, Gilead a de l'idéalisme utopien qui coule dans ses veines, associé à un principe de grande élévation morale, son ombre toujours présente, l'opportunisme dans l'exploitation des lois, et la forte propension des puissants à s'adonner en coulisse à des plaisirs sensuels interdits aux autres. Mais de telles escapades derrière des portes closes doivent rester cachées, car le régime affiche comme raison d'être l'idée qu'il améliore les conditions de vie, tant physiques que morales. Et, comme tous les régimes de ce type, il dépend de ses vrais croyants.

J'ai peut-être été trop optimiste en concluant l'histoire de la Servante par un échec complet. Même *1984*, la plus sombre de toutes les visions littéraires, ne se termine pas par une botte piétinant un visage humain… éternellement, ni même par un Winston Smith brisé et alcoolique éprouvant un amour béat pour Big Brother. Il se conclut par un essai sur le régime écrit au passé et en anglais standard. De même, j'ai ménagé à ma Servante une évasion possible par le Maine et le Canada. Et j'ai aussi ajouté un épilogue, qui laisse imaginer que la Servante et le monde où elle vivait sont remisés dans un lointain passé historique. Quand on me demande si l'histoire de *La Servante écarlate* est sur le point de « devenir vraie », je me dis qu'il y a deux avenirs dans le livre, et que si le premier « devient vrai », le second le pourrait aussi.

Table

Du même auteur
chez Robert Laffont

La Voleuse d'hommes
Pavillons, 1994

Trois amies déjeunent ensemble dans un restaurant à la mode. Elles se sont rencontrées étudiantes et retrouvées à travers les années. Si elles sont toutes trois très différentes, elles ont en commun de haïr Zenia – créature mystérieuse qui leur a volé à chacune leur homme, trahissant l'amitié et la confiance qu'elles lui avaient offertes. Zenia, intelligente, belle et avide, a su exploiter à merveille les faiblesses des autres. Et, si elles sont devenues aussi facilement sa proie, c'est peut-être parce qu'elles désiraient secrètement lui ressembler un peu. Depuis qu'elles ont appris sa mort, les trois femmes respirent. Le déjeuner s'annonce joyeux : désormais, on peut parler d'autre chose. Mais voilà que la porte du restaurant s'ouvre et que Zenia entre, en personne.

Captive
Pavillons, 1998

1859. Grace Marks, condamnée à perpétuité, tourne lentement en rond dans la cour d'un pénitencier canadien. À l'âge de seize ans, Grace a été accusée de deux meurtres horribles. Personne n'a jamais su si elle était coupable, innocente ou folle. Lors de son procès, après avoir donné trois versions des faits, Grace s'est murée dans le silence : amnésie ou dissimulation ? Le docteur Simon Jordan, jeune spécialiste de la maladie mentale, veut découvrir la vérité. À écouter son récit, Grace n'a l'air ni démente ni criminelle, et pourtant, que sont ces troublants rêves qu'elle cache à Jordan : cauchemars, hallucinations ou réminiscences d'actes monstrueux ?

Le Tueur aveugle

Pavillons, 2002

Lauréat du Booker Prize 2000

Elles sont sœurs et aiment le même homme. Dix jours après la fin de la Seconde Guerre mondiale, Laura se jette d'un pont au volant d'une voiture. Elle laisse à sa sœur aînée, Iris, un roman posthume au parfum de soufre, « Le Tueur aveugle ». Cinquante ans plus tard, Iris raconte leur histoire… Avec en toile de fond la saga de notre siècle, le destin bouleversant de deux sœurs liées par des secrets de famille et des mensonges assassins. En se remémorant sa vie, Iris n'évoque pas seulement un passé complexe. Elle fait naître un lumineux univers romanesque que composent les couleurs vives et poignantes de la cruauté humaine, de l'amour et du péché.

Le Dernier Homme

Pavillons, 2005

Margaret Atwood nous plonge dans un monde dévasté à la suite d'une catastrophe écologique et scientifique sans précédent, où se combinent des conditions climatiques aberrantes, des manipulations génétiques délirantes et un virus foudroyant propre à détruire l'ensemble de l'humanité. D'ailleurs, c'est presque fait : d'êtres humains, il ne reste que Snowman, lequel est confronté à des animaux hybrides et à d'étranges créatures génétiquement modifiées et programmées pour n'être sujettes ni à la violence, ni au désir sexuel, ni au fanatisme religieux. Un chef-d'œuvre d'anticipation.

Faire surface
Pavillons Poche, 2007

Aux confins du Canada, à la frontière des États-Unis, une jeune femme se rend avec son compagnon et un couple d'amis sur l'île où elle vécut enfant, pour retrouver son père disparu. Leur séjour se prolonge en un huis clos étrange, tandis que l'héroïne s'engage dans la recherche du père. Cette quête des origines, la narratrice la vivra si intensément qu'elle y perdra un temps la raison. Un passage par la folie qui lui permettra de « faire surface », de s'éveiller à une nouvelle vie, lavée des vieilles terreurs et des névroses de l'enfance, libérée du factice, et rendue à la réalité du monde sensible.

La Femme comestible
Pavillons Poche, 2008

Marian va se marier, sans passion. Et vit alors la plus étrange des expériences : peu à peu, elle ne peut plus rien manger. Elle s'en sort à peu près avec Peter, son supposé futur mari. Idem avec son travail d'opératrice en marketing, les excentricités de sa colocataire ou les esquives de Duncan, l'étudiant en littérature. Mais ne plus pouvoir s'alimenter lui pose un problème d'une tout autre ampleur. Moins elle peut avaler, plus elle se sent elle-même dévorée : comme si, de membre bienveillant de notre société de consommation, elle se retrouvait dans la peau d'un de ses produits. Ce premier roman paru en 1969, d'une rare originalité, contient déjà tout ce qui fera de Margaret Atwood la plus grande romancière canadienne contemporaine.

Le Fiasco du Labrador
Pavillons, 2009

Imaginez un grand album photo que Margaret Atwood feuilletterait, retraçant le parcours d'une existence au gré de ses souvenirs. Apparaissent ainsi tour à tour les personnages clés de sa vie : son compagnon, les enfants et l'ex-femme de ce dernier, leur fille, sa petite sœur, son père, sa mère… À travers la voix de Nell, qui s'exprime tantôt à la première, tantôt à la troisième personne, se répondent d'une nouvelle à l'autre des moments cruciaux et des anecdotes qui tissent au final, sur soixante ans, la chronique d'une famille canadienne.

Mort en lisière
Pavillons Poche, 2009

Un jour, insidieusement, leur quotidien dérape. Sur un souvenir, un incident, une rupture, une prise de conscience. Le constat qu'ils dressent alors de leur propre existence a un goût doux-amer, lucide et ironique. Voilà le lien secret qui unit les protagonistes – hommes et femmes, femmes surtout – de chacune de ces dix nouvelles.
Du Canada urbain à celui des grandes étendues sauvages, depuis des fouilles archéologiques en Écosse aux bureaux d'un journal à la mode, d'une disparition en montagne au microcosme d'une colonie de vacances, d'une traîtrise amicale à une exquise vengeance amoureuse, de la fin des années 1950 au début des années 1990, Margaret Atwood nous offre dix récits tendres et incisifs qui confirment son intelligence aiguë de la société contemporaine.

Œil-de-chat
Pavillons Poche, 2011

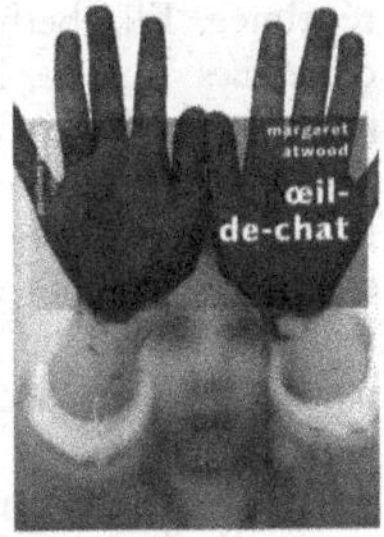

À l'occasion d'une rétrospective de son travail dans une galerie, Elaine Risley, une artiste-peintre controversée, retourne à Toronto sur les lieux de son enfance. Hier puritaine et grise, aujourd'hui éclatante de la lumière des néons, la ville provoque chez Elaine un choc qui fait rejaillir les souvenirs de son enfance. Pendant la semaine qu'elle y passe, l'attention d'Elaine se concentre sur le passé et sur l'introspection. Et au milieu des images diverses qui remontent à la surface de sa mémoire revient celle qui a peut-être le plus pesé sur son destin : l'image de Cordelia, son amie d'enfance, sa tourmenteuse, son double.

Le Temps du déluge
Pavillons, 2012

Après *Le Dernier Homme*, le second volet de la trilogie « MaddAddam ».
Dans un monde chaotique et terrifiant, des animaux transgéniques créés par l'homme ont pris le pouvoir. La société est gangrenée par le culte de l'argent et de la marchandise, une absurde division du travail sévit, ainsi qu'une impitoyable guerre des classes.
Une secte religieuse et écologique, les Jardiniers de Dieu, dont Adam Premier est le chef spirituel, entraîne ses adeptes dans une mission sacrée : favoriser les conditions nécessaires à la survie d'une partie de l'espèce humaine, puis à sa restauration… Pour cela, ils s'isolent du « monde exfernal » dans leur Jardin. Car pour Adam et les Jardiniers de Dieu, l'arrivée du « Déluge des Airs » ne fait aucun doute. C'est seulement une question d'échéance…

La Vie avant l'homme
Pavillons Poche, 2012

Avec une sensualité contrôlée et une rage réprimée, Elizabeth cherche sa voie auprès d'hommes qui ne lui conviennent pas. Son mariage avec Nate n'est pas une réussite et son amant Chris vient de se suicider. Nate, lui, est un rêveur qui adore les enfants, et est déchiré entre deux femmes qu'il voudrait rendre heureuses et qu'il rend plus malheureuses encore par son incapacité à choisir. Enfin, Lesje, la maîtresse de Nate, est une jeune paléontologue dont le caractère timide et passif s'accommode mieux de l'étude des dinosaures que de la complexité des êtres humains, elle qui rêve à « la vie avant l'homme ». Un roman qui met à nu l'incessante guerre des sexes que se livrent trois êtres incapables de communiquer entre eux et dont la coexistence pacifique n'est qu'une façade.

MaddAddam
Pavillons, 2014

Une peste créée par l'homme a ravagé la Terre. Les rares survivants forment une communauté avec une espèce inoffensive, fabriquée pour remplacer les humains, les Crakers. À sa tête, un couple au passé tumultueux, Toby, experte en champignons et abeilles, et Zeb, mangeur d'ours et fils d'un prêcheur maléfique. Dépositaire et garante de la mémoire, Toby transmet aux Crakers l'histoire des hommes. Au contact les uns des autres, humains et Crakers posent les fondements d'un nouveau monde…
Dernier volet qui conclut magnifiquement le cycle commencé avec *Le Dernier Homme* et *Le Temple du déluge.*

Pavillons Poche

Titres parus

Peter Ackroyd
Un puritain au paradis

Woody Allen
Destins tordus

Niccolò Ammaniti
Et je t'emmène

Sherwood Anderson
Le Triomphe de l'œuf

Margaret Atwood
Faire surface
La Femme comestible
Mort en lisière
Œil de chat
La Servante écarlate
La Vie avant l'homme

Dorothy Baker
Cassandra au mariage

Nicholson Baker
À servir chambré
La Mezzanine

Ulrich Becher
La Chasse à la marmotte

Saul Bellow
La Bellarosa connection
Le Cœur à bout de souffle
Un larcin

Robert Benchley
Le Supplice des week-ends

Adolfo Bioy Casares
Journal de la guerre au cochon

Le Héros des femmes
Un champion fragile

William Peter Blatty
L'Exorciste

Jorge Luis Borges, Adolfo Bioy Casares
Chroniques de Bustos Domecq
Nouveaux Contes de Bustos Domecq
Six problèmes pour Don Isidro Parodi

Mikhaïl Boulgakov
Le Maître et Marguerite
Le Roman théâtral
La Garde blanche

Vitaliano Brancati
Le Bel Antonio

Anthony Burgess
L'Orange mécanique
Le Testament de l'orange
Les Puissances des ténèbres

Dino Buzzati
Bestiaire magique
Le régiment part à l'aube
Nous sommes au regret de…
Un amour
En ce moment précis
Bàrnabo des montagnes
Panique à la Scala

Michael Chabon
Les Mystères de Pittsburgh
Les Loups-garous dans leur jeunesse
La Solution finale

Upamanyu Chatterjee
Les Après-midi d'un fonctionnaire très déjanté

John Collier
Le Mari de la guenon

William Corlett
Deux garçons bien sous tous rapports

Avery Corman
Kramer contre Kramer

Helen DeWitt
Le Dernier Samouraï

Joan Didion
Maria avec et sans rien
Un livre de raison
Démocratie

E. L. Doctorow
Ragtime

Roddy Doyle
La Femme qui se cognait dans les portes
The Commitments
The Snapper
The Van

Andre Dubus III
La Maison des sables et des brumes

Lawrence Durrell
Affaires urgentes

F. Scott Fitzgerald
Un diamant gros comme le Ritz

Zelda Fitzgerald
Accordez-moi cette valse

E. M. Forster
Avec vue sur l'Arno

Carlo Fruttero
Des femmes bien informées

Carlo Fruttero et Franco Lucentini
L'Amant sans domicile fixe

Graham Greene
Les Comédiens

La Saison des pluies
Le Capitaine et l'Ennemi
Rocher de Brighton
Dr Fischer de Genève
Tueur à gages
Monsignor Quichotte
Mr Lever court sa chance, nouvelles complètes 1
L'Homme qui vola la tour Eiffel, nouvelles complètes 2
Un Américain bien tranquille

Kent Haruf
Colorado Blues
Le Chant des plaines
Les Gens de Holt County

Jerry Hopkins et Daniel Sugerman
Personne ne sortira d'ici vivant

Bohumil Hrabal
Une trop bruyante solitude
Moi qui ai servi le roi d'Angleterre
Rencontres et visites

Henry James
Voyage en France

Thomas Keneally
La Liste de Schindler

Janusz Korczak
Journal du ghetto

Jaan Kross
Le Fou du Tzar

D. H. Lawrence
Le Serpent à plumes

John Lennon
En flagrant délire

Siegfried Lenz
La Leçon d'allemand
Le Dernier Bateau

Ira Levin
Le Fils de Rosemary
Rosemary's Baby

Norman Mailer
Le Chant du bourreau
Bivouac sur la Lune
Les vrais durs ne dansent pas
Mémoires imaginaires de Marilyn
Morceaux de bravoure
Prisonnier du sexe

Dacia Maraini
La Vie silencieuse de Marianna Ucrìa

Guillermo Martínez
Mathématique du crime
La Mort lente de Luciana B
La Vérité sur Gustavo Roderer

Tomás Eloy Martínez
Santa Evita
Le Roman de Péron

Richard Mason
17 Kingsley Gardens

Somerset Maugham
Les Trois Grosses Dames d'Antibes
Madame la Colonelle
Mr Ashenden, agent secret
Les Quatre Hollandais

James A. Michener
La Source

Arthur Miller
Ils étaient tous mes fils
Les Sorcières de Salem
Mort d'un commis voyageur
Les Misfits
Focus

Enchanté de vous connaître
Une fille quelconque

Daniel Moyano
Le Livre des navires et bourrasques

Vítězslav Nezval
Valérie ou la Semaine des merveilles

Geoff Nicholson
Comment j'ai raté mes vacances

Joseph O'Connor
À l'irlandaise

Pa Kin
Le Jardin du repos

Katherine Anne Porter
L'Arbre de Judée

Mario Puzo
Le Parrain

Mario Rigoni Stern
Les Saisons de Giacomo

Saki
Le Cheval impossible
L'Insupportable Bassington

J. D. Salinger
Dressez haut la poutre maîtresse, charpentiers, *suivi de* Seymour, une introduction
Franny et Zooey

Roberto Saviano
Le Contraire de la mort (bilingue)

Sam Shepard
Balades au paradis

Johannes Mario Simmel
On n'a pas toujours du caviar

Alexandre Soljenitsyne
Le Premier Cercle
Zacharie l'Escarcelle
La Maison de Matriona
Une journée d'Ivan Denissovitch
Le Pavillon des cancéreux

Quentin Tarantino
Inglourious Basterds

Edith Templeton
Gordon

James Thurber
La Vie secrète de Walter Mitty

John Kennedy Toole
La Bible de néon

John Updike
Jour de fête à l'hospice

Alice Walker
La Couleur pourpre

Evelyn Waugh
Retour à Brideshead
Grandeur et décadence
Le Cher Disparu
Scoop
Une poignée de cendres
Ces corps vils
Hommes en armes
Officiers et gentlemen
La Capitulation

Tennessee Williams
Le Boxeur manchot
Sucre d'orge
Le Poulet tueur et la folle honteuse

Tom Wolfe
Embuscade à Fort Bragg

Virginia Woolf
Lectures intimes

Richard Yates
La Fenêtre panoramique
Onze histoires de solitude
Easter Parade
Un été à Cold Spring
Menteurs amoureux

Titres à paraître

Arthur Miller
Vu du pont *suivi de* Je me souviens de deux lundis

Imprimé en France par CPI
en mars 2017

*Composé par Nord Compo
à Villeneuve-d'Ascq*

Dépôt légal : octobre 2015
N° d'édition : 56143-02 – N° d'impression : 2028900